中国石油离退休工作论文集

2023

中国石油天然气集团有限公司离退休职工管理中心（老干部局）◎编

石油工业出版社

图书在版编目（CIP）数据

中国石油离退休工作论文集. 2023 / 中国石油天然气集团有限公司离退休职工管理中心（老干部局）编. 北京：石油工业出版社, 2024. 12. -- ISBN 978-7-5183-7210-2

Ⅰ. D632.2-53

中国国家版本馆CIP数据核字第20244RU098号

中国石油离退休工作论文集 2023

中国石油天然气集团有限公司离退休职工管理中心（老干部局）◎编

出版发行：石油工业出版社

（北京市朝阳区安华里二区 1 号楼 100011）

网　　址：www.petropub.com

编 辑 部：(010) 64523609　图书营销中心：(010) 64523633

印　　刷：北京中石油彩色印刷有限责任公司

2024 年 12 月第 1 版　2024 年 12 月第 1 次印刷

710 毫米 ×1000 毫米　开本：1/16　印张：16.25

字数：250 千字

定　价：68.00 元

（如发现印装质量问题，我社图书营销中心负责调换）

序

2023年是全面贯彻落实党的二十大精神的开局之年，是奋进中国式现代化建设新征程的起步之年，也是实施“十四五”规划承上启下的关键一年。

这一年，中国石油天然气集团有限公司离退休工作以习近平新时代中国特色社会主义思想为指导，努力推动集团公司离退休工作高质量发展。各单位离退休服务管理部门在工作中积极探索，深入实践，认真思考，并将工作经验和成功做法进一步提炼升华，形成了一批优秀的离退休工作论文。

这些论文都是常年奋战在离退休服务管理一线的同志在长期实践中积累的智慧结晶，是对日常工作的高度凝练和升华，同时也倾注了他们对离退休工作和老同志们的深厚情感。现将这些优秀论文集结成册，供广大离退休工作者交流学习，希望对做好新形势下的离退休职工服务管理工作，推动集团公司离退休工作高质量发展具有借鉴和启发意义。

目录

探索网格化管理模式，提高为离退休职工精准服务水平的实践研究

大庆油田　刘锦伟　高玉辉　张秀新　杨雅吉　刘　飞

广大离退休人员为党的事业和企业改革发展作出了巨大贡献，是党和国家的宝贵财富，是企业健康稳定发展的重要支持力量。因此，做好离退休人员的服务管理工作尤为重要。工作人员要带着历史使命感、责任感和荣耀感做好老同志的服务工作，引导老同志在支持企业发展中贡献力量。

当前，大庆油田第四采油厂退管中心（以下简称退管中心）服务管理四千多名离退休人员，而工作人员逐年减少，管理难度加大。完全依托厂属各单位完成各项离退休业务，已无法适应社会化管理的形势需要，在思想引领、待遇落实、关爱帮扶、日常服务和维护稳定等方面还存在一定差距。

为适应新形势下离退休工作转型发展，退管中心坚持以人为中心的发展思想，鼓励引导全员用心用情做好离退休人员服务管理工作，创新提出了探索网格化管理模式。

一、当前管理存在的问题

其一，办理业务流程长、效率低。完全依托各作业区完成老同志待遇落实等各项工作时发现一些弊端，比如需要全厂近百人做同一项工作，层层转发，传递通知，再原路返回收集、整理，为基层增添了不必要的工作量。在这期间，为老同志的答疑解惑时间周期长、回应慢，老同志满意度不高，容易出现信息失真，甚至出现漏发通知的现象，影响老同志切身利益。

其二，与老同志的沟通联系不够密切。离退休人员社会化管理后隶属社区，活动场所移交，文体活动弱化，退管中心与老同志面对面交流的机会少了，情

感联系的纽带功能发挥不够理想。退管中心与老同志的距离不够近，很难了解老同志关心关切的焦点问题，无法做出快速回应，一旦遇到突发舆情或棘手问题，工作相对被动。

其三，对老同志的情况掌握不够精准。老同志健康状况、婚姻状况、家庭成员情况是动态变化的，很多待遇落实工作与此相关，因为没有快速了解的渠道和办法，所以对老同志的思想动态、诉求和现实情况掌握不全、不准，精准服务的依据不多。

其四，对老同志的日常服务不够突出。日常服务仅限于电话联系，以及老同志本人或家属来到退管中心咨询或办理业务，没有充分发挥信息化资源优势，无法给老同志提供最大便利，导致日常服务次数少、内容单一。

二、网格化管理的探索与实践

搭建服务网格，营造齐抓共管工作格局。退管中心主动与厂所属各单位沟通协调，按照老同志退休前所在单位和人数划分责任区，成立二十多个网格，对应建立微信互动群，包含所管理的四千多名离退休人员，覆盖率达98%以上，针对未入群人员，探索建立“掌上通讯录”，保持常态沟通，努力做到“全覆盖、无遗漏”。成立以厂主管领导为组长、中心领导为副组长、厂属各单位主管离退休工作的相关领导为组员的网格领导小组，负责网格化工作的组织协调和监督检查，为网格化机制的长效运行提供组织保障。中心工作人员、厂属各单位离退休干事和班组负责人担任网格员，召开工作推进会，讲明工作目标，讲清职责任务，压紧压实主体责任和属地责任，进一步统一思想，凝聚力量。管理实践中，中心领导随机下沉各网格，予以协调帮助，研究解决对策，切实做到网格内基本情况清、管理难点清、薄弱环节清、思想状况清，实现“全域有网、网中有格、格中定人、人负其责”的管理局面。

借助信息化手段，助推“小网格”发挥“大效能”。退管中心创新形式、丰富载体，积极推动离退休工作信息化建设。针对以往出现的通知传达不及时、不准确、不全面，信息统计效率低、不精准、有遗漏等问题，创新应用线上接龙、投票、调查问卷等小程序，在党的二十大知识竞赛、养老资格认证反馈统计、退休人员动态信息调查等工作中取得了良好效果，逐渐形成了“人在网中管，事在格中办”的工作模式。为提高工作效率，广泛征集离退休业务数据应用需求和建议，按照“以用促建、建用结合”的原则，对现有离退休工作数据进行收集整合，建立第四采油厂离退休业务综合数据库，开展数据保密安全讲座，提升员工保密意识和正确使用能力。数据库已经共享，各网格员使用数据库达到信息快速查询、数据精准提取等效果，助力新形势下的离退休工作质效双提升。

锤炼专业化队伍，助力网格化管理模式走深走实。深入开展业务“结对”活动，结成工作交流“对子”，加强政策、业务等知识的互学、共学，在工作实践和交流切磋中不断总结经验、提升本领，为做好新形势下的离退休工作创造有利条件。常态化开展“小课堂”，主要分享政策讲解、业务办理及网格化管理等方面的经验体会，加强全员能力提升。开展“离退之星”典型选树和经验交流分享活动，围绕爱岗敬业、孝老爱亲、履职尽责、甘于奉献等方面评选出四名先进典型，大力宣传推广典型经验，营造“比学赶帮超”的良好氛围，全力打造一支政治坚定、作风优良、业务精通、敢想敢为、善作善成的过硬队伍，为深化网格化管理注入新活力、增添新动能。

三、网格化管理取得的效果

各层级网格员以“为老同志服务好”为根本目标，坚守为老初心，牢记职责使命，勇于担当作为，网格化管理取得阶段性成效。

（一）与老同志联系更紧密，老同志更加满意

建立微信群，网格员在群内设立群规、发送通知和提醒等，无论是在群内还是私下里，总能听到“终于找到组织了”“多亏有你们”“感谢关心老同志”等话语，坚定了建强网格的信心，做老同志最信任、可依赖的“娘家人”。今年退管中心重阳节慰问品通过网格开展问卷调查，一千多名老同志投票选出的。同时，针对外地老同志反映重阳节慰问品领取不便的情况，退管中心优化采购流程，将外地人员重阳节慰问品邮寄到家，真正把工作做到老同志心坎里。

（二）用好帮扶政策，精准落实各项待遇

通过开展退休人员动态信息问卷调查，了解老同志家庭情况、个人诉求、存在问题及困难，重点关注高龄、孤老、大病、失能等特殊群体的动态变化，

为走访慰问、日常关爱、困难帮扶等工作提供精准数据支撑，为用好帮扶政策提供事实依据，及时传递组织温暖。同时，解决了老同志不了解政策，而工作人员又不清楚老同志实际情况，致使老同志无法享受相应待遇的问题。提前掌握，主动问询，精准服务，确保老同志的困难有人问、有人管、有人帮，坚持为老同志多做雪中送炭的好事、实事。

（三）深耕主责主业，凸显服务职能，优化流程提高效率，彰显责任担当

退管中心教育引导工作人员摒弃“等靠要”思想，提升“转观念、找差距”的自觉，坚定“敢担当、勇作为”的决心，以实际行动推进离退休工作高质量发展。本着“把麻烦揽上来，方便送下去”的原则，打破原有依托厂属各单位层层转发通知、逐级收集审核的工作模式，优化流程，探索使用互联网工具，网格呈现“一呼百应”的工作效果，使原来需要近百人的工作，现在只要十几人便能够高效精准完成，给老同志提供更大便利，为基层人员减轻工作负担。网格员积极弘扬严实作风，突出职责定位，以广大老同志普遍关注的难点、热点、疑点、焦点问题为导向，认真做好政策解释、信息收集、宣传引导、舆情监控等工作，真正做到日常工作在网格、问题发现在网格、责任落实在网格、任务完成在网格、矛盾化解在网格。

四、深化网格化管理模式的保障措施

（一）拓展培训内容，深化学习效果，真正实现一岗全能

加强养老金、保险、医疗报销等老同志关心关切的业务学习，请专业人员讲解培训，丰富网格员知识结构，提高知识储备；整理近五年与离退休工作相关的政策文件及学习培训内容，便于所有网格员学习运用；以业务票据、案例分析等形式讲解两费资助、困难帮扶、住院慰问等几项重要的业务流程及相关条款要求，加强网格员对业务的理解和学习实践效果，提高专业素质和能力，提升网格治理水平。

（二）注重信息收集，全面掌握情况，深化关爱帮扶效果

常态化开展退休人员动态信息问卷调查，努力做到退休人员四清，即思想动态清、身体状况清、困难需求清、家庭情况清。引导工作人员带着感情和责任去做好离退休工作，发挥管理优势，精准落实各项待遇，真正做到对老同志

政治上尊重、思想上关心、生活上照顾、精神上关怀。

（三）加强与社区联系，提升服务合力，争取居家养老福利

持续深化网格治理效能，对于已经掌握的有特殊情况、实际困难的特殊群体，加强与老同志所在社区的沟通联系，详细说明老同志情况，争取得到社区的关注和帮助，提升服务合力，为老同志居家养老创造有利条件。

关于加强和改进新形势下离退休服务管理工作的研究

大庆油田　赵雁海

当前，大庆油田离退休职工管理社会化改革持续推进，油田离退休系统各项服务管理内容、工作形式正在逐步转型和变化，但为离退休职工提供管理服务的工作目的和意义没有改变，要继续关心关爱老同志，要通过多种渠道密切关注他们的思想状态，要不断解决前进路上的各种困难和挑战，维护离退休职工队伍和谐稳定，为油田改革发展营造风清气正的氛围。本文以大庆油田电能公司离退休工作社会化管理新形势为背景，对当前离退休工作存在的问题进行分析并提出解决建议。

一、离退休工作现状

电能公司离退休工作可以归纳为“两增长”和“两矛盾”。“两增长”是离退休人员总量和“双高期”老同志总量快速增长。“两矛盾”是体制机制变革、人员锐减与离退休工作高标准工作要求的矛盾愈发尖锐；离退休工作量增加和退休人员对精准服务需求的矛盾愈发尖锐。因此，要以时时放心不下的责任感和紧迫感，深入领会党中央、集团公司和大庆油田关于离退休工作的新精神、新要求，主动研究影响和制约离退休工作高质量发展的深层次问题，不断查漏补缺找短板、固强补弱抓成效，不断提升服务管理水平，持续推动新形势下离退休工作高质量开展。

2018 年，电能公司整合离退休业务职能，成立电能公司电力生产保障公司离退休职工管理中心（以下简称退管中心），代表电能公司履行离退休服务管理职能。

在电能公司党委、保障公司党委领导下，退管中心主动适应改革形势、调整工作思路、改进工作方法，干部员工上下一心、严细认真，克服工作人员少、服务群体大等不利因素，高质量完成各项服务管理工作。

退管中心在管理上实施“网络化 + 网格化 + 模板化”工作法，将离退休职工分成 16 个网格群，由专职工作人员负责管理；推广使用微信小程序，加大网络办公措施，减少离退休职工往返周折；推动重点项目、复杂工作模板化，减少工作人员培训周期，提高工作效率。随着活动室社会化移交，先后整合热电一村、热电二村活动站，以及奔二、奔三、铁二活动站，合并类似岗位，在人员不断减少的情况下，保证了离退休重点工作按要求完成。

二、离退休工作中存在的突出问题和矛盾

当前，离退休工作所处的外部环境和自身状况都发生了许多新的变化，自身建设上也存在一些难题和薄弱环节，一定程度上阻碍了离退休工作高质量发展。

一是齐抓共管格局尚未形成。2018 年以来，退管中心代表电能公司履行离退休职工管理职责，但现行机制使退管中心缺少电能公司各成员单位的支持配合，在管理协调上严重弱化，在离退休职工交接、维稳信访等工作上与各成员单位协调比较困难，工作质量和服务覆盖面受到较大影响。

二是精准化服务不到位。随着离退休职工群体的不断扩大，受资源不足的限制，退管中心对生活困难、重病住院、家中重大变故、80 岁以上等离退休职工还不能做到及时走访、入户慰问，对离退休老领导阅读文件、参加重要会议、参观、座谈等政治待遇落实不能做到全覆盖。2021 年以来，大庆油田相继出台文件，对新形势下离退休工作提出新要求，对离退休老领导政治待遇做出新安排，制定下发《考核细则》，明确考核内容，在日常考核和集中岗检时进行检查验收，考核结果纳入电能公司全年绩效考核。

三是员工接续力量严重不足。限于当前人力资源紧缺，退管中心在人才培养和后备力量储备上几乎没有操作空间，在人力资源管理上陷入无米下锅的被动局面。随着管理岗和专业技术岗人员不断退休，“有岗没人”现象将越来越严重。2023 年和 2024 年，退管中心 2 名管理岗退休，东光服务站、龙凤服务站 4

名专业技术岗人员全部退休，东光服务站只剩 1 名工作人员，离退休主体业务受到严重挑战。

四是网络信息化建设较弱。随着离退休职工群体的日益壮大，退管中心工作人员服务比例也日渐增加，上情下达、收取证明材料等工作主要依靠微信、电话等方式联系联络老同志，工作人员每天下发和收取离退休工作资料，主要依赖办公用微机、手机等设备，这些设备在传输、打印资料上受网络、设备质量影响较大。目前，退管中心绝大多数岗位办公用微机、打印机等设备多年未更新，经常出现故障和不匹配问题；另外缺少外网支持，东光服务站、景园和西寨活动室因线路问题至今未开通局域网，工作人员只能用 U 盘在手机和微机之间转移资料，增加了工作量，也加大了网络安全风险。

三、提升离退休工作的办法和措施

当前，针对离退休工作存在的问题，退管中心需要认真谋划、多措并举，以改革攻坚精神解决突出问题，推动新形势下离退休工作同电能公司中心任务深度融合、同频共振。

一是针对当前离退休工作管理机制问题，可以借鉴油田其他单位成熟管理模式。效仿装备制造集团改革方式，恢复电能公司各成员单位“离退休管理职能”，设置主管领导、主管部门，根据实际需要配备专、兼职管理人员，在退管中心统一组织下完成本单位离退休人员的日常服务管理工作。退管中心负责各单位离退休工作的业务指导、检查和考核。通过业务调整、职能优化、专兼结合等，实现机构职能由集中管理服务向分级管理服务转变、由专职管理向专兼职共管转变，形成公司、成员单位、大队（分厂）三级离退休工作管理服务网络，更加有效地开展离退休工作，实现“精细管理、精准服务”能力再提升。

二是针对当前离退休服务管理工作人员缺口大、补充难的问题，应组织人员对离退休工作开展专题研究，从管理机制、人员接续等方面进行顶层设计。统筹各单位人力资源，从其他单位调剂人员在退管中心培养发展，适应高速增长的离退休职工队伍的服务管理工作需要；协调相关单位，创造条件让退管中心内部工作人员破格转岗，提前作好管理岗位人员接续准备；整合部分服务站，合并岗位职责相似岗位，对退管中心管理岗位进行定岗定编，重新划分管理职责，合理安排工作人员岗位、科学划分服务管理范围；放宽退管中心外雇用工政策，允许退管中心返聘部分已退休的重要岗位工作人员，缓解人员接续难题；完善公司各单位关键岗位协同共济制度，打破单位界限，整合相同专业的人力资源，集中力量完成各单位相同专业的工作任务，避免各单位因关键岗位缺失而延误工作，实现人力资源利用最大化。

三是针对网络信息化建设不够强的问题，通过在办公用微机等设备终端加强离退休职工“网络化+网格化”管理。加大对离退休工作网络信息化建设支持，为退管中心单独申请手机号，作为离退休职工统一网格管理的专门设备。同时为部分单位、岗位开通外网、局域网，配备复印机，更新关键岗位人员办公用微机、打印机通过网络科技手段促进管理进一步规范、效率进一步提升。

四是针对离退休精准化服务不到位的问题，协调生活部门，畅通渠道、创造条件提供生活物资，由退管中心负责履行相关手续，对患重病、家庭确实困难的离退休人员进行关心关爱送温暖工作，解决离退休职工生活困难。同时，协调各成员单位，针对本单位离退休人员实际情况，自主开展困难帮扶送温暖活动，加大困难帮扶范围和工作力度，进一步加大离退休职工精准帮扶覆盖面。

新形势下利用社会养老资源为老同志提供更便利服务的五要素

大庆油田　杨立功

实施积极应对人口老龄化国家战略，发展养老事业和养老产业，推动实现全体老年人享有基本养老服务，是党的二十大作出的战略部署，为我国养老服务发展明确了方向。全社会要采取积极措施，推动经济社会可持续发展和公共服务高质量供给，促进老龄人力资源价值有效利用，构筑和谐融洽的老龄群体关系，让老年人生活更便利。在国企退休人员社会化管理新形势下，如何利用福利院、敬老院、养老院、托老所、医养中心、社区医院、体检中心等社会化养老服务资源，为油田离退休老同志提供更便利服务，笔者认为有以下五个要素。

一、建立机制，保障油田离退休老同志便利服务平等权利

保障油田离退休老同志便利服务平等权利，是补齐老龄化社会便利服务短板必要前提。

（一）建立油田离退休老同志群体意见反馈机制

市区两级政府在公共服务规划与决策中充分重视老同志群体诉求，提高公共设施、产品、技术及社会心态的“适老化”水平。在教育、科技、文化、卫生、体育等公共服务领域查漏补缺，补齐“适老化”短板，实现基本公共服务惠及全体老年人的目标。政府要认识到老同志居住分散现状，充分考虑老同志实际情况，尽量满足他们的需求。

（二）建立特殊油田离退休老同志群体问需机制

从鳏寡、失独、高龄、失能、失智等特殊老年群体的个性化需求出发，以

个体、家庭、社区为单位精准问需，形成层次明晰、相互嵌套的保障网络，明确公共资金精准投向特殊老年群体。油田单位分散的特殊情况决定老同志居住分散，油田工作性质决定很多老同志子女不在身边，油田实际情况决定老同志有事有病子女不一定及时赶到，要根据特殊群体情况，满足他们的个性化需求。

（三）建立油田离退休老同志代际互助服务机制

以促进代际互助、和谐共生为目标进行公共服务规划与设计，区分代际的差异化需求和共同利益，既保障老年群体平等享有基本公共服务，又不挤兑其他年龄群体的服务资源，在维护代际平等生存发展权利的同时，推动代际融合，提升社会凝聚力。

二、探索方式，建设油田离退休老同志便利服务协同共治

全国不少地方都在建设全龄友好型便利服务，从老年人的需求层次入手，持续推动便利服务转型升级，促进公共服务协商共治。新形势下，维护油田老同志切身利益，促进便利服务协商共治势在必行。

（一）建立跨年龄协商共治制度

在服务规划与决策中为不同年龄群体交流生活经验智慧、传播新兴信息技术提供平台，使各年龄群体在共商共治中增强对彼此需求的换位思考，消除代际隔阂与偏见，塑造对服务目标的全面认知，使服务适应多方需求。要动员和宣传年轻人尊重老年人，形成尊老敬老、爱老助老的良好风气，也要动员和宣传老年人关心、关爱、关注年轻人，促进其良好成人、成长、成才。

（二）探索跨年龄共建共治模式

在社会治理与公共服务中融入全龄化思维，探索“跨龄互助”志愿服务模式、“跨龄合作”基层治理模式、“跨龄帮带”职业发展模式，在公益慈善、公共治理、就业创业等多领域拓展年龄互动渠道，使不同年龄群体最大限度发挥各自优势，推动形成全龄融合的文化氛围和全龄共享的社会风尚。要发挥老同志的智慧、经验、经历优势，让他们向青年人传播知识、传授技能、传承精神；也要鼓励年轻人教给老同志互联网、智能化、数字化等新知识、新技能、新文化。

（三）优化跨年龄共建共治路径

帮助鳏寡、高龄、失能、失智、低收入等老年群体，建立由家庭、朋辈、邻里共同构成的支持网络，在“适老化”设施改造、无障碍环境建设、养老服务规划与设计中，关注特殊老年群体及其支持网络的整体性需求，为其搭建服务治理全过程参与平台，提升基本公共服务的公平性与可及性。政府要积极想办法，在老旧楼区改造，小区无障碍出行，旧楼安装电梯等涉及困难群体生活大事、急事、难事上，出实招，办实事，见实效。

三、协同合作，构筑油田离退休老同志便利服务良好体系

养老服务体系由养老事业和养老产业共同构成。准确定位养老事业与养老产业的服务目标，形成与多元主体属性相适应的协同供给方式，是实现服务体系公平、有序、可持续发展的重要保证。

（一）明确养老便利服务定位

政府承担保基本、促公平、稳秩序的责任，使公共资金精准投向特殊老年群体。市场承担提供个性化、多样化服务的责任，满足具有较丰富需求层次、多样化的老年群体需求。社会发挥其在情感支持、社会融入、凝聚力提升方面的优势，使老年人在获得基本照顾服务的基础上实现精神富足。政府、市场、社会三者互补，在满足原有市政老年人服务的同时，接纳油田离退休老同志养老服务，为油田离退休老同志提供更便利的服务。

（二）区分养老便利服务责任

养老服务具有标准公共服务性质，无论养老事业还是养老产业都具有公共性，应着力于实现长远社会发展效益。需要指出的是，在当前的养老服务体系中，养老基础设施基本上是政府投资建设的，但政府并不是建设养老设施的唯一主体，企业也应承担起社会责任，在营利的同时提升服务质量，自觉维护行业良好形象。养老服务是全社会的事，尤其是油田离退休老同志养老移交政府后，难度大、任务重、压力大，各方面既要分清责任，又要齐心协力，共同搞好油田离退休老同志养老服务。

（三）编织养老便利服务网络

养老事业与养老产业共同构成养老服务体系，这一体系应以老年人的需求

和选择为中心，形成具有整体性的一体化服务网络，使老年人既享有基本公共服务的兜底性保障，又拥有个性化、高品质服务的选择空间，让“老有所养”不仅包括完善的硬件设施，同时也涵盖精神层面的服务，尤其是对孤寡、独居、失独等老年人进行心理疏导，真正让每位老年人拥有认同感和归属感。油田离退休老同志划归政府管理后，老年人越来越多，就需要政府编织的养老网越来越大、越来越密、越来越牢。

四、提质增效，拓展油田离退休老同志便利服务供给渠道

随着我国老龄人口的不断增长，老年人以多重身份参与社会生产与公共服务供给，对于服务提质增效、老年人价值感塑造、服务的可持续供给、经济效益与社会效益的同步提升具有重要意义。油田老同志是宝库，激发他们智力、体力、能力对社会大有益处。

（一）加强油田离退休老同志就业创业政策支持

油田离退休老同志，很多都有一技之长，有的人还是专家学者，有的人更是所在行业的精英。他们身怀绝技、身体尚好、热心工作，有信心、有能力、有愿望开始第二次就业或者创业。政府要积极支持，满足他们的愿望，让他们为社会作出新的贡献。针对不同类型行业和地区分类施策，尤其是加大对超老龄化地区老年人就业创业的支持力度。

（二）激发油田离退休老同志参与公共事业热情

老年人整体素质高，热衷服务社会，有充沛时间，体力精力还可以，要激发老同志参与公共事业热情，调动他们积极性、创造性。离退休老同志参与到志愿服务中去，不仅能够降低服务成本，提升社区自身造血能力，而且能够提高他们的社会融入度和自身价值感，有利于维护其生理与心理健康，激发老龄社会活力，切实增强他们的获得感、幸福感和安全感。

（三）提升油田离退休老同志职业技能培训实效

我国已经进入老龄化国家，人口老龄化越来越严重，劳动人口比重越来越低，并且呈现逐年下降趋势。政府在办好老年大学正常教学的基础上增加职业技能培训，推动老年人口资源向人才资源转变、人口红利向人才红利转变，使老年人在全面自由发展中提高价值感与获得感，为老年抚养比不断上升背景下

弥补劳动人口不足开辟路径。

五、发挥优势，挖掘油田离退休老同志便利服务无限潜能

老同志是国家、企业、社会的宝贵财富。他们在几十年工作、生活、学习中积累了丰富的知识、经验、技艺。油田老同志在油田开发建设过程中作出巨大贡献，要努力挖掘他们潜能，发挥他们资源、经历、智力优势，为社会和人民造福。

（一）发挥油田离退休老同志“自身资源”优势

在油田，有很多老同志与铁人王进喜一起工作、学习、生活、战斗过。他们不仅是铁人精神的创造者和实践者，更是大庆油田开发建设的宝贵财富。要充分发挥老同志独有的自身资源优势，让他们牢记发扬大庆精神铁人精神是自己的责任义务，传承大庆精神铁人精神责无旁贷。组织和支持他们参加油田内的传统教育系列活动，积极做大庆精神铁人精神的传播者。

（二）发挥油田离退休老同志“油田名人”优势

大庆油田在六十多年开发建设中涌现出众多英雄模范典型，比如马德仁、吴全清、王启民等，都是油田名人，他们在油田影响很大、声誉很好、名气很响。要充分发挥老同志油田名人优势，积极做好油田关心下一代工作，关心青少年健康成长；关怀青年员工传帮带，传授绝招绝活。

（三）发挥油田离退休老同志“企业智囊”优势

大庆油田十几万离退休老同志中很多曾经都是专家学者、领导干部、技术精英，这些老同志在多年的工作中，积累了丰富的实践经验，也对油田产生了深厚的感情。要充分发挥他们的智囊优势，鼓励他们积极为油田改革发展稳定献计献策，鼓励他们为矿区改造提档升级出人出力，鼓励他们为建设百年油田搞好二次创业出谋划策。

浅谈如何充分发挥离退休老同志在关心下一代工作中的优势和作用

大庆油田　路漫漫

做好关心下一代工作是关系到国家和民族长远利益的大事，具有重要的现实意义和深远的历史意义。各级党委和政府要加强对关心下一代工作的领导，支持更多老同志参加关心下一代工作，使广大“五老”在关心下一代的广阔舞台上老有所为、发光发热，为培养社会主义建设者和接班人作出新的更大贡献。

一、离退休老同志在关心下一代工作中的重要意义

企业关心下一代委员会是“五老”相对集中的地方，是离退休老同志关心下一代、传播社会主义核心价值观、影响青年学生树立积极和有为的人生观的良好阵地。因此，对于企业关工委和退管中心来说，积极探索关心下一代工作的创新途径，具有至关重要的意义。

（一）培育敢想敢为青年群体是实现中华民族伟大复兴的需要

通过形势任务、意识形态、党性原则教育，引导青年员工坚定不移听党话、跟党走，怀抱梦想又脚踏实地，敢想敢为又善作善成，立志做有理想、敢担当、能吃苦、肯奋斗的新时代好青年，让青春在全面建设社会主义现代化国家的火热实践中绽放绚丽之花。

（二）培育担当有为的铁人队伍是服务高质量现代化百年油田建设的需要

通过开展大庆精神铁人精神、会战传统教育，动员和激励广大青年员工，锚定“三件大事”，勇毅前行，努力拼搏，再创佳绩。在工作中牢记政治嘱托，弘扬严实作风，走好新征程服务油田之路，勇担“特种部队”重任，谱写服务油田高质量发展新篇章。

（三）培育“四高四能”特种部队，建设世界水平井下的需要

作为服务油田的“特种部队”，要教育引导青年员工牢记油田领导的期望关怀，牢记抓好“三件大事”的职责使命，牢记服务油田的指导思想，把握时代大势，瞄准建设世界水平井下奋斗目标，以“四高四能”塑造“特种部队”崭新品牌，用更强能力诠释定位，用更大作为扛起重任，在新征程上推动服务油田事业向更深层次、更高水平、更优质量迈进。

大庆油田是党的大庆、人民的大庆，在新时代当好标杆旗帜、建设世界一流现代化百年油田的新征程上，离退休系统党员干部要以习近平新时代中国特色社会主义思想为指引，充分发挥离退休老同志在关心下一代工作中的优势和作用，切实做到“传统育新苗、严实树新风、百年建新功”。

二、离退休老同志在关心下一代工作中的现状

随着离退休老同志参与关心下一代工作的不断深入、作用发挥的不断提升，离退休老同志发挥余热的热情也不断高涨。但在组织离退休老同志发挥正能量的过程中还存在一些问题，主要表现如下。

（一）“五老”工作队伍力量有待进一步强化

普遍单位对关工委的建设理解认识不够，重视程度不高，精力投入不足，关心力度不够，管理措施不当，大多数基层关工委组织是本着“能维持，能交代，不指望，无任务”的态度来对待工作，致使关工委工作停滞不前，机构组织也普遍存在“空架子”“空白点”的现象。工作还停留在一般意义上、传统意义上，工作力度不够，特别是目标、措施是弹性的，没有刚性化；任务没有真正落到实处，在一些地方还停留在会议上。

有些地方宣传发动还不够充分，“五老”人员特别是刚退下来的“五老”参加面还不广，对“五老”队伍先进典型宣传力度还不够。“五老”活动的保障措施还不够实，有的在活动场所、活动经费等问题上还没有得到切实有效的解决。这些都不同程度地影响到“五老”队伍建设和“五老”作用的发挥。

（二）部门联动合力有待进一步提升

有的部门对关心下一代工作的重要性认识不到位，配合关工委工作不够积极主动，满足于文件发了、会议开了，在具体落实上措施不力，部门联动合力

有待进一步提升。

（三）离退休老同志的组织发动越来越困难

部分离退休老同志受传统观念约束，觉得退休了就应该好好休息，不愿意在外面“抛头露面”；部分离退休老同志因子女原因长居外地，或者帮助子女照顾孩子，没有精力参与关心下一代工作；还有部分离退休老同志家庭全靠老同志退休金生活，家庭生活比较困难，也制约了他们参加关心下一代工作的积极性。归根结底，因为没有科学的关心下一代工作机制和激励保障制度，关工委组织对离退休老同志还欠缺足够的吸引力和凝聚力。

（四）离退休老同志对青少年教育工作的媒介创新难

由于互联网的发展，当今的时代是信息爆炸的时代，大量负面信息充斥网络，不少青少年已习惯用微博、微信等方式接受外界信息，而老同志们主要擅长通过作报告、办专栏、点对点谈心开导等传统方式开展工作，对使用电脑、手机等现代科技手段却不是很熟悉，无法很好地适应互联网条件下的青少年教育工作。

三、提升离退休老同志在关心下一代工作中作用的措施

设计制作井下关工委标识，提炼关工委文化理念，打造井下“铁苗”关工委品牌。以“铁军育铁苗，百年不抛锚”“关心下一代，同心创未来”工作理念为指导，通过建立“一技之长的五老师资、一字之师的公益课堂、一片丹心的志愿服务、一脉相承的系列教材、一马当先的主题实践、一心向党的铁苗队伍”工作目标，做到“党群系统组织策动、深入聚焦思想发动、先优典型表彰带动、地企沟通社区联动、媒体平台宣传推动、经费服务保障驱动”，确保离退休老同志在关心下一代工作中的优势和作用得到充分发挥。

（一）党群系统组织策动，完善整合“五老”队伍

井下关工委联合党群系统积极动员政治素质高、热心公益事业、具有奉献精神的离退休老同志参加关工委工作，积极发挥老同志政治、经验、威望、亲情的独特优势，发挥“五老”传帮带作用，策划系列活动，传承大庆精神铁人精神，增强青年员工对铁军文化的信念感，加强对青年员工的科技知识和生产技能的培训与指导，增强离退休老同志的责任感和归属感。围绕当好油田“四高四能”特种部队，建设世界一流现代化百年油田的工作目标，努力建设一支

具有井下特色、素质优良、人数众多、覆盖面广、充满活力的“五老”队伍，并建立“五老”人才储备库用于常态化退出和补充。同时对“五老”做到政治上尊重、思想上关心、生活上照顾、工作上支持，解决老同志的后顾之忧。努力将井下关工委建设成为老有所为的重要舞台、老有所学的重要课堂、老同志服务党和油田的重要阵地。

（二）深入聚焦思想发动，完善工作目标机制

离退休老同志是党和国家的宝贵财富，是推进新时代中国特色社会主义伟大事业的重要力量。关工委工作在党的工作中具有特殊重要的地位，扎实推进离退休老同志党建工作，成立“智囊团”“顾问组”，积极引导老干部、老领导、老党员充分发挥余热作用，践行党的初心使命，增强党的凝聚力。让老党员作为顾问、关工委委员提出加强和改进工作的意见和建议，不断总结经验，以点带面，全局性谋划，战略性布局，整体性推进。坚持学习宣传贯彻党的二十大精神，紧密地团结在以习近平同志为核心的党中央周围，高举中国特色社会主义伟大旗帜，坚定道路自信、理论自信、制度自信、文化自信。牢记政治嘱托，践行责任使命，弘扬严实作风，寻访石油记忆，赓续精神血脉，建设学习型、服务型、创新型关工委，实现井下关心下一代工作高质量发展。

（三）强化典型表彰带动，完善奖励激励机制

“伟大时代呼唤伟大精神，崇高事业需要榜样引领。”井下关工委将建立健全关工委荣誉表彰制度，推选优秀“五老”，成立关工委工作室，将“五老”典型、“五老”荣誉作为重要组成部分，让老党员形成“为中有乐、乐中有为”的思想感受，达到奉献与收获双赢的效果，激发“五老”热情，持久地发挥他们的积极性。离退休老同志是中国革命和大庆油田建设的亲历者、见证者、建设者。在他们身上，爱国是具体的、可感的，是奋发的、实践的，是闪光的、生动的，落在他们担当的言行中，贯穿于他们以身许国的人生历程中。老同志应大力弘扬优良传统和作风，教育引导青少年特别是青年员工从艰辛历程、历史经验、优良传统、辉煌成就中汲取信仰力量，筑牢理想信念之基，呼吁青少年珍惜时光、努力学习、注重实践、勇于创新，树立正确的世界观、人生观、价值观，继承和发扬光荣革命传统，养成高尚的思想品质和道德情操。

（四）地企沟通社区联动，完善协调配合机制

切实加强社区地企联系，相互配合，为“五老”发挥作用搭建广阔平台。充分利用地企联盟、社区大党委等多方资源共享的模式，注重上下联动、区域联合。着力固根基，扬优势，补短板，强弱项，将“五老”、志愿者、社会工作者相结合，有计划地开展学习、培训和调研。很多离退休党员居住在社区，可以进驻社区关工委组织，各尽其能，发挥所长，积极参加以志愿者为载体的各项社会服务活动，充分发挥其在思想上的导向作用、政治上的示范作用、服务上的带头作用，达到联系群众、宣传群众、组织群众、团结群众的目的。

（五）媒体平台宣传推动，完善舆论导向机制

以“时时放心不下”的责任感，用心用情用力做好对离退休老同志的宣传工作，大力宣传“五老”在关心下一代工作中的先进事迹和奉献精神，要找准时机，注重时效，掌握工作的主动权和话语权；把握尺度、讲求分寸、不隐瞒、不夸大、不歪曲，用正确舆论引导人；提升舆论引导的实效和质量，因势利导，回应受众关切，确保宣传产生良好效果。在全社会形成支持“五老”工作、共同关心青少年健康成长的良好社会氛围。

（六）经费服务保障驱动，完善后勤补充机制

离退休老同志参与教育关爱青少年是推动关心下一代工作的重要举措。单位要及时争取各级组织的全力支持，逐步建立健全党政领导听取工作汇报、关工委议事决策、财政支持、关怀帮扶青少年、老同志培训学习制度、定期慰问“五老”等制度。根据工作需要，配齐、配强各级关工委办公室的力量，切实保障好办公场所、办公经费等问题，为“五老”开展工作提供人力、物力、财力保障。管好、用好经费，切实保障财政资金又好又快拨付、安全合规使用，确保财政保障真正落到实处。要严肃财经纪律，加强事前、事中和事后监管，督促指导相关部门规范财务管理和会计核算，确保资金专款专用，任何地方不得擅自截留、挤占、挪用或改变资金用途。

新形势下企业如何加强与离退休老同志的感情纽带联系

辽河油田　康玲霞

随着人口老龄化带来的社会人口结构的转变，老龄化人群对他们自身福利待遇感到担忧，致使部分人员思想开始波动，对企业的社会化管理工作置之不理，维系离退休老同志与企业之间的感情纽带成了目前社会上亟须解决的难题。强化企业与离退休老同志的感情纽带联系尤为重要，下面将从四个方面对这个问题进行探讨。

一、适当调整情感组织承诺和工作中心度对退休适应和生活满意度的影响

退休不是单一的、一步到位的过渡，而是随着时间的推移而延续的适应过程。国有企业进一步增强组织凝聚力，在员工职业发展的后期阶段，辅助员工做好退休规划，帮助其树立更为丰富多元的生活目标，减轻其工作中心度，使他们更好地适应退休生活，享受满意的晚年生活。这是强化企业与离退休老同志的感情纽带联系的内容之一。

二、企业退休人员社会化管理进程中存在问题

国有企业退休人员社会化管理是指职工办理退休手续后，其管理服务工作与原企业分离，社会保障待遇实行社会化发放，人员移交街道和社区实行属地管理，由社区服务组织提供相应的管理服务。离退休人员认准企业单位就是他的“靠山”，把离退休部门看成是他们自己的“家”，所以不管什么事情都会找到离退休部门寻求帮助，大到房屋买卖签合同、就医看病选医院，小到家里老人子女闹情绪、住家漏水修下水管道等。如今这些事情全部划归到社区服务中，

而大部分地方的街道社区机构、人员等管理服务力度不够强。很多中央企业分布在全国各地，各地相关政策和具体移交要求不一致，社区管理服务内容繁杂，对老同志养老生活服务需求，后续很多工作和遗留问题需要处理等。为此，应着眼于解决退休人员面临的这些新情况、新问题，建立与其相适应的人才调配、文化知识再培训和离退休工作激励机制。

三、适应形势变化，进一步完善离退休工作机制

一是建立一人一策机制，提升离退休人员服务保障水平，持续引导老同志增添正能量。离休干部是党和国家的宝贵财富，为新中国成立、建设发展作出过重大贡献，要健全和完善离休干部服务保障机制，落实好各项待遇政策，做到“一人一策”，竭尽所能提供亲情化、个性化、多样化服务，确保待遇落实到位，照顾好他们的晚年生活。同时充分发挥老同志的政治优势、经验优势和威望优势，深化增添正能量。结合实际，通过老年大学、老年社团等方式，推动信息化、精准化服务与离退休工作深度融合，继续建好、用好离退休服务管理信息系统、公众号、微信群等载体平台，为老同志了解企业情况、开展学习教育、丰富文化生活、参与组织活动等提供支撑。

二是建立党建共建机制，健全关爱帮扶机制，继续用心、用情服务好老同志，合力打造离退休工作新格局。积极创造条件，加强与街道社区的对接合作，采取与社区签署结对共建协议、开展线上党建活动、合作建设活动项目等方式，开展好退休人员党建共建工作。通过建立情况通报、参加重要会议和活动等制度，确保老同志政治待遇不受影响。围绕党和国家大事、要事，引导老同志永葆政治本色，自觉在思想上政治上行动上与中央部署要求同频共振、同步前行，做到“两个维护”。

三是保持企业与老同志情感的纽带，倾听老同志的意见和诉求。企业要把老同志蕴藏的优势资源传承好、发扬好、利用好，灵活运用各种载体，鼓励他们继续为国家建设、社会进步、企业发展注入源源不断的正能量。通过倾听离退休老同志意见和诉求，能够掌握了解离退休群体的思想动态，为妥善处理或者合理解决问题提供参考；还能够进一步密切与离退休老同志的关系，更利于离退休人员的服务管理。

长庆油田提升离退休工作水平的有效做法

长庆油田　牛彦斌　万　欣　厍亭燕　朱志洪　杨云瑛

长庆油田离退休系统以习近平新时代中国特色社会主义思想为指导，认真学习贯彻党的二十大精神，按照集团公司、油田公司总体工作部署，坚持企业退休人员社会化改革方向，深入推进退休人员社会化管理，确保离退休群体大局稳定，为油田高质量发展作出积极贡献。

一、聚焦学习贯彻党的二十大精神，在强化政治引领上下功夫

（一）认真学习贯彻党的二十大精神

按照“全面学习、全面把握、全面落实”要求，紧密结合老同志特点，积极与地方街道社区共同抓好党的二十大精神学习宣传贯彻，坚持不懈用习近平新时代中国特色社会主义思想凝心铸魂，组织老同志原原本本学、反复深入学、联系实际学，引导广大老同志深刻领悟“两个确立”的决定性意义，增强“四个意识”、坚定“四个自信”、做到“两个维护”。坚持强化政治引领，着力深化理论武装，加强督促指导，持续推动党的创新理论走深走实。

（二）开展“话传统、谈复兴、聚力量”专题调研

落实好老同志阅读文件、情况通报、参加重要会议、参观考察、走访慰问等各项制度，教育引导广大老同志离岗不离党、退休不褪色，坚定老同志听党话、跟党走的信心和决心。

二、聚焦感情纽带联系，在强化精准服务上下功夫

（一）总结、完善“2558”服务管理模式

坚持“老干部工作无小事”，把公司党委的关怀温暖送到老同志的心坎上，

为离退休老干部提供精准服务。“2558”服务管理模式：“2”为双表双卡，即基本情况表、个人需求调查表以及个性化服务卡、服务工作联系卡，通过双表双卡掌握离退休老干部思想、健康、生活、家庭状况和所需所盼，精准建立服务信息台账，对每位老同志的情况全面掌握；第一个“5”为根据离退休老干部生活基本自理、生活完全不能自理、独居或长期居住在养老院、生活困难、异地居住5种情况“量身定做”服务内容；第二个“5”为建立离退休老干部服务单位、家庭、社区、志愿者团队、医疗机构5方参与的精准“服务联盟”，促使服务单位尽责、家庭尽孝、社区尽力、社会尽心；“8”为8项服务，开展送学上门、生日庆贺、节日慰问、住院探望、特困救助、医疗保健、家政服务、精神慰藉等8项服务，不断提升离退休老干部居家养老质量。

（二）聚焦广大退休职工急难愁盼问题

把精准要求落实到服务老同志的各个方面，谋划工作、落实政策、为老同志搞好服务，要因地制宜、因人制宜、因事制宜，精准落实到一件件具体事情、一项项具体工作上，为老同志营造舒适安心的生活环境。

（三）全力做好弱势困难群体生活保障

重点关注重病、高龄、失能、失独、空巢、独居、家庭负担重的老同志，开展以走访慰问为主，融入精神慰藉、心理援助、志愿服务、困难帮扶等菜单式服务，使老同志急时有人助、难时有人帮、病时有人管。

三、聚焦用心用情关心关爱，在强化待遇落实上下功夫

（一）认真做好企业待遇落实工作

按照有关规定，依法合规落实好退休人员各项待遇，结合退休人员社会化改革要求和相应企业政策调整，持续完善工作流程和管理办法，确保离退休人员待遇落实及时到位，正确无遗漏。认真做好有偿解除劳动关系尚未退休人员、退休人员遗属等特殊群体的相关政策待遇落实。

（二）切实做好健康体检组织工作

在应检尽检的基础上，合理解决病重、行动不便、年龄大离退休人员体检出行不便问题，防范安全隐患，确保体检工作落到实处。

（三）积极关注地方涉老惠民政策

持续跟进地方政府、街道社区相关涉老服务、惠民政策的落实工作，全力落实待遇保障，持续加强精神关怀，竭尽所能为他们提供亲情化、个性化服务，不断满足老同志对安享晚年的新期待。

四、聚焦社会惠民政策落实，在强化社区融入上下功夫

（一）全力助推油田生活小区养老服务工作

积极配合公用事业部等部门和宝石花物业、通用宝石花医疗等单位，在探索文化惠民、生活小区养老服务新途径上做好组织协调工作。主动跟进生活小区养老、助老、惠老服务项目的开展情况，加强宣传引导，畅通老同志关于生活小区养老服务诉求的渠道，及时反馈老同志意见，强化养老服务的监管，探索构建企业、社区、社会、家庭、老同志等各方联动的共建共享服务机制。

（二）稳步推进社会化服务管理工作

不断强化企地沟通联系，巩固常态化工作运行机制，总结工作经验。针对工作中的瓶颈和问题，要明确责任，细化措施，强力推进，确保社会化管理常态化运行稳步推进。

（三）营造企地和谐共管氛围

尝试企地文体活动联办、场所共享等方式，适时开展油田展演联赛，大力引导企业离退休各类文体协会和兴趣组织融入社区、融入社会，推动老有所乐、老有所为。

五、聚焦引导老同志发挥作用，在增添正能量上下功夫

（一）找准老同志发挥作用的切入点和着力点

紧扣服务新时代新征程中心任务，引导老同志围绕油田中心工作，积极贡献智慧和力量，为建设基业长青的百年长庆加油鼓劲，自觉做贯彻落实党中央、集团公司党组、公司党委决策部署的坚决推动者、良好政治生态的自觉维护者、基层社会治理的积极参与者、社区和谐稳定的有力促进者。

（二）深入开展“增添正能量、建设新长庆”活动

搭建平台载体，挖掘银发人才资源，广泛开展老干部、老党员志愿服务行

动，积极引导油田老同志发挥“夕阳余热”，贡献“银发力量”，充分彰显政治优势、经验优势和威望优势。

（三）强化宣传思想政治引领工作

认真落实意识形态工作责任制，积极发挥“一网一号”的宣传阵地作用和百名“银发网宣员”的“接地气”优势，采取主题征文、微视频展播、书画摄影展等多种形式，引导、激励广大老同志大力弘扬石油精神、铁人精神和长庆精神，为建设世界一流大油气田点赞喝彩、建言献策。

六、聚焦基础管理工作夯实，在强化队伍建设上下功夫

（一）加强政治学习

努力适应当前离退休工作面临的新形势、新特点，努力使政治觉悟和政治能力与担负的离退休工作岗位职责相匹配，努力在平凡的岗位上做出不平凡的业绩。

（二）提升专业素养

强化专业能力建设，加强对离退休工作政策业务和相关知识的学习培训，全面提升离退休工作人员的专业思维和专业素质。突出问题导向，主动深入到老同志中去摸情况、察实情、听意见，及时了解老同志的所思所想、所需所盼，提高离退休工作的针对性和实效性。

（三）锤炼优良作风

坚守爱岗敬业的执着和无私奉献的热情，以更多的爱心、耐心和细心，照顾服务好老同志，为老同志办实事、做好事、解难事，努力建设一支政治坚定、作风优良、业务精通、对老同志有感情的离退休工作队伍。

退休人员社会化管理工作探索与实践

长庆油田　牛彦斌　邢淑芳　严艺娟　任小惠　刘　娜

长庆油田离退休系统以习近平新时代中国特色社会主义思想为指导，认真学习贯彻党的二十大精神，积极推进离退休人员社会化管理移交常态化运行，坚持落实待遇不动摇、提高服务不懈怠、帮困扶弱不断线、文化活动不敷衍、合规建设不放松，不断探索做好离退休工作的新路径、新办法，提升离退休服务管理水平。

一、退休人员服务管理工作成效

一是离退休等群体待遇落实精准到位。全面做好托管离退休等人员的信息管理工作，按照上级政策，精准落实各项待遇，做好费用分解、审核、监督检查，落实合规管理要求，梳理评估风险，制定防控措施，加强制度落实执行，严把专项费用审批、核销关口，确保各项费用的依法合规。

二是退休人员社会化移交工作高效推进。按照“六联共建”工作模式，地方政府、社区有效沟通，在做好退休人员内部管理接收的同时，积极推进新增退休人员的社会化移交工作。

三是扶贫帮困送温暖工作得到好评。走访慰问老战士、老模范、老专家、困难群体，以“面对面、心贴心”的实际举措，达到了“慰问一人、温暖一户、带动一片”的效果。针对高龄、重病、行动不便离退休老同志不能参加体检的特殊情况，联合宝石花医院开展夕阳关怀健康体检项目，切实解决实际困难。

四是企地共建工作优势互补。长庆油田离退休系统遵循“政府主导、企地融合、资源共享、活动共建”的工作机制，采取室内与户外、健身与娱乐、自行管理与发挥作用相结合的方式，积极推进文化养老。根据老同志的愿望和需求、以往办学经验，精心安排适合老年人特色的书画类、舞蹈类、运动类、声乐类及太极、广场舞等课程，为老同志搭建了丰富多彩的精神平台。

五是新媒体宣传引导工作成效显著。高度重视意识形态和思想宣传工作，发挥自管组的作用，在离退休人员中大力推广全国离退休干部工作、石油金秋、长庆金秋等微信公众号的关注，使离退休人员足不出户就可以看到新动态、新政策、新事物，并积极动员广大离退休人员、工作人员积极向油田内外等媒体投稿，激发了老同志爱党、爱国、爱长庆的赤诚之心。

二、退休人员社会化管理工作存在的问题

（一）对社会化管理的新形势认识不到位

面对社会化管理新形势，个别离退休服务管理人员服务能力和管理水平呈现出不适应，管理和服务理念还没有发生质的转变。对退休人员社会化管理工作认识还不全面，存在对离退休管理服务工作大包大揽的现象，或者工作补位不及时的缺位现象。

（二）解决社会化管理后存在问题的能力不充分

一是离退休党组织关系移交后，对企业离退休党员干部政治待遇落实带来了一定难度，按照移交政策以党支部建设为核心的政治建设、组织建设、思想建设等主体责任应当由地方政府社区党委落实和承担，油田在缺少工作载体的情况下依然要承担维护稳定、综合治理、意识形态、宣传教育等责任。二是政府街道社区的接收服务能力与企业长期形成的管理体系、服务体系以及经费保障体系等还不完全对应和匹配，对退休人员社会化管理平稳承接带来了一定影响。三是面对新情况新问题一些基层服务站基础工作还存在薄弱环节。比如在离退休职工待遇落实过程中存在政策解释不到位、人员有遗漏、对改革中一些政策的调整变化掌握得不深不透、服务意识工作标准有所下降等问题。

三、解决退休人员社会管理问题的思路举措

（一）坚持突出政治引领，着力在加强政治建设上走深走实

按照“全面学习、全面把握、全面落实”要求，紧密结合老同志特点，积极与地方街道社区共同抓好党的二十大精神、习近平总书记对老干部工作的重

要指示批示精神、中共中央办公厅《关于加强新时代离退休干部党的建设工作的意见》和全国老干部局长会议精神的学习宣传贯彻，通过学习培训、专题辅导、线上报告会、座谈交流等形式，组织老同志原原本本学、反复深入学、联系实际学，教育引导广大老同志深刻领悟党的二十大精神的丰富内涵，深刻领会党的根本宗旨，深刻领悟“两个确立”的决定性意义，增强“四个意识”，坚定“四个自信”，做到“两个维护”。

（二）坚持服务中心大局，着力在引导发挥作用上出新出彩

引导老同志围绕油田中心工作，积极贡献智慧和力量，为建设基业长青的百年长庆加油鼓劲。广泛开展老干部、老党员志愿服务行动，积极引导油田老同志发挥“夕阳余热”，贡献“银发力量”。通过“诗、书、画、影、展、演”等老同志喜闻乐见的形式，组织开展丰富多彩的文体活动，发挥“一网一号”的宣传阵地作用和百名“银发网宣员”的“接地气”优势，加大挖掘和选树正能量活动的先进典型的力度，树立标杆榜样，大力弘扬石油精神、铁人精神和长庆精神，为建设世界一流大油气田点赞喝彩、献言献策。

（三）坚持注重用心用情，着力在推进精准服务上抓常抓细

聚焦企业感情纽带联系，围绕老同志对安享晚年的新期待，竭尽所能为他们提供亲情化、个性化、多样化服务。全力做好弱势困难群体生活保障，重点关注重病、高龄、失能、失独、空巢、独居、家庭负担重的老同志，使老同志急时有人助、难时有人帮、病时有人管。认真落实党的老干部工作政策，着力落实好政治生活待遇。精准、精细优化离退休干部“一对一”服务管理。按照有关规定，依法合规落实好退休人员各项待遇。将走访慰问与倡导文化养老、健康养老，宣传油田发展新形势、新要求紧密结合起来，在走动中联络感情体现关爱，在关爱中做好凝心聚力，让老同志切实感受到油田的温暖关怀。

（四）坚持守正创新发展，着力在强化社区融入上做好做优

要认真研究在老龄事业大背景下谋划和推进工作的新途径新办法，积极配合公用事业部等部门和宝石花物业、通用宝石花医疗等单位，在探索文化惠民、生活小区养老服务新途径上做好组织协调工作，加强宣传引导，畅通老同志关于生活小区养老服务诉求的渠道，及时反馈老同志意见，强化养老服务的监管，探索构建企业、社区、社会、家庭、老同志等各方联动的共建共享服务机制。

不断强化企地沟通联系，巩固常态化工作运行机制，进一步探索和实施组织联网、机制联建、党员联管、资源联享、服务联动、文明联创“六联共建”工作新模式，持续增强老同志的归属感、认同感和满意度。

（五）坚持提升能力素质，着力在加强队伍建设上同心同向

要坚持问题导向、实干导向、作风导向，深入开展“转观念、勇担当、新征程、创一流”主题教育活动，在学思践悟中不断增强做好离退休工作的政治责任感、历史使命感、职业荣誉感。强化专业能力建设，加强对离退休工作政策业务和相关知识的学习培训，全面提升离退休工作人员的专业思维和专业素质。主动深入到老同志中去摸情况、察实情、听意见，及时了解老同志的所思所想、所需所盼，提高离退休工作的针对性和实效性。以“做深、做实、做细、做快、做优”的作风为老同志办实事、做好事、解难事，努力建设一支政治坚定、作风优良、业务精通、对老同志有感情的离退休工作队伍。

"党建+"油地融合，助力离退休服务管理工作高质量发展

塔里木油田 王周国 李金鹏 刘春梅

国有企业退休人员社会化管理，是党中央、国务院深化国有企业改革的重大决策部署，是完善社会治理体系的重要行动。

退休人员管理和服务工作社会化管理后，并不意味着油田退管中心就可以当甩手掌柜了，按照《集团公司关于推进企业退休人员社会化管理工作的指导意见》，退管中心要确保退休人员移交后"待遇不降低、服务有保障、感情纽带不断"的三个定心丸政策落实，做到交得出、稳得住，还要做好补位服务工作。

一、离退休人员社会化管理后党建工作存在的突出问题

一是街道社区对退休党员实行社会化管理的认识不到位。一方面街道社区对油田存在依赖心理，参与党员管理和党支部建设的积极性不高；另一方面由于活动载体少，支部建设创新能力不足，造成部分退休党员参与组织活动积极性不高，对社区缺乏归属感和认同感。移交后，退休职工支部党建工作质量明显下降，与油田未移交前党建管理形成明显差距。

二是街道社区没有提前筹划和配置与所承担的社会化管理职责任务相适应的管理服务功能，社区党组织工作内容、工作机制、经费保障未进行明确，影响党建工作效率和质量。

三是退休人员社会化移交管理后，油田退管中心的管理和服务职能发生变化，工作面临新形势、新任务。由于没有可借鉴的经验，在合规管理前提下，退管中心需要创新开展工作，工作面临两难局面。确保移交人员交得出、稳得住，情感纽带不断，对退管中心党支部是一项重要挑战。

二、提升离退休人员社会化管理后党建水平的积极实践

（一）推进协作共商，完善“党建 +”油地共建机制

退管中心作为离退休职工服务工作的“桥头堡”，重点围绕退休人员社会化管理移交后的衔接配合做文章，通过整合利用企业和社区的资源优势，积极探索“党建 +”油地融合新模式。首先，退管中心搭建了以组织融合机制为基础的沟通平台，退管中心支部书记兼任康都街道塔油社区党委副书记，通过油地“大党委”联席会议机制，每月召开一次沟通会议，搭建了油地高效沟通服务平台。其次，形成了以党建共建活动联办机制为工作载体的融合模式，实行重大决策联商联议、重大活动联办联庆、对事关油田社会稳定大局、涉及离退休职工切身利益的事项统一规划、协商解决。最后，达到了以思想政治融合为目的和谐家园共建共享模式，让油田退休职工享受更广泛的福利政策、更丰富的活动形式、更幸福的退休生活。

（二）创新共建载体，强化党建引领

1. 形成“1+1”党建共建新模式

积极探索建立“1 个地方党委 +1 个企业党委”的地企“1+1”党建共建新模式，共同开展“三会一课”等党内组织生活，通过集中上党课、互动式教学、分享式交流、体验式学习，开展理想信念、政策理论、党规党纪教育。

2. 共同开展“5+X”主题党日活动

联合社区积极采取“规定动作 + 自选动作”相结合的方式开展主题党日活动，创新形式，丰富内容，做到学一篇重要讲话、学一节党章党规、过一次政治生日、上一堂微党课、看一段微视频“五个一”规定动作“有模样”；“X”自选动作“有特色”，围绕当前党委安排的重点工作、行业特点和工作实际，将“我为群众办实事”“创建新时代文明实践基地”等活动融入其中。贴近基层、贴近退休职工、贴近实际，开展走访慰问、义务劳动、爱心捐赠、志愿服务等活动，既形式多样，又氛围庄重，不断增强组织活动的吸引力。通过开展“5+X”主题党日活动，进一步提高了全体党员的思想认识和理论水平，有力提升了党组织的凝聚力和战斗力。

3.“1+1+1+N”结对子活动

形成由1名退管中心党支部在职党员+1名社区党员+1名社区管家，联结多名孤寡老人、高龄空巢老人的特殊困难退休员工的关爱帮扶机制。通过上门开展慰问、生活帮扶、居家安全检查等活动，将我为群众办实事落到实处。

（三）探索油田与街道社区党建工作的有效衔接途径

一是形成了“党建共建、活动联办”机制，明确了油田社区党委和退休职工管理中心的各项职能和主体责任。明确油田社区党委承担移交党员管理服务职能和退休员工社会化管理服务职能以及党建共建活动联办主体责任。退休职工管理中心承担活动联办补位责任，发挥街道社区与退休人员之间的桥梁纽带作用，共同协作，每年共同开展共建活动。

二是明确各项保障措施，丰富活动载体，保持同退休人员感情纽带不中断。油田确保退休人员生活待遇和政治待遇的切实落实，街道社区持续完善管理服务功能，落实资金保障，规范服务行为，强化人员配置，提升党建工作质量和服务管理水平，双方相互协作通过党建共建活动联办以及各自的办事服务平台开展多元化的居民服务活动。例如，举办老年兴趣班，开设书法、绘画、摄影、声乐、模特、瑜伽等课程；利用夏季广场活动，开展了太极拳、柔力球、佳木斯健身操等广场系列培训活动，每天参与人数众多，受到小区居民的一致好评；结合多元化的活动类型，成立了金胡杨合唱团、钓鱼、乒乓球、台球、书法、摄影、戏曲等社团协会，以无形文化滋润心田，把思想政治教育融入文体活动之中，不断增强基层党组织的凝聚力。

三是每年年初与社区联合制定“党建共建、活动联办”方案，开展丰富多彩的党员教育活动。全年活动围绕学习党的二十大精神，全面贯彻习近平新时代中国特色社会主义思想和中央新疆第三次座谈会精神，以“爱党、爱国、爱社会主义”文化润疆为主题，开展了内容丰富、形式多样的“党旗映天山”系列庆祝活动。大力弘扬石油精神和大庆精神铁人精神、塔里木精神，充分发挥离退休职工中党员的先锋模范作用，以党建促进稳定。邀请老同志参加油田、事业部“两会”，定期召开座谈会，及时传达油田公司“两会”精神、向老同志通报油田发展情况，征求对油田发展的建议；组织离退休党员开展“形势、目标、任务、责任”主题宣讲；建立网上红色阵地，创新教育载体；邀请巴州党校教授开展党的二十大精神宣讲；过集体政治生日，牢记入党初心，增强党性意识。同时，做好统筹外费用发放，开展慰问和困难帮扶等工作。

大力宣传退休人员社会化管理工作的优势，开展集团公司“三个定心丸”政策宣讲，消除了退休员工的疑虑，使广大退休员工中的党员充分认识到社会化管理的必然性，激发退休党员和单位党组织参与社会化管理的积极性和主动性，有效地巩固了油田与地方社区党委相互促进的密切关系，使党建工作有效衔接，离退休党组织战斗堡垒作用、先锋模范作用、思想教育阵地作用显著提升，确保了退休员工队伍的稳定。

四是聚焦共建资源，筑牢服务基础，建立情感纽带，促进党建业务双提升。以街道社区所需、退休人员所盼为着力点，切实推行“地企共建、服务共行、文化共享、和谐共融”的同频共振工作模式，落实退休人员的“市民”待遇，主动对接街道社区，落实油田移交退休人员的高龄补贴、伤残补助、优待证办理、免费体检、退伍军人优待证办理等市民待遇，为老同志提供高品质的服务保障，切实解决联系服务“最后一公里”问题。在元旦春节、国庆中秋、重阳节等重要节点开展联合走访慰问，走访看望年老体弱、行动不便以及生病住院的老同志，送去油田党工委和地方政府的关怀，努力让老党员、老同志有更多获得感、幸福感。在规范提升已有固定活动场所的基础上，退管中心立足老同志的需求，结合实际，在五区活动中心与塔油社区共同打造集党建活动、文化养老、文体活动为一体的综合性、“家园式”共享阵地，努力实现“四个共享”。

五是持续用好“支部带头干、党员争着干、群众跟着干”的“带、争、跟”三字工作法，增强退管中心党支部战斗力。“班子带头作表率，党员冲锋在一线，群众跟随作奉献”，在退管中心各个工作领域得到了充分展现。主动关爱独居老人，让他们感受到党组织就在他们身边，帮助他们解决碰到的各种困难和问题。离退休第六党支部刘金树同志的爱人生病，退管中心疫情防控先锋队帮助购药、购菜、问寒、问暖，他激动地写下了感谢的语句：“娘家温暖有至，退休不觉无助”。

退管中心党员切实发挥了先锋模范作用，干在实处，走在前列，推动了退管中心为老服务工作高质量发展，赢得了退休人员的高度赞誉。

企业退休人员社会化管理服务工作的探索与实践

新疆油田　李莉红　王　红　汤金瑛

企业退休人员社会化管理服务工作是社会保障体系的重要组成部分，是深化国有企业改革、建立现代企业制度、完善社会保障体系，维护社会稳定的重要举措。随着我国人口老龄化发展的加快，高龄老人、体弱多病老人和“空巢”老人不断增加，家庭结构日益小型化，我国传统的家庭养老方式已经改变，一种以机构、社区、居家养老的格局正在形成，为今后企业离退休人员管理服务工作提出了新的课题。为此，应抓紧建立独立于企事业单位之外、资金来源多样化、保障制度规范化、管理服务社会化的社会保障体系，实行企业退休人员与原单位分离、养老金实行社会化发放、人员实行社区管理的机制。

一、国有退休人员社会化管理进程中存在的问题

（一）国有企业退休人员对进入社区管理忧心忡忡

退休人员担心离开企业进入社区后在享受待遇方面受影响，怕进入社区后待遇得不到保障。以往，一旦遇到生活中的困难时，他们首先就会找单位寻求帮助。企业离退休人员社会化管理后，退休人员担心进入社区后不方便，同时，由于国企退休人员年龄比较大，企业无法对他们的慰问和照顾做到面面俱到，使得很多退休人员非常不满意，从而给企业带来了很大的压力，并且在一定程度上影响了企业的良好发展。

（二）缺乏完善的法律制度

目前，由于我国没有一个统一的退休人员生存现状的认证制度，某些关于退休人员的认证手续烦琐复杂，认证方法比较落后单一。虽然我国在近几年，

先后颁布了关于退休人员社会化管理方面的法律制度，但是还是缺少相适应的实施准则或实施办法，特别是关于公共政策管理方面的法律制度仍然存在着很多的空白区域，从而导致了社会化管理工作职能被动开展，且缺乏主动性。

二、如何有效推进国有企业退休人员社会化管理进程

（一）加大财政支持力度

国有企业退休人员社会化高效推进，离不开重要的资金保障。财政部门在一切从实际出发、统筹兼顾的基础上合理安排这方面的年度预算资金，按时足额拨付相关的补助资金，比如，国有企业"三供一业"分离移交，确保国有企业退休人员社会化工作开展中有充足的资金。在此基础上，各地区及各级政府部门要提高其思想认识程度，在明确目标、创新思路、优化方法中优化分配、利用相关公共服务资源，在革新社会资本中合理引领、指导督促各层次国有企业退休人员有效开展社会化管理工作，高效完成相关改革任务的同时，促使历史遗留问题等得到有效解决。

（二）完善社会化管理制度

加强基础设施建设要在调查研究、实践探索等过程中，把握企业退休人员社会化管理过程中的各层次问题，深化完善构建社会化管理制度体系，在发挥自身各方面职能过程中对国有企业进行针对性指导，结合退休人员社会化管理中呈现的问题，比如企业办社会职能分离移交问题、基础设施建设问题、养老待遇、医疗报销待遇、社会事业管理等，科学完善已构建的社会化管理制度，在明确退休人员社会化管理岗位工作人员职责的过程中规范社会化管理各项业务，严格按照相关规定，在政策法规、制度体系协同作用下，科学处理社会化管理现实问题，在集中服务中统一管理区域退休人员。

（三）明确社会化管理工作方向与重点，落实分区域管理服务工作

在推进社会化管理工作中，国有企业要把握退休人员普遍特征，比如思想较为活跃、文化层次比较高等，结合国务院有关要求，优化调整并明确社会化管理工作方向以及重点，要在关心、帮助困难退休人员的基础上将工作重心放在退休人员精神文化的需求。强调企业文化养老、有效满足各层次退休人员在学习、人际关系、实现自我价值等方面的多元化需求。在此基础上，国有企业

要在推进社会化管理中落实分区域管理服务工作，通过多样化的路径高效管理不同区域的退休人员，确保社会化管理服务更具有针对性的同时避免出现待遇差别，在和区域社区互动、联系中为来自不同区域的退休人员提供良好服务，增强社会归属感的同时淡化企业归属感，促进社会化管理全面推进。

（四）优化移交分离与关系转移环节，加强信息化管理

在新形势下，对国有企业退休人员社会化管理提出了明确的规定，即国有企业退休人员办理退休手续之后，与之对应的管理服务工作从原单位中分离出来移交社区，由社区对退休人员进行统一社会化属地管理，根据退休人员各方面需求，及时提供合理化的服务。在此过程中，国有企业落实退休人员档案移交工作，由相关档案管理部门进行统一管理，实时转移国有企业各层次退休人员在党组织、社会保险方面的关系。此外，地方政府部门要加强社会化管理中的信息化管理，在合理应用现代信息技术过程中，科学构建国有企业退休人员基于社会化管理的系统平台，从养老保险、基础设施建设、社会职能移交分离、关系转移、医疗报销等方面入手，合理设置模块、数据库，优化信息数据采集、分析、挖掘等环节，实时更新国有企业退休人员各方面信息，强化社会化服务职能的同时，对社区退休人员进行有效管理，可以借助系统平台，规范开展指导、督促等工作，在社会、政府部门、国有企业有机联系中高效推进国有企业人员社会化管理。

（五）提高服务质量，开展丰富的文化活动

对于退休人员社会化管理工作来说，不仅仅是保证退休人员退休金的发放，还应该提高对退休人员这个社会群体的关怀和呵护，保证退休人员的生活质量。对于社区来说，要加强与退休人员的沟通与交流工作，了解退休人员生活中的问题和困难，并采取有效的手段来解决相关问题。同时，应该开展一系列的文化活动，满足退休人员的文化生活需求，丰富退休人员的文化生活。

三、如何做好企业退休人员社会化管理工作

（一）明确企业退休人员社会化管理内容

建立企业退休人员基本情况数据库，随时掌握人员情况。照顾好老同志，深入老同志中了解他们的所思所想，尽心而为，尽力而为，尊重、关心、照顾

好老同志。走访慰问、政策宣传、答疑解惑、后事处理等工作要一环扣一环，最终实现“服务优、人心暖、队伍稳”的目标。

（二）理清企业退休人员社会化管理服务基本形式

企业退休人员社会化管理服务的基本形式是社区管理，但是，由于我国幅员辽阔，各地经济发展及社区建设水平差异很大，因此应根据实际情况，本着因地制宜、分类指导、稳步推进的原则，采取社区监督、企业管理形式。

（三）有关部门要尽其职、负其责

企业退休人员社会化管理服务工作应由各级人民政府负总责，将此项工作列入议事日程，各级劳动保障部门是企业退休人员社会化管理服务工作组织协调部门，负责制定企业退休人员社会化管理服务工作的有关政策和实施方案，协调有关部门落实和解决社会化管理服务工作的重点和难点问题。各街道、社区按照企业退休人员社会化管理服务工作的有关政策法规、工作职责、业务程序和服务内容，具体负责退休人员管理服务工作。

（四）落实好社会化管理服务条件

社区的办公场所和退休人员的活动场所、各地区要结合实际，充分利用和改善现有条件，调动社会各方面的力量，包括企业、社区和社会现有场地、设施，利用有效资源，充分发挥作用。

新形势下离退休职工管理工作高质量发展的实践与路径

新疆油田 白 霞

随着国有企业退休人员社会化管理工作持续推进，如何科学把握新发展阶段，加快构建新发展格局，是企业离退休人员管理工作当下面临的主要问题。

一、离退休管理工作基本情况

新疆油田公司离退休职工管理中心（以下简称退管中心）成立于1998年7月，当时新疆石油管理局党委本着有利于维护大局稳定、有利于深化改革，对二级厂处离退休职工管理部门的离退休职工进行统一集中管理。退管中心认真贯彻落实国家、自治区和集团公司各项离退休政策，将离退休服务管理工作置于油田科学发展、和谐发展的大局统一部署，充分发挥离退休职工集中管理的优势，以创建“老同志之家”活动为载体，进一步建立和完善了思想政治工作保障体系、管理服务规范体系、文体活动普及体系、员工队伍能力建设体系等“四大体系”，有力促进了离退休工作的和谐稳健发展，提升了“保障生产、服务生活、维护稳定、构建和谐”的质量和水平，保持了“两支队伍”和谐稳定，实现了上级党委满意、离退休职工满意的“双满意”目标，为克拉玛依市、新疆油田公司改革发展稳定作出了应有贡献。

近年来，退管中心坚持全面贯彻落实新时代党的建设总要求，突出抓好政治建设、思想建设和组织建设，广大离退休老同志、在职干部员工更加坚定践行“两个维护”，始终保持敬重之心、倾注关爱之情、恪守为老之责，及时把上级党委的关怀和温暖送到老同志心坎上，老同志的获得感、归属感、幸福感更加充盈。退管中心始终保持政治定力，准确分析形势，沉着应对挑战，在危机中育新机，于变局中开新局。退休人员社会化管理推进工作位居集团公司的前列，始终坚持把生命安全和身体健康放在首位，坚决贯彻落实新时代党的治疆方略，全面落实疫情防控措施，成为维护社会稳定和长治久安的重要力量。

二、离退休管理工作的路径方向

（一）工作思路与对策

继续深度对接政府老龄事业发展规划，坚持企业退休人员社会化管理方向不动摇，紧紧围绕公司“转观念、勇担当、强管理、创一流”主题教育，确保剥离移交业务服务不断档、质量不滑坡、运行可持续，努力抓好四项工作。

一是按照公司对未上市单位高质量发展的要求，及时化解和消除移交业务在运行过程中出现的矛盾问题，保证移交业务的服务质量，维护企业和谐稳定。二是针对员工“硬下降”现状，不断加强组织机构及人员岗位优化调整，进一步厘清与政府、街道的工作界面，明确双方的职责和内容，确保服务管理工作不断档。三是按照“试点引领，健全体系，创新模式”的原则，把准与街道、社区融合和退出的时机，整合现有资源，放大优势效应，推动站（点）管理权有序向街道、社区移交，不断提升老同志的归属感。四是精准落实离退休人员待遇，积极引导老同志发挥作用，让更多老同志参与到社会化管理工作中，成为街道社区的宣传员、信息员、义务监督员、志愿服务者，更好地服务于油田改革发展稳定大局。

（二）工作方向与目标

坚持把全心全意为老服务理念贯穿于退休人员社会化管理全过程，强化资源整合，推动与政府、街道、社区的互融共建，聚焦主责主业，突出精准精细，创新管理方式，确保离退休老同志统筹外待遇不降低、街道社区服务有保障、企业与老同志感情纽带不断的“三个定心丸”全面落实，引导广大老同志主动适应社会化管理新常态，推动形成政府主导、街道社区负责、企业协助补位、社会力量参与的为老服务新格局，到 2025 年，基本形成全社会参与、运转有序、富有实效的为老服务新机制。

到 2030 年，全面推动退休人员社会化管理工作步入科学化、制度化、规范化轨道。坚持从国家、自治区、克拉玛依市发展战略的高度，结合公司高质量发展的要求，精准把握新时代赋予离退休工作的责任使命，持续巩固扩大退休人员社会化管理成果，健全完善企业内部管理制度，做到为老服务工作有章可循、规范有序，广大老同志全面融入街道社区，企业配合补位更加精准、社区为老服务活动场所功能更加完备，推动形成用制度规范行为、按制度管人办事的长效机制，更好地满足老同志对美好生活的新期待。

（三）发展路径与定位

勇担企业政治责任和社会责任，共创共建克拉玛依社会和谐稳定的外部环境，服务油田公司高质量发展，做“企业待遇落实者，移交业务协调者，留存业务承担者，感情纽带联系者”。一是全面加强党的领导，坚持以党的政治建设为统领。充分发挥党委“把方向、管大局、保落实”的领导作用，始终把握新时代离退休工作前进方向。二是全面落实老同志统筹外待遇。根据经费情况建立健全统筹外待遇制度体系，精准落实好统筹外待遇工作。落实好离休干部和新中国成立前老工人“一人一策”服务机制，切实提高服务效能，不断提升老同志的获得感、幸福感。三是深入开展节约挖潜、提质增效活动。把准社会化管理方向，持续加强“转观念、增角色、强融合”主题教育，推动各退休站（点）管理权有序向街道、社区移交。四是健全完善维稳、疫防常态化工作。完整准确贯彻新时代党的治疆方略，打好维稳“组合拳”，进一步夯实稳定工作基础。五是持续深化增添正能量主题活动。引导老同志广泛参与社区开展的系列文化体育活动，增进身心健康、安享幸福晚年。动员退休老党员、老同志在社区发挥余热，主动加入党建指导员、特派员和关心下一代“五老”队伍中。六是全面提升合规管理水平。坚持管业务必须管合规、防风险的原则，压实安全监督保障责任，建立健全大安全联合联动机制，努力实现安全管理无事故目标。七是强化员工队伍自身建设。坚持实干担当的用人导向，优化干部年龄结构，切实强化党的路线方针、离退休政策业务、各种新知识和新技能的学习。建立能上能下、选人用人机制，有序推动干部到龄离岗，修订完善绩效考核管理办法，合理设置考核指标，形成合理、高效、管用的绩效考核制度，激发员工干事、创业的潜能，形成凝心聚力推动改革发展、改革发展成果更多惠及员工群众的双赢局面。

离退休石油人社会化养老的思考与探索

西南油气田　涂　岚　冯　加　尹玉蓉　程　蓉　郭　勇

社会化养老是以满足离退休石油人养老需求为基础，涵盖沟通情感、交流思想、强健体魄、调适心态等基本内容，以传承精神、享受快乐、愉悦身心、延年益寿为目的的一种新型养老模式，是传统的物质养老向更高层次养老方式的进步和发展，是既关系离退休石油人更好地实现人生追求，又关系石油企业和谐稳定发展的重大问题。

一、推进离退休石油人社会化养老的现实意义

（一）社会化养老有利于满足离退休石油人的精神需求

离退休石油人从工作岗位上退下来之后，受社会环境、自身能力等各种因素的制约，其所能承担的社会责任会逐步减少，活动距离和圈子也会逐步缩小，社交生活转变为一种相对封闭的状态。尤其是2020年底移交属地管理后，许多离退休石油人往往会出现心理上的波动与精神上的空虚，从而出现各种心理问题。因此，越来越多的离退休石油人对健康养老和文化活动的需求，就变得越来越迫切，他们希望有更加多样化的养老方式和更多地参与到社会文化活动中，来丰富自己的晚年生活，达到高质量生活的目的。

（二）社会化养老有利于促进离退休石油人自身价值的实现

许多离退休石油人追求高品质的养老生活，追求身心的愉悦享受，希望体现自我的人生价值。老年大学、文体协会、民间团体组织的稳步发展为离退休石油人提供了提升知识文化水平的平台。在企业和社会层面的支持下，离退休石油人通过参加老年教育和文体活动，有助于不断发展、完善自我人格，进一步塑造自我，在达到晚年养老生活精神愉悦的同时，实现自我的人生价值。

（三）社会化养老有利于推动离退休服务管理工作转型发展

当前，石油企业离退休服务管理工作面临的社会条件、制度环境、内部结构等都在发生着深刻变化，随着离退休石油人移交到属地管理政策在2020年底的落地，我们的服务与管理工作也进入转型发展的新阶段。这个“转型”包括四个层面。一是服务对象转型，即由过去的主要以离退休石油人为主，转为离退休职工、有偿解除劳动合同退休人员、职工遗属等群体。二是服务内容转型，即由过去的落实两项待遇为主，转为加强离退休石油人思想政治建设和党组织建设为主，辅以各类费用报销和文体活动组织。三是作用发挥方向转型，即由过去的建言献策转为现在的正能量发挥和引导。四是工作重心方向转型，业务管理部门由“待遇养老”向“精神养老”转变。在具体工作实践中，注入精神养老理念，体现文化养老元素，有助于离退休服务管理工作更加有利、有序、和谐发展。

二、当前社会化养老的基本现状

（一）传统模式与新模式碰撞激烈

随着城市化推进，老年人口呈现出基数大、发展速度快的特点，老龄化伴随空巢化情况凸显，因丧偶等原因独居的高龄老人比重也比较高。人口老龄化势必引起家庭规模和家庭结构的变化，造成传统家庭养老和照料功能不断弱化，社会化养老服务需求激增。在养老的方式上，正在由家庭化向社会化、普惠化、均等化转变；在养老的观念上，正在由养儿防老向国家和社会养老转变。

（二）养老服务机构得到改善和发展

党和国家高度重视养老服务事业发展，制定系列政策措施，加大资金支持力度，养老服务机构管理体制和基础设施建设水平有较大改善和提高，如敬老院统一更名为区级社会福利服务中心，并纳入事业单位管理序列编制，为社会化养老这种新模式的发展奠定了坚实基础。

（三）社区居家养老服务逐步启动

社区居家养老服务站、日间照料中心如春笋般发展，且设施设备齐全，还配备专职服务人员。以南充嘉陵区海圣堂康养医院为例，这家医院最大特色是实行医疗养护一体化，住宿间外就是护士站，可以及时提供专业化、规范化的护理服务。如宝石花物业川中项目建立“邻里中心”，充分整合服务职能和资源，以多层次需求为根本，提供“家庭保洁、干洗衣物、家电清洗、物业缴费”等便利服务，足不出户就能住得安心、生活舒心，邻里之间“心连心”。这些新的模式创新打破了传统模式，集传统家庭养老和机构养老两种方式的优点于一身，让老年人享受到方便的社区福利，既减轻了老年人及家庭的经济负担，弥补了家庭养老的不足，又节省了养老福利资金的投入，可谓是一举两得。

三、社会化养老存在的主要问题

从总体来看，社会化养老体系建设尚处于起步阶段，养老服务设施设备规模较小，服务水平较低，与老龄化步伐日益加快，社会养老需求不断攀升的客观要求相比，还有相当大的差距，主要体现在：共商共联的沟通机制还未建立；政策宣传力度不够，认识不到位；社区养老服务发展缓慢，资金投入严重不足；养老服务体系缺失，民办养老机构发展滞后；管理机制不健全，服务队伍素质整体偏低；“勤俭节约”传统观念根深蒂固，在离退休石油人中表现尤为突出，一些老同志在医疗、饮食等方面非常节约，舍不得吃、舍不得穿，顾虑担心多。

四、实现离退休石油人社会化养老的对策与思考

随着经济社会快速发展，当前，企业离退休石油人对“社会化养老”需求更加凸显。结合离退休石油人思想现状、生活习惯和兴趣爱好，积极应对人口老龄化、高龄化、空巢化，针对性地开展和推进“社会化养老”，全力打造“站位准、油味浓、气韵长、品位高、形式新、实效强”的社会化养老新模式，按照机构养老创品牌、居家养老创特色、社区养老辟新径、社会养老促发展思路，探索出一条适合离退休石油人养老体系建设的新路子。笔者认为，还应从以下几点着手。

（一）完善机制，满足需求

1. 社会要充分发挥主导作用

要站在构建和谐社会的高度，充分认识养老服务的重要性。一是通过广播、电视、报刊、网络等大众媒体制作，宣传适合离退休石油人的社会化养老产品，在各类活动中心、休闲广场等应开辟老年人专区、老年人专项服务或实施老年

人优惠政策，让大家充分享受公共资源带来的便利。二是尝试打破企业、行业界限，充分发挥属地街道社区作用，加大对离退休石油人的组织引导，以居民和亲、楼栋和谐、小区和美为出发点，共同建设出入相友、守望相助、与邻为善、以邻为伴的生活共同体。

2. 离退休业务管理部门要发挥指导作用

一是要倾注关爱，满足离退休石油人情感归属需求。通过认真落实离退休人员“两项待遇”，实现老有所依、老有所养，使离退休石油人能感受到企业关怀和“家”的温暖。二是要多方征求意见建议，加大宣传力度，满足离退休人员的尊重需求。要注重倾听和采纳离退休人员合理建议，在力所能及的范围内实现离退休人员“社会化养老”落实与心理预期相吻合。三是要针对离退休人员年龄、身体状况，分类、分别组织活动，全方位、多层次满足离退休人员文化娱乐和社会交往需求。四是要创新学习方式，满足离退休人员求知需求。通过举办专题党课、形势任务宣讲和各类讲座等实现离退休人员自我管理、自我教育。

3. 离退休石油人家庭要发挥辅导作用

石油人无论是采取哪种“社会化养老”方式，都需要得到家庭的理解和支持，这个作用不可替代。要抛弃对赡养认识的偏差，不能仅仅局限于提供单纯的经济、应急等赡养扶助。家庭成员，尤其是子女应增加与离退休石油人相处时间，相互多沟通，多给予精神上的慰藉，共同支持或参与，这对离退休人员精神上的满足非常重要。

（二）项目运作，完善体系

坚持“公办、民办”两手抓，多层次、全方位发展社区养老机构。一是强化“兜底”保障功能。推广福利院、敬老院、光荣院“三院”建设，拆建扩建结合，扩大床位规模，打造康复、膳食、医疗、护理、活动等亮点特色，达到住了就不想走的目的。二是满足多层次需求，大力发展民办养老机构。加大财政投入，市场化运作，采取公办民营，民办公养，合资合作方式，建高标准场所，提升软硬件条件，集养老、康复、护理、医疗于一身，拉开档次，满足不同层次的服务需求。三是社会资源、敬老服务机构在加大为老服务设施、活动场地、托老服务机构建设投入中应以“方便适用、小型多样、功能配套”为原则，使“社会化养老”的硬件设施与软件合理配置、合理布局，如由地方政府民政部门牵头，在城市社区建立“日间照料中心”，为有需要的老人提供服务，包括一日三餐（低糖、清淡、少油）、照料、护理等家政、医疗护理和心理咨询服务，以及社区日托、短期照料护理等服务。

（三）资源整合，建设载体

积极整合资源，着重发展居家养老。一是探索居家养老新模式。坚持组织领导、机构设置、人员配备、硬件设施、资金保障“五到位”，建立完善的街道社区运作平台和支持系统，由企业居中协调，与属地街道社区建立联系机制，着力融入地方网格化管理，由属地居委会牵头，企业辅助配合，在离退休服务管理区域内，分片成立由居委会干部、热心居民等组成的志愿队伍，开展家庭保洁、干洗衣物、家电维修等志愿服务。建立居家养老组织协调机构和生活服务平台，探索建立“智能呼叫”“应急救助”等平台，形成整体合力，多渠道、多形式、多方位开展服务，提高应急救援保障服务能力，逐步形成覆盖多点位、满足不同需求的养老服务网络。二是打造居家养老服务载体。建立养老服务信息系统，充分利用退休石油人移交时整理的档案，完善老年人电子健康档案，与属地通讯商合作，建立专业化居家养老呼叫服务网络，在防范、应对老人日常生活、安全保障、身体健康等突发状况方面，发挥就近、专业优势，第一时间处理各类实际问题。三是协调引入街道卫生院、卫生所、社区卫生服务中心等医疗资源，为老人提供健康体检、养生咨询、义务诊疗等医疗服务。

新时代离退休管理服务工作实践研究

西南油气田　高　雅

由于历史原因，我国国有企业在特定历史条件下，很长一段时间承担了大量的办社会职能。加速剥离企业办社会职能和解决历史遗留问题的关键，就是加快推进国有企业退休人员管理体制改革，也是国有企业改革任务的重中之重。

一、退休人员社会化管理过程中存在的问题

随着国有企业退休人员社会化管理的深入推进，以及社会化管理体系不断完善，国有企业退休人员管理服务模式逐步建立，运行机制得到了进一步规范，各项职能得到了长足发展，但是仍存在一些突出的问题。

（一）各街道社区财政支持和社会资源差异大，导致社会化管理服务水平参差不齐

城市建设、社区发展不平衡，导致各地区社会化管理水平存在差异。目前，大部分社区、街道普遍存在管理服务队伍数量和管理服务人员体量相对较小，管理服务人员多为临时兼职人员，没有接受过系统的社会化管理专业培训，对社会化管理的有关政策不够了解，业务能力有一定局限性，没有建立健全系统的工作机制，不能很好地协调各部门多方面的工作，在退休人员社会化管理服务中不能及时高效解决退休人员的实际问题。

（二）国有企业退休人员对企业依赖性强，对社会化管理接受度和认可度低

一方面，部分企业退休职工对社会化管理政策了解不透彻，长期工作和生活在国企组织生态环境下，形成了一些固有思维，同时和国有企业已建立深厚的感情，普遍有“有问题找企业找组织”而不是“就近找社区”的思想观念。

另一方面，老同志们担心脱离了企业是否还能继续享受之前的福利待遇，担心社区管理服务质量不如以前，移交之后各方面待遇下降等。在涉及个人利益时表现出抵触、不配合的情绪，对从“企业人”转变为“社会人”这一身份的改变显得无所适从。

二、守正创新，开创退休人员社会化管理服务工作新模式

在新形势下，公共事务管理中心（以下简称中心）严格按照中组部要求，切实把老同志的“两项待遇”落实好，“两个阵地”建设好，确保政策执行不折不扣，政策落实不留死角，服务整体到位，落实好给老同志的“三个定心丸”，在退休人员社会化管理服务过程中做出了有效的实践与探索。

（一）突出“党建引领”，始终筑牢离退休工作的根与魂

离退休管理服务工作不仅具有服务属性，也具有政治性、社会性、群众性。做好新形势下离退休管理服务工作，对于加强党的执政能力建设和先进性建设、巩固党的执政基础和群众基础、推进全面从严治党向纵深发展具有重要意义。随着退休人员社会化管理逐步推进，退休人员的思想认识、行为方式、价值观念等也在发生一系列的变化，一些新情况、新问题、新矛盾也随之涌现，各种亟待解决的热点、难点问题也相对集中地反映出来。重视企业退休人员思想观念建设，对于解决社会化管理难题具有至关重要的作用。因此，离退休人员的政治思想建设只能加强，不能削弱。

1. 聚焦调查研究，加强政策宣传，筑牢退休人员思想阵地

企业退休人员社会化管理工作是国家大政方针，也是国企改革进程中最难啃的一块“硬骨头”。中心把调查研究与解决群众的操心事、烦心事、揪心事结合起来，突出问题导向，立足于办好老同志的事情，从老同志最期盼的事情做起，从老同志反映强烈的问题改起。中心在深入调查研究的基础上把社会化管理工作中遇到的难点、痛点问题一一剖析，认为老同志们在社会化管理过程中，之所以出现“不甘、不舍、不愿、不服、伤心、忧心、担心、寒心”的情绪，以及对退休人员社会化工作抵触的行为，主要是因为他们对社会化工作政策的不了解甚至是误解，随即开展了横向到边、纵向到底的多维度社会化管理工作

政策宣讲工作。

在中心党委的领导下，中心成立了社会化管理工作领导小组，明确各个环节责任部门和责任人。通过制作并下发退休人员社会化宣传册，以各退休党支部为单位对老同志宣讲政策和答疑解惑。宣讲工作主要针对老同志最关心的组织关系、人事档案移交、管理关系移交、活动场所移交、给老同志的“三个定心丸”等内容进行。通过领导带头讲、亲自讲，部门负责人和工作人员走进老同志中间深入讲、细致讲，发动退休党支部书记深入退休群体手拉手、心贴心地讲。通过全覆盖宣传发动，凝聚理解支持改革的共识，让老同志们在正确解读政策的基础上打消思想障碍和认识壁垒，让退休人员准确了解改革政策，消除误解和顾虑，为社会化管理工作顺利推进营造了和谐稳定的良好工作氛围。

2. 聚焦“政治待遇”落实落地，积极拓展离退休党员爱党爱国爱企情怀

中心始终把落实好老同志政治待遇作为做好新时代离退休人员思想政治工作的重要保障，确保思想政治教育常态化。一是充分用好集团公司“石油金秋”和“学习强国”等舆论宣传渠道，组织老干部学习习近平新时代中国特色社会主义思想和离退休政策法规，开展专题报告会十余场次，人数达三万余人次。充分发挥老年大学、老年活动中心等主阵地作用，积极组织开展党史学习教育、党的二十大精神专题学习教育。成立党的二十大精神宣讲组，走进社区向广大离退休老同志宣讲党的二十大精神，发放党的二十大报告精神学习“口袋书”两千余本。为不便参加活动的老同志送学上门，确保学习宣传贯彻党的二十大精神入心入脑、走深走实。二是中心一直坚持开展老干部阅读文件、听报告、参加重要会议和重大活动、向老干部通报情况、组织老干部就近就地参观学习等制度，较好地把落实老干部政治待遇与思想政治工作相结合，让广大老干部了解形势、学习政策、支持发展、以身作则。把开展主题教育同加强和改进新形势下离退休干部工作结合起来，用习近平新时代中国特色社会主义思想武装头脑，引导广大离退休干部坚定理想信念，牢记初心使命，多发好声音，贡献正能量。

（二）突出“党建赋能”，构建企地融合发展新格局

在“党建共建”思想指引下，企地双方共同探索新时期退休人员党建共建工作新思路、新途径，以“资源共享、优势互补、互相促进、共同提高”为目标，进行了行之有效的探索和实践。

1. 聚焦正能量发挥，做好“活动融入”

中心大力支持配合地方街道社区党组织加强离退休党员教育和管理工作，提高广大离退休党员的思想政治素质，增强党组织的战斗力、凝聚力。采取“党建 + 志愿服务”活动模式，坚持“企地协同，融合共享”的理念，培育“石油银辉”党员志愿者服务队伍，充分发挥老党员政治、经验、威望优势，激励他们做群众矛盾的调解员、民情联络员、政策宣传员、文明示范员。自志愿服务队伍建立以来，组织开展了党的创新理论宣讲、“石油精神”进校园、网络反诈宣传等志愿服务，实现社区共建共治共享，充分展现了老同志们“离岗不离党，退休不褪色”的责任担当。

2. 加强新模式探索，做好“治理融入”

企地双方在离退休老同志中发出“融入社区添光彩，永葆初心夕阳红”倡议，号召离退休老同志投身社区基层治理，助力打通基层治理“最后一公里”。在石油苑开辟的由志愿者代表杨天宇宣讲的《杨大爷专栏》，内容包括政策法规宣传、青少年科普专栏、表彰社区好人好事、批评社会不良现象和反映居民正当诉求的互动平台。设立“银辉工作室”带头参与红色宣讲、睦邻调解、心理健康咨询、疫情防控等志愿者服务活动。让老党员为民服务走上前台、融入社区、深入群众，凸显标杆示范效应，持续激发城市基层治理内生动力，推动形成向上向善、乐于奉献的良好社会氛围。

（三）突出“石油情结”情感纽带不断，创建川油离退休“四心”服务品牌

面对退休人员社会化管理的时代趋势，中心始终牢固树立落实好老同志的“三个定心丸”的工作目标，主打石油企业与退休老同志感情纽带不断，积极创建“工作热心、服务细心、解释耐心、情感贴心”四心服务品牌，努力当好老同志统筹外待遇的落实者、身体健康的守护者、感情纽带的坚守者、文化养老的倡导者、发挥作用的引导者、社区服务的补位者。

1. 创建离退休“一站式”服务窗口，打通为民服务“最后一公里”

“为老同志办实事，解难事”一直是中心离退休服务工作的根本点和出发点。针对老同志办事的难点、痛点、堵点等问题，中心主动征集群众意见，聚焦群众期盼，细化工作措施，破解思想禁锢，秉承“让信息多跑路，老同志少跑腿”的理念，充分利用信息化和互联网技术为老同志提供优质、高效、便捷

的服务。

2. 强化精准服务，落实效能提升

精准掌握基本信息，让精准服务“走细”。充分利用“数据智能+服务+管理”信息化平台，专人负责离退休职工管理信息办公平台，通过资料查阅、定期登门走访、电话问询、召开会议等方式，详细掌握离退休老同志个人信息、健康状况、思想动态、主要需求等情况，实现个人基本情况和个人需求信息化、动态化的更新管理，以此为依托，分类施策，制定个性化服务方案和跟踪服务记录，做到服务方案清、服务效果明。

全面落实各项待遇，让精准服务“走实”。积极探索离退休老同志高龄期、高发病期服务管理工作新模式，以及分类施策的服务管理办法，严格落实老同志“生活”待遇。中心通过离退休职工信息化平台，与成都地区多家医院开展合作，为老同志进行健康体检服务，为老干部就医提供一对一亲情化陪诊服务，解决老干部挂号难、看病难、陪护难的问题。

着力搭建亲情服务管理系统，让精准服务“走心”。中心以常态化走访慰问为抓手，主动靠前服务，深入开展“进老同志门、知老同志情、解老同志难”亲情服务活动，建立常态化联系制度和动态帮扶台账，做到定人联络、定时沟通、定期考评、定期走访重病、高龄、失能、空巢、独居老同志，帮助解决医疗护理、紧急救助、精神慰藉等方面的困难。

3. 以“文化赋能”助力描绘最美“夕阳红”

在离退休精神文化建设工作方面，牢牢抓住老年大学和老年活动中心“两个阵地”，让石油人“精神之魂”传承不息，进一步丰富发展“石油精神”“川油精神”在新时代老年文化活动的新内涵。

为进一步激发广大老同志爱党爱国、爱企爱“家”情怀，中心依托离退休文体协会、行政小组，扎实开展读红色经典、唱红色歌曲、跳红色舞蹈、展红色文化等线上线下相结合的系列文体活动，持续为油气田事业发展增添正能量。

三、围绕中心，服务大局，谋定下步离退休服务管理工作思路

（一）深化企地党建共建机制，着力提升退休干部党建工作新活力

一是开展有针对性的政治教育、政治学习，引导广大老干部党员始终牢记

党员身份，牢记初心使命，始终坚定理想信念，进一步增强政治意识、大局意识，围绕中心大局，找准老同志们在参与经济社会建设、助推西南油气田公司高质量发展中的定位，充分发挥政治优势、经验优势和威望优势，为党和人民事业增添正能量。二是企地协同探索推进“银发”资源、典型引导、志愿服务、石油“五老”、建言献策等“五大平台”建设，持续探索党建引领基层治理，激发城市基层治理内生动力。三是加强党内关怀机制，坚持地企共享，以服务一体化共建“一个家”，配合好街道和社区整合并盘活现有资源，健全和完善退休人员中老党员健康关怀、生活帮扶和权益保障三大工作机制。四是深化并拓展退休人员中党员“党建共建”成果。下一步工作中，以石油社区为圆心，推动退休人员党建共建由点及面、由内向外不断拓展延伸。以企地党建赋能、共建共治、资源融合为抓手，推动退休人员中党员党建共建内生动力，充分发挥老同志们在建言献策、服务基层、服务企业、服务社会等方面的作用，释放离退休干部党员队伍强大正能量，推动退休党员干部党建资源转化为发展资源，党建优势转化为发展优势。

（二）丰富新时代离退休“四心”服务内涵，建设高质量后勤服务铁军

在退休人员社会化管理服务的新形势下，中心要准确把握“保障生产、服务生活、盘活资源、维护稳定”职责和定位，围绕“让公司党委放心，让老同志满意”工作目标，立足“工作热心、服务细心、解释耐心、情感贴心”四心服务宗旨，践行为老服务初心使命，不断加强离退休服务人员队伍建设，建设一支高质量发展的后勤服务铁军。

在离退休服务中，要大力倡导工作人员的情感意识、群众意识、服务意识，提高为老同志解决实际问题的能力。始终做到政治上尊重、思想上关心、生活上照顾、精神上关怀老同志，做老同志们的知心人。

浅析新时期国企离退休职工思想政治工作策略

西南油气田　郭　玲

离退休人员是党和国家的宝贵财富，是推进新时代中国特色社会主义伟大事业的重要力量，离退休党建工作是党的组织工作的重要组成，是意识形态领域的前沿阵地。如何有效地开展基层思想工作，是摆在基层组织面前的首要和突出问题，对稳定基层员工及离退休人员队伍，提高组织的创造力、凝聚力和战斗力有着积极的作用。特别是国有企业退休人员社会化管理后，离退休人员管理模式及其思维方式、精神追求、行为方式、管理服务等方面面临着许多新情况、新变化，需要我们去认真分析并解决。

一、基层思想政治工作现状

由于退休人员社会化管理工作对于地方政府来说也是一项新任务、新课题，各地方政府执行细则和力度不尽相同，所以各地工作开展进度不一，在退休人员进入属地社会化管理后，各个社区、街道在人员管理、活动开展、福利待遇、党组织管理等方面也存在地区差异。退休人员也特别关注党和政府针对这些方面采取的政策措施。面对新时期基层思想政治工作，我们把基层思想政治工作逐渐向人文关怀转变，注重大众的精神需求，在工作中考虑人的心理、情感、价值观等因素。按照“党建共建、活动联办、场地共用”要求，联合相对集中的社区共同开展了多项活动，让他们充分感受到了企地的双重关爱。

二、基层思想政治工作存在的问题和原因

（一）基层思想政治工作的对象和需求日益层次化

退休人员社会化管理后，其管理服务模式发生了变化，将从原来的“单位人”将逐步过渡到“社会人”，接受属地所管辖社区服务组织提供的管理服务。石油退休职工进入社区管理后，社区不同群体所显现出的经济、文化层次差距明显，在经济发展物质生活水平不断提高的基础上，不同层次的老同志对精神文化、身心健康、新知识、新生活需求也不尽相同，这种需求上的反差给离退休思想政治工作带来了新的挑战和新的问题。弱势群体在为生存而拼搏，比较富裕的群体在享受的同时为发展而努力，这就决定了离退休思想政治工作必须得从实际出发，因人而异，更具针对性，实现思想政治工作的层次化。

（二）社区基础薄弱，离退休思想政治工作将面临新的挑战

改革开放至今，社会不断变革，各种文化思想相互激荡，社会转型、思想变异性增大，互联网的跨越式发展和广泛运用冲击着基层思想政治工作。退休人员进入社会化管理后，其所依托的社区在人员、经费、资源、场地等方面均存在明显的短缺，加之城市之间的地区差异，满足不了老同志的期望需求。同时，随着生活水平的不断提高，退休人员的数量逐年增多且个体差异较大，在这些退休人员中，有的因病长期住院，有的行动不便深居简出，他们在分享改革开放成果和中华盛世福祉、感悟人生的同时，更加眷恋今天的幸福，更加憧憬明天的美好，更加珍惜晚年的时光。虽然，企业不断出台惠民政策，给予他们一定的人文关怀，但有个别石油退休职工在新旧体制的转换上思想认识还不足，看问题固执偏激，有的退休后不能很快适应角色转换，加之，网络和微信对整个社会正在产生的影响，人们思想文化更为开放、信息传播更加多元等各种情况叠加出现下，一些离退休人员思想上困惑、心理上不适应、情绪上不稳定。

三、加强基层思想政治工作的措施

（一）强化党建引领，增强思想政治工作的凝聚力

做好思想政治工作，重点在基层，难点在基层，薄弱环节也在基层。为此，公共事务管理中心（以下简称中心）坚持把思想政治工作作为一件重要的工作

来抓，把思想政治工作列入重要议事日程，要求领导班子成员、离退休工作人员及时、准确、全面地理解掌握新时代离退休工作的新思想、新理论、新要求，坚持稳中求进、精准服务、求真务实，积极开拓创新，形成一级抓一级、一级促一级、层层抓落实的工作格局。在学习效果及方式上，一是要求离退休思想政治工作应始终坚持在搞“活”和做“实”上下功夫，中心抓离退休思想政治工作从形式到内容都要灵活机动，因人因事而为，准确把握新时代思想政治工作的要求，在方法上采取老同志喜闻乐见的形式，如开展座谈交流、专题辅导、实地参观等，以增强学习的有效性，推进离退休服务管理工作有深度、有力度、有亮度、有温度。二是以强化自身建设为重点，全面健全完善工作机制，用心用情、精准服务，进一步提高离退休工作信息化、精准化、规范化，以政治引领推动新时代离退休思想工作高质量发展。

（二）突出教育引导，强化思想政治工作的导向力

中心从加强思想政治队伍建设入手，利用互联网平台、红色教育基地等多种形式推动思想政治工作。一是强化引导，加强正面教育。通过“离退休干部工作”微信公众号、“石油金秋”等多种载体，抓好离退休职工思想教育，组织收看全国离退休干部网上专题报告会。二是搭建平台，深化主题实践。通过“看、听、讲、写”等手段，聚集主题，丰富载体，强化精神文化引领，多角度、多侧面宣传企业勘探开发形势，强化党性教育。开展“重温入党誓词”硬笔书法比赛，召开“建言二十大”“我看中国特色社会主义新时代”和“话传统、谈复兴、聚力量”专题调研座谈会，组织参观中国共产党江油历史展览馆，让老同志们在参观的历史年轮中忆当年，讲好石油史、发展史，传承好党的光荣传统，弘扬红色文化。

（三）抓好党建引领，健全新型服务型基层组织机制

要抓好基层思想政治工作，首先我们要从建立健全基层党组织入手。一是规范党组织设置，按照社会管理要求，对具备转移组织关系条件的人员，及时将组织关系转入相应街道和社区党组织。二是加强党组织班子建设，个别党支部书记、支委随着年龄增长，身体、精力有限，不再适合担任党内相关职务，为确保支部工作正常运行，针对社区接收后人员不熟悉的情况，在人员选配备上给予了所在社区党组织一些建议和意见，要求选配党性强、身体较好、年龄

相对年轻、热心为老同志服务的离退休党员担任党支部委员。对支委成员因身体健康状况等原因不能正常履职或出现空缺的，应及时调整补充，配齐工作力量，确保基层党组织作用的有效发挥。

（四）亲情服务保障，抓好惠民实事民生福祉工程

随着市场经济的快速发展，基层思想政治工作的开展必须摒弃传统的方式，转变思想政治工作思路，要在加强针对性、实效性、主动性上下功夫，以亲情化、人性化服务为导向，建立困难帮扶机制，建立离退休职工“关心关爱台账”并实时动态更新，不定期入户走访慰问，及时了解老同志家庭和生活情况，掌握困难人员动态情况，确保关怀服务精准到位，切实做到长期困难经常帮、突发困难及时帮、日常困难互相帮。为此，注重把基层思想政治工作与精准化服务管理工作相融合，用心用情、抓实抓细各项工作。

（五）推动载体创新，构建离退休网格化互助平台

新时期，离退休思想政治工作是推动企业和谐发展的重要组成部分，其最大特点是有“生命力”。工作中要多出“新点子”，多想“新招数”，深入浅出，贴近实际，在潜移默化中感染人。要针对社会转型过程中出现的突出特点，确立以人为本的思想，增强工作对象的认同感，利用微信、QQ 等新兴媒体，不断推动离退休人员学习、活动方式创新，利用现代信息技术，实现离退休党员在网上过组织生活和在线学习，使学习教育“活”起来、组织生活“动”起来。同时，在离退休职工居住比较集中的区域，根据区域、楼栋和单元灵活划分区域，组织开展了“社保知识宣传”“党建知识答题”以及主题征文等活动，落实了“三会一课”、组织生活会、主题党日等各项制度，以支部为单位对所在党支部党员进行集中专题辅导，抓好党员的日常教育，引导退休人员中的党员提高政治站位，自觉做到党的意识不弱化、党员标准不降低、党内生活不脱离。让每一名离退休职工“有组织、在组织、为组织”，时刻都在党组织的教育管理之中。同时，工作人员与离退休自管组组长、党支部书记担当起兼职网格员，建立线上网格宣传、联系阵地，做到离退休管理服务工作无缝隙对接。

（六）强化党建引领，筑牢企地党建共建新模式

在新管理模式中，要准确把握好节奏和力度，强化企地之间的协调联动，做好社会保障服务有效衔接，依法保障企业退休人员合法权益和合理待遇。为

此，我们按照“一方隶属、多重管理”的党建工作模式，积极探索创新型党组织建设模式，稳妥地推进离退休干部党组织设置向社区、社团、老年大学以及各种老同志兴趣爱好团体延伸，努力实现党组织与群团组织的有机融合，实现了党员的学习教育、生活多样化，不断丰富他们的精神文化生活。特别是退休人员社会化管理后，按照退休人员常态化移交工作相关要求，把离退休人员中的党员就近移交到所在地社区党组织，使他们就近就地参加组织生活和活动，着力形成“上下成线、左右成网”的离退休党建网格。

同时，社会化管理进入常态化移交管理阶段后，积极加强与地方沟通交流，共同探索企地协作机制，通过多举措丰富离退休人员思想政治工作的内容和手段，切实落实给老同志的“三个定心丸”。一是建立沟通长效机制。与社区定期召开工作协调会议，及时协调处理了移交支部改选、党费交纳基数确定、离退休支部书记移交地方后的工作补贴等近十个难点问题。二是共建企地文化。先后与江油市涪滨社区联合举办了文艺展演、诗书画、摄影、知识答题、门球比赛等一系列形式多样内容丰富的文体活动，充分展示企地文化互促互融的良好氛围。三是深化共建载体。通过红色教育、走访慰问、调研座谈等活动，消除退休人员中的党员在待遇和情感上的顾虑。四是用好、用足地方政策。学习把握社会化后企业退休人员可以享受的政府普惠性政策，及时帮助他们解决生活中的难事，不断提升退休人员的归属感、幸福感。

浅谈西南油气田输气管理处离退休管理工作的困难与措施

西南油气田　贺　宏

当前，西南油气田输气管理处（以下简称管理处）离退休人员的数量较多、居住范围较广，针对离退休人员开展的管理工作比较复杂且工作量巨大，因此维护离退休队伍的稳定有益于企业的稳定，除此之外，离退休工作依然面临着一些问题，如工作模式需要调整、人员比例不均衡等，都需要在之后的工作中逐渐改善。在离退休工作中，积极探讨实际工作中诸多问题的解决措施，是推进离退休管理处相关工作又好又快发展的根本，也是企业切实做好离退休人员管理工作的基本条件。

一、离退休管理与服务工作中的问题

（一）各级部门对离退休管理工作的关注程度不足

部分同志认为管理处离退休管理与服务工作与企业目前的生产发展并无关系，也不会对企业的后续发展产生影响，在这种偏差观念的影响下，个别部门也未能对输气处离退休管理各项工作予以充分的重视，导致离退休管理的相关工作存在一定程度的滞后性，相关管理活动的参与人数不多且积极性不高，未达到理想的管理水平与状态。单位整体面对待该项工作的态度，或多或少会影响离退休从业人员的心理以及工作状态。如果企业不能正确地认识到这一点，则必然会对此项工作的后续执行造成影响，不仅会导致离退休管理相关工作的展开受挫，甚至会使企业发展面临不稳定因素的困扰。

（二）输气处离退休管理与服务工作模式创新力度不够

在企业离退休人员社会化管理的背景下，离退休工作模式因为从业人员年龄较大以及长期沿用旧的工作理念而导致创新度不足，难以随着时代的发展而转变其工作模式。而且管理处组织的相关活动也缺乏延展性，活动的形式始终如一且逐渐枯燥，已有的受退休人员所欢迎的文娱活动极少，退休人员的参与积极性不高、参与率很低，进而引发一系列的问题，使得企业的离退休管理的相关工作受到阻碍。

（三）离退休管理活动场所与人员比例分布不均衡

随着时间推移，离退休人员逐渐增多，管理处组织活动所需要的场地越来越紧张，活动场地与人员比例分布不均衡的问题越来越明显，呈现出“人数上涨但场地有限”的情况，甚至部分石油院落并未设立专供离退休人员组织活动使用的场所。建设资金立项困难、房舍产权等，都是造成活动场地建设推迟的主要原因。尽管每年都会对现有离退休活动室进行维护，但毕竟不能满足离退休人员的日常文娱活动的需求，新建活动场所也面临土地稀缺等问题。

（四）离退休管理工作人员素养有待提升

离退休管理处中，负责相关工作的人员很少有本专业的人才，他们或是企业的其他岗位调任，或是年龄较大面临退休的操作岗人员，这些因素都会影响离退休管理与服务相关工作的成效。由于离退休人员的管理工作是比较特殊的一项工作，对相关工作人员的专业素质、沟通能力及组织能力都有很高的要求，但就目前的情况来看，现在负责企业该项工作的人员还需要通过不断学习提升自己的工作水平，使自身的观念、素质、能力获得增长，才能适应时代发展的要求，正确认识到离退休人员管理工作对企业发展的重要性，进而达到理想的工作效果。

（五）相关管理部门与离退休人员之间交流的不足

现代企业中充满竞争与变革，无论是哪一行业、哪一类企业，都需要积极应对企业中的竞争，不断提升自身的竞争力，应对企业环境的瞬息万变。在这种背景下，管理处工作人员也存在较大的工作压力，越来越多的工作量和工作要求，使工作人员无暇与离退休人员群体进行充分的交流，而越来越少的沟通也使得离退休管理与服务相关工作更加困难。工作人员不能及时了解离退休人员的需要，不能掌握其思想动态，那么相关工作就可能出现偏差，容易引起老同志的不满意，这对于油气田企业自身的发展也属于不利因素。

二、西南油气田输气管理处离退休工作的应对之策

（一）切实保障离退休人员的利益

无论是否社会化管理，石油人都为企业的发展作出了巨大贡献。管理处的相关工作内容较多，涵盖了离退休人员的生活保障及政治待遇等方面内容，所以在新理念的影响下，该项工作的管理人员要着重从这些方面入手，为企业的离退休人员按政策提供相应的生活福利，制定完善的企业离退休人员生活待遇标准与制度，保证其退休金及养老医疗金可以按时发放。与此同时，管理处还应定期组织集体活动，不能只关注物质方面的建设，更要在精神方面调动离退休人员的情绪，丰富企业离退休人员的业余生活。对于他们的政治待遇，企业方面要充分发挥离退休人员的余热，保障他们的知情权，在一定范围内妥善做好老干部"老有所为"的政治工作。

（二）做好企业内部定期通报工作

虽然离退休人员已经不在岗工作，为企业创造的价值也有限，但也属于企业的一分子，对企业曾经的建设贡献了力量，那么企业发生的重大事件或者发展战略、重大改革，都要定期向老同志通报。这些离退休人员在企业的时间较长，产生了浓厚的感情，往往会非常关注企业的发展，早已将企业的发展与自身的利益相联系，所以管理处的工作人员可以采取一些措施，让离退休人员及时了解到企业当下的生产经营情况，比如将企业内部的报纸、杂志等资料定期寄送到他们手中，或者在石油小区设置企业发展刊栏，加强企业与离退休人员之间的沟通。

（三）保障队伍建设的资金投入

在从业人员数量持续减少的情况下，要保障离退休资金的合理投入，充实员工队伍，保证离退休管理与服务工作的顺利进行。职能部门可以根据离退休人员的数量，投入合理资金维护现有活动场所的正常功能，置办相应的活动器材，为其提供完善的娱乐活动设施。加强文体协会、老年大学的建设，打造活动阵地。要进一步强化工作队伍，提升在职人员队伍的整体素质，可以组织员工培训活动，分批安排在职人员参与培训活动并进行考核，提升人才队伍的综合素质，为离退休人员提供更好的服务与保障。整合现有岗位设置，及时补充

人力资源，以免相关重要工作的推进受阻。

（四）推进离退休相关工作理念的革新

企业的离退休人员管理模式并不是一成不变的，时代在不断发展，此项工作的模式也应随着时代的发展而变化，比如在重大节日期间，企业就可以组织一些联谊会，邀请离退休人员参加，根据当代退休人员对退休生活的期待，组织离退休人员参加具有时代特色的活动，在活动开始之前听取他们的建议，充分了解离退休人员的精神需求，再根据具体需求来制定活动方案。如此一来，既可以保证相关工作的顺利进行，又能够充分调动离退休人员的参与热情，使其业余生活得到丰富。管理处的工作人员也要有灵活的思路，能够适时地调整工作方法，改变固有工作方案，推进相关工作理念上的革新，进一步满足该项工作的发展要求。

（五）亲情化地开展服务管理工作

企业离退休工作的对象是老年人群，企业方面应坚持“以人为本”的原则，始终关注工作对象群体的心理需求，做好服务工作。一方面，企业要坚持以亲情化工作为出发点，将离退休人员当成自己的亲人，真心实意地为他们办事、提供亲情服务，经常与企业的离退休人员保持联系，对于身体状况较差的人员可以组织上门探望，了解他们的身体状况与精神状况，多交流，多沟通。另一方面，企业要坚持主动服务的原则，为他们做实事、做好事，坚持以新服务迎接新时代的要求，优良的服务品质是获得离退休人员认可的前提条件，对于他们的所思所想要积极响应、及时响应，构建量化的服务标准。

离退休职工管理服务工作的路径探究

西南油气田　王　波

随着企业退休人员社会化管理工作的持续推进，企业面临着机构整合、人员调整、业务变化的新形势和新局面，离退休管理服务工作该怎样开展，是当下面临的主要问题。

为了贯彻执行国有企业退休人员社会化管理精神，认真落实离退休人员“两项待遇”，公共事务管理中心（以下简称中心）应以专业化管理、市场化运作、社会化服务为方向，积极做好党建共建、活动联办、场所共用，通过专业化管理压缩管理岗位、市场化动作外包业务工作、社会化服务企地共建“三步走”，深入推进退休人员社会化，引导老同志走进社区、融入社会，提升离退休管理工作效能和服务保障能力。

一、优化管理结构，提升管控能力，精减管理人员

（一）以“归核化发展”为主导

明确核心业务，对离退休各项业务进行重新分析和评估，将政策执行、决策制定、费用审核、管理控制作为离退休管理服务核心业务；根据离退休管理服务核心业务的需求，对资源进行优化配置，建立一个高效的运营机制，由在册、在岗正式员工具体办理，确保核心业务能够得到足够的投入和支持；对离退休管理服务非核心业务进行梳理，精减非核心业务，降低业务维稳压力和生产成本。

（二）以“扁平化管理”为主旨

减少管理层次，将原有塔形管理结构压缩成扁平状，减少股级管理层级定员，实行项目管理制使决策层和操作层之间的距离缩短，从而提高信息传递的

速度和准确性；增加管理幅度，适度增大管理幅面、增大管理群体、增大管理内容，使项目管理者直接面对各业务班组进行指导和监督；加强各业务之间的交流沟通与协作，避免因管理项目过多而导致的沟通不畅和信息失真，要通过采用各种现有网络沟通工具和方法，确保信息的快速传递和共享，提高工作效率。

（三）以“效率与效益”为主线

明确本单位离退休管理服务逐步实行市场化管理的工作目标，确保各项活动资源、经费的投入能够有效地支持工作目标的实现，例如，明确是否关闭原有离退休活动室、是否增加离退休活动的开展；根据本单位发展规划和离退休业务需求，设计和优化企业的组织结构，确保各部门之间的协同和高效运作，例如，通过调整部门职责、权限和利益关系，形成有利于效率提升的组织架构；制定科学合理的业务流程和操作标准，明确离退休管理服务工作指南，确保各项业务能够按照既定流程开展，避免资源浪费和效率低下。

二、引入社会力量，协同管理服务，外委操作业务

（一）核心业务识别

通过业务流程分析法，对离退休管理服务的各个环节进行详细归类和深入分析。核心业务直接关系到离退休业务的运行和发展，同时也是我们业务发展方向、待遇标准确定、业务情况审核、执行情况检查的重要依据。这些核心业务对应的岗位可分别设置为离退休业务项目经理、业务主管、业务副主管，我们可以定性这些岗位为管理岗位。与之相对的，还有一些非核心业务，例如业务初始发起、制作基础资料、业务落实执行、基础资料归档等前端操作服务岗位。这些业务对应的岗位分别为离退休业务管理员、离退休业务区域组长、离退休业务区域副组长，可以定性这些岗位为操作服务岗位。考虑到这些非核心业务的特性，可以将这些业务外包，这样不仅可以降低成本，同时也能提高工作效率。

（二）业务工作清理

首先，要明确业务工作目标和范围。中心应对离退休管理服务业务进行全面的梳理和分类，对每项业务进行详细的评估，以便更好地了解每项业务的性质和需求，这不仅有助于了解各项业务的实际情况，还可以帮助确定哪些业务

适合外包，哪些业务需要保留。对于适合外包的业务，还需要进一步进行成本效益分析，以确保选择的外包服务商能够以最低的成本提供最高效的服务。其次，要选择合适的外包服务商。对外包服务商的人员配置、设备设施、财务状况等方面进行全面评估，以确保能够满足业务需求。最后，要在合同中明确工作内容、用工管理、质量要求、完成时间、费用等重要事项，以便在实施中确保双方在合作过程中有明确的责任和权益，避免用工风险，规范用工管理。

（三）强化监督管理

外包并不意味着企业可以对外包服务商的工作放任不管，相反应加强对外包过程的管理和监督。尤其是对于离退休管理服务这类与客户关系密切相关的业务，更需要确保其得以高质量完成。中心应按项目管理的方式通过定期汇报、现场巡查、随机抽查等手段，对外包服务商的工作进行评估和反馈。这些手段不仅能帮助我们及时发现问题，还可以对外包服务商的工作有更深入、全面的了解。一旦发现工作质量未达预期，立即通知其管理业务代表，展开整改和调整。

三、通过共建共享，参与管理协调，促进管理归位

（一）协调企地共建共享

依据国有企业退休人员社会化管理政策文件要求，以党建共建、活动联办、场地共用为抓手，积极支持和参与街道社区共建，与街道社区建立稳定的合作关系。以原川南、川西南两个矿区的注册地自贡市自流井区东兴寺街道毛家坝社区、泸州市江阳区兰田街道华油社区为中心轴，辐射周边石油退休人员数量较多的街道社区，明确退休人员社会化管理的协同服务机制，规范各方参与主体的工作职责，实现企业、社会组织、街道社区等多方资源的整合和共享。建立“协调共建＋外委辅助”的共建工作机制，为社区提供必要的人力资源和经费支持，协助社区提升离退休管理服务水平，为老同志们营造良好的生活环境。

（二）构建自主管理团队

坚持自觉自愿、量力而行的原则，稳步推进离退休自主管理工作，努力建立离退休“自我管理、自助服务”的新机制，形成以离退休管理部门为主、离退休自主管理为辅的工作新格局。鼓励和引导身体健康、有能力、有热情、有意愿的新近退休职工（年龄原则上不超过 75 岁）担任小组长，为区域内老同志

服务，单位在政策、经费、场地等方面予以一定支持。自管小组可按照原有的退休人员文体活动兴趣小组、原单位组织机构退休人员、现楼幢居住退休人员、现联系密切退休人员、现党支部退休人员等进行分组，每个小组人数控制在30人至50人之间。以自管小组为桥梁和纽带保持与退休老同志间的感情联系，增强老同志的社会责任感和归属感。

（三）积极参与活动联办

把政治性、科学性、趣味性有机结合起来，与区域内街道社区共同组织开展丰富多彩、积极健康的老年文体活动。接受地方政府邀请参加街道社区精神文明共建活动，开展丰富多彩的文化活动，吸引退休老同志参与社区生活。在文体活动的组织协调中，积极宣传、引导提高退休老同志对社区活动的认识和参与度。在活动的开展中，发掘退休人员中的骨干力量，组织他们参与社区志愿服务和公益活动。通过引导退休老同志积极参与社区活动，增强社区凝聚力和活力，实现退休人员与社区的良性互动。

（四）增进交流协调互动

通过党组织共建加强企业与地方党组织之间的联系，形成良好的沟通与合作机制，以这种紧密的联系让企地双方及时了解彼此的需求，共同解决存在的问题，为实现共同目标提供有力保障。通过联合社区定期举办座谈会、茶话会、情况通报会等活动向老同志通报有关信息，让退休人员可以及时掌握企业的最新动态，从而更好地支持离退休工作人员的工作；通过举办各类交流活动，帮助老同志扩大社交圈子，以活动增进老同志之间的友谊，也使他们能够更好地融入社会，享受快乐的退休生活。

（五）推动社会化管理

积极推进退休人员社会化管理工作，通过建立完善的退休人员社会化管理制度，实现退休人员社会化管理移交工作流程清晰流畅。加强对地方保障政策的宣传和解读，提高退休人员的政策知晓率，规范退休人员的管理和服务。例如与地方政府、街道社区合作，为退休人员提供便利的医疗、养老、教育等服务，确保退休人员的医疗、养老等基本生活需求得到满足。此外，企业还可以通过开展各种文化活动、兴趣小组等，让退休人员在享受生活的同时，发挥自己的专业特长，实现个人价值。

浅谈新形势下如何做好离退休职工党建工作

西南油气田　鲁卫东

一、离退休职工党建工作存在的问题

（一）离退休服务水平参差不齐

一是各地政府对于退休人员社会化管理的政策和规定有所不同，导致在执行过程中出现差异。一些地方可能更加重视退休人员的管理和服务，因此在政策和资源上投入更多，而有些地方则可能相对缺乏这方面的重视。

二是各地的经济发展水平不同，对于退休人员社会化管理工作的投入力度也不同。经济条件较好的地区可能更愿意投入更多的资源和资金来改善退休人员的生活和服务，而经济条件较差的地区则难以达到同样的效果。

三是不同的社区和街道在人员管理、活动开展、福利待遇、党组织管理等方面的能力和服务水平可能存在差异。一些社区和街道可能更加注重退休人员的管理和服务，而其他社区和街道则可能相对缺乏这方面的意识和投入。

（二）部分退休老党员信仰上出现了一定程度的动摇

一是退休后，老党员可能会对自己的信仰和理念进行更深入的思考和反思。他们可能会面临一些挑战，例如对党的历史、理论和价值观的重新认识和理解。这些挑战可能会导致他们对于自己的信仰和理念产生动摇。

二是退休后，老党员可能会面临一些社会和家庭方面的变化，例如他们可能会面临孤独、失落和焦虑等情绪问题，这些问题可能会影响他们的信仰和理念。此外，他们可能会面临一些经济和生活方面的困难，例如医疗保障、养老等问题，这些问题也可能会影响他们的信仰和理念。

三是企业的退休职工在退休的时候，就已经从单位人转变成了社会人，对于原有单位的一些相关制度，已经不再受约束，因此一些退休职工不仅在生活中变得散漫，同时在思想政治上也没有进行适当的理论充电，加上一些从各种渠道获得的信息，导致了一些不正确的以及负面的想法产生。对于原来学习的社会发展观以及共产主义理论产生动摇，也忘记了自己的入党誓词，忽略了我国改革开放的成果而着眼于社会发展的一些负面信息。

（三）现有地方社区基础薄弱，离退休党建工作面临新的挑战

自从改革开放以来，我们的社会经历了翻天覆地的变革，各种文化思想相互交融，社会转型和思想变异性的增加对离退休党建工作产生了深远的影响。

退休人员社会化后，他们所依赖的社区在人员、经费、资源、场地等方面都存在明显的短缺和不足，但在实际运行中又承担着大量政府职能，城市之间的地区差异使得老同志的需求难以得到满足。然而，随着生活水平的不断提高，退休人员的数量逐年增加，个体差异也变得更大。

在这些退休人员中，有些因病长期住院，有些行动不便而深居简出。他们在享受改革开放的成果和中华盛世福祉的同时，也在回顾过去、思念故人、感悟人生。他们更加珍惜今天的幸福，憧憬未来的美好，并希望能够在晚年时光中获得更多的关怀和照顾。

尽管企业不断出台惠民政策，给予退休人员一定的人文关怀，但仍然有个别石油退休职工在新旧体制转换上存在思想认识不足的问题。他们在退休后无法很快适应角色转换，对一些问题固执偏激。

此外，随着互联网在整个社会中的普及和影响，我国思想文化领域变得更加开放，信息传播更加多元。在经济社会变革时期，各种社会问题相互叠加出现的情况下，一些离退休人员感到思想上的困惑、心理上的不适和情绪上的不稳定。

（四）基层党建工作的需求日益多样化

退休人员社会化管理后，其管理服务模式发生了显著变化，从原来的单位人逐步转变为社会人，接受属地社区服务组织的相应管理服务。石油退休职工进入社区管理后，面对社区不同群体，在新旧体制的转换过程中，经济和文化层次表现出明显的差异，差距较为明显。随着经济发展和物质生活水平的不断提高，不同层次的老同志对于精神文化、身心健康、新知识和新生活的需求也不尽相同。这种需求上的差异给离退休党建工作带来了新的问题和挑战。

二、对离退休职工党建工作的思考和建议

（一）党建工作必须突出教育引导，强化导向力，以正确的政治方向和思想导向引导人们的思想行为

一是坚持马克思主义指导地位，用马克思主义中国化最新成果武装教育离退休党员。二是坚持用中国特色社会主义伟大实践来教育引导离退休党员，坚定中国特色社会主义道路自信、理论自信、制度自信、文化自信。三是坚持立德树人、德育为先，把社会主义核心价值观教育融入离退休党建全过程，落实到管理服务各环节。四是我们要以习近平新时代中国特色社会主义思想为指导，拥护“两个确立”，增强“四个意识”，坚定“四个自信”，做到“两个维护”，牢牢把握思想政治工作方向，创新方式方法，不断增强思想政治工作的时代性、针对性和实效性，为实现中华民族伟大复兴的中国梦提供有力的思想保证。

（二）强化党建引领，增强党建工作的凝聚力，注重在队伍建设中增强党建工作效力，体现组织关爱，增强团队凝聚力

思想政治工作最为常态化的方式就是沟通交流。要在沟通交流中发现问题，解决问题，增强团队凝聚力。如何尽快地打造成一支凝聚力强、善于斗争的队伍，使之尽快适应专业性强、工作难度大、要求标准高的工作，就要靠思想政治工作。要充分发挥党支部作用，定期组织支部集中学习和思想交流，既提高思想认识，也校准思想偏差；既强调标准制约，也关心困惑、困难；既要求成果成效，也疏导工作压力。此外，辅以一系列人性化管理手段，给予体恤关怀，将组织的温暖提升为集体的团结力、凝聚力。

（三）完善基层党组织建设，健全新型服务型基层组织机制

要抓好基层党建工作，建立健全基层党组织是重要的第一步。一是按照社区化管理的要求，对具备转移组织关系条件的人员，应及时将组织关系转入相应的街道和社区党组织，确保基层党组织建设的规范性和有效性。二是为确保支部工作正常运行，可以选配党性强、身体较好、年龄相对年轻、热心为老同志服务的离退休党员担任党支部委员。对支委成员因身体健康状况等原因不能正常履职或出现空缺的，应及时调整补充，配齐配强工作力量，确保基层党组织作用的有效发挥。三是制定相关的工作制度和规范，明确基层党组织的职责、

任务和工作流程。同时，要建立有效的监督机制，对基层党组织的工作进行定期检查和评估，及时发现问题并加以解决。四是通过开展各种形式的教育活动，提高党员的思想素质和政治觉悟。加强对党员的管理，建立党员信息库，掌握党员的基本情况和动态。五是基层各级党组织要深入群众，了解他们的需求和意见，为群众提供更好的服务。同时，要加强对群众的思想引导，提高他们的思想觉悟和政治意识。离退休党建工作的对象和需求层次化，主要是因为不同层次的人们在思想观念、文化程度、职业特点等方面存在差异，因此人们对于思想政治工作的需求和期望也不同，对于党建工作的内容、方式、手段等方面也有不同的需求，针对这种情况，党建工作应该根据不同层次的需求，采取不同的方式和方法，实现思想政治工作的层次化。六是鼓励基层各级党组织在工作中积极探索创新，结合实际情况开展多样化的思想政治工作。一方面，可以利用互联网、社交媒体等新兴渠道开展宣传教育活动，提高工作效率和质量。另一方面，和地方社区加强联系，采用“十联”模式，即工作联动、问题联治、活动联办、网格联建、矛盾联调、服务联抓、新风联树、环境联治、平安联创、困难联帮，来推动各项工作。再一方面，坚持推动“五心六点”（五心：推行离退休职工管理工作知情权让其舒心，提供各类优质服务让其暖心，变老年人上访为工作人员家访与其谈心，尽力为老年人排忧解难奉献爱心，努力提高服务质量和水平与其贴心；六点：语言美一点，礼仪得体一点，知识全面一点，办事原则强一点，工作效率高一点，交心谈心多一点）服务模式，把基层党建工作与精准化服务管理工作相融合，用心用情、抓实抓细各项工作。

浅谈如何做好离退休老同志文体活动管理工作

西南油气田　刘　军

一、离退休老同志文体活动管理概述

（一）离退休老同志文体活动管理的内容

在对离退休老同志文体活动进行管理时，首先是要做好相关人员的培训工作，让他们能够了解到如何更好地开展老年人文体活动；其次就是要加强宣传教育力度，使得广大群众都认识到开展老年人文体活动的重要性和必要性，并积极主动地加入这项活动中来；再次就是要建立起一支高素质、专业化的老年体育骨干队伍，为各项活动的顺利开展提供人才保障；最后还应该充分考虑到不同年龄段老年人的需求差异，有针对性地组织一些适合各个阶段老年人参加的文体活动。通过这些方式可以有效提高老年人的身体健康水平，丰富他们的晚年生活，同时也有利于促进社会和谐稳定发展。

（二）文体活动管理的原则

在进行文体活动时，首先要遵循以人为本的基本原则，因为只有充分尊重了老年人的意愿和想法，才能够更好地开展相关的文体活动；其次要遵循因地制宜、就近便利的原则，这样能够使得老年人参与到自己喜欢的活动中来，从而提升他们参与活动的积极性；最后还应该坚持自愿参加的原则，让每一位老人都可以找到适合自己的活动项目，并且从中得到锻炼。除此之外，还应该加强对于社区内文体骨干队伍建设，为更多的老年人提供一个良好的平台去展示自我，实现自身价值。

二、离退休老同志文体活动管理工作中存在的问题

（一）文体活动管理制度不健全

在很多企业当中，对于老年人参加文化体育活动并没有制定相关的规章制度。即使有一些单位会组织老年人去进行活动，但是也只是走走形式而已，并不能够真正地让他们参与到其中来。虽然一部分企业会为员工安排一定的时间去进行文体活动，但是却不能够将其落到实处，导致这些活动无法正常展开。同时，由于缺乏相应的管理机制，使得许多部门之间相互推诿责任，最终影响了整个活动的顺利进行。

（二）文体活动管理组织不规范

在开展老年人文体活动时，缺乏对其进行有效的组织和安排。由于缺乏专业人员指导，这些活动并未达到预期效果。

（三）文体活动管理人才缺乏

在对老年人进行文体活动时，企业缺乏专门的人员负责这项工作。已有职工不具备专业性较强的知识，所以很难真正满足老年人参加各种各样的文体活动需求。除此之外，还有一些老年人虽然能够参与到活动当中去，但是却不能很好地表达自己内心真实的想法，从而出现了“哑巴”现象。由此可见，当前我国老年人文体活动管理方面的人才十分匮乏。因此，为了更好地促进老年人的身心健康发展，必须要加强对这一领域人才的培养力度。

（四）文体活动管理企地共建缺乏

目前，在开展老年人文体活动时，很多企业和社区都没有给予足够重视。一方面是因为对于老年人参加文体活动的意义认识不足，另一方面则是缺少相应的宣传手段，导致社会上关于老年人文体活动的新闻较少。因此，要想让更多的老年人参与到文体活动当中来，就必须加强宣传力度，提高社会各界对此的关注程度。只有这样才能使得老年人更好地融入其中，从而丰富他们的生活、愉悦身心，同时也能为其提供一个展示自我风采的平台，进而促进和谐社会建设。

三、离退休老同志文体活动管理工作对策

（一）健全规章制度

为了使离退休老同志能够积极地参与到文体活动中，需要制定相关的规章制度。首先，要明确规定每个部门、每个人员在组织开展文体活动时所应该承担的责任和义务。其次，还可以将这些内容写入合同当中，以便能够更好地约束员工行为。再次，也要加强与老年人之间的交流沟通，及时掌握他们的需求，从而不断完善各项规章制度。最后，企业内部的领导层人员也要起到模范带头作用，鼓励更多的人参加体育锻炼，并且给予一定的物质奖励或是精神上的支持。这样一来，就会有越来越多的老年人愿意主动加入文体活动当中来。另外，还要建立相应的监督机制，确保每一项措施都能落实到位，使老年人的身心健康得到有效保障。

（二）加强组织领导

在开展老年人文体活动的过程中，需要充分发挥出社区以及相关单位等各方面力量。首先，要积极地引导和鼓励社会各界人士能够广泛地参与到其中来，为老年人提供更多丰富多彩的文体活动内容。其次，还应该不断完善各项规章制度，并且将这些制度落到实处，使得每一个员工都可以严格按照要求进行操作。最后，还应该建立起相应的考核机制，通过这种方式来调动员工的积极性，从而更好地促进老年人文体活动的有效开展。除此之外，还应该进一步加大宣传力度，让广大群众认识到体育锻炼的重要意义，这样才能够吸引越来越多的人参与进来。比如说，企业可以定期举办一些趣味运动会或者是知识竞赛等，以此来激发全体人员参与的热情。同时，也应该做好安全保障措施，确保所有的老年人能够顺利完成比赛项目，进而实现强身健体的目的。

另外，还应该注意的一点就是，虽然现在已经进入了信息化时代，但是仍有部分老同志不会使用智能手机等设备，这就给相关部门组织开展活动带来一定困难。所以，可以考虑通过媒体进行报道或者邀请一些专业人员前往指导，以便帮助老年人解决实际操作过程中所遇到的难题。

（三）加强宣传教育

在开展文体活动的过程中，需要让更多的老同志参与进来。因此，相关部

门应该加大宣传力度，使广大老年人能够了解到文体活动的重要性以及必要性，从而积极主动地参与其中。同时还要做好相应的组织和引导工作，为老年人提供一个良好的环境氛围。另外，也可以通过举办各种类型的交流活动来吸引更多的老年人参加，这样不仅有利于丰富他们的业余生活，还有助于提高其身体素质。除此之外，还可以将这些活动延伸至社区、企业等各个方面，进而有效提升老年人的综合素养。

（四）强化监督检查

为了保证老同志参加文体活动的质量，需要加强对其进行有效的监督管理。首先，要明确各部门、各级人员在开展老年人工作中应承担的责任和义务。其次，要建立健全各项规章制度，并将这些内容落到实处。再次，要定期或不定期地对老年人体育活动情况进行抽查，以便及时发现问题，解决存在的隐患。最后，还可以聘请一些专业人士来指导老年人科学合理地安排自己的时间，使他们能够更好地享受晚年生活。

（五）加强企地共建

在开展文体活动的过程中，需要充分考虑到社区和企业之间的关系。通过与企业进行合作，可以为离退休老同志提供更多参与文体活动的机会，同时也能够使得老年人能够更好地融入社会生活当中。因此，相关部门应该积极组织老年人参加各种各样的文体活动，并且还要鼓励他们多与其他人交流沟通，从而有效丰富自身的精神世界。除此以外，企业方面也应该给予一定支持，这样才能确保各项文体活动顺利展开。

统筹对接社会化养老服务资源，为老同志提供全方位优质服务

吉林油田　朱启军　王进财

在国企退休人员社会化管理的新形势下，企业退休人员虽然移交社区服务管理，但他们仍视企业为“娘家人”，对企业有着深厚的情感。企业要继续关心离退休人员的身心健康和晚年生活，强化与离退休老同志的感情纽带联系，进一步增强他们的获得感和幸福感。如何深入对接利用社会养老服务资源，为离退休老同志提供全方位优质服务，是国企离退休管理工作不断努力的方向和重点研究的课题。如何统筹对接利用社会养老服务资源的措施，笔者认为主要有以下几个方面。

一、建立完善养老需求档案和应用平台

建立完整的老年人需求档案和养老信息库。运用网络技术建立健全完整统一的养老服务综合信息平台，汇聚整合老年人需求、养老服务机构、养老服务设施、养老从业人员等全方位数据，准确提供综合业务统计、精准养老分析、趋势研判等功能，让街道或社区劳动保障机构及时掌握离退休人员的动态和需求，实现离退休人员管理服务信息化，提高服务质量和便捷程度。基于全方位数据分析，也可以实现养老服务体系力量与资源的协调整合，使养老服务体系内部不同主体之间相互协作、无缝对接，从而打破传统居家养老、社区养老和机构养老的界限，在促进三者有效融合的基础上，扩展和改进养老服务项目，满足居家、社区、机构等不同场景老年人的需求。基于全方位数据，也可向离退休人员发放社会化管理服务信息卡、联系卡，让离退休人员了解街道或社区的工作职责和社会化管理服务的内容，实行双向沟通。同时，积极探索建立

“互联网＋应急服务”平台，为老年人提供紧急支援、信息查询、远程医疗、社区服务、居家养老上门、电器维修等服务项目，不断满足老年人对养老服务的多层次、多样化、个性化需求，增强老年群体的社区归属感和幸福感。通过智能应用平台打造，有利于集成全社会养老资源，形成权责分工明确、信息共享互通、服务有序衔接的养老服务供给网络，让老年人在社区就可以享受更丰富、更便捷、更高质量的服务。

二、充分对接利用社会化养老服务资源

充分利用社会资源做好离退休工作，积极拓展为离退休老同志服务的空间。建议由政府主导鼓励社会资本进入社区养老领域，构建居家养老、社区养老、机构养老、医养结合等多元化养老服务模式。鼓励支持企业研发生产居家养老监护等智能养老设备，让老年人获取养老服务更加便捷、更加贴心。要发展老年人急需的助餐、助浴、助急、助医、助行、助洁等服务，繁荣老年用品市场。每个社区按规定配备并建设养老服务设施，完善建设社区公园、娱乐广场，满足老年人聊天、户外锻炼、打牌下棋等需求。开设老年餐桌，建立老干部活动室、日间照料室，配备助老员，打造为老服务社区示范点，不断探索利用社区资源为离退休老同志服务的模式。积极探索市场化养老模式，打造“日托”“周托”“月托”康养服务新模式，推出“候鸟式”养老服务，在家庭养老或机构养老之间增加互补服务模式。加强养老机构与街道社区的沟通联系，积极参与共建共享，进一步整合养老资源。鼓励医疗卫生服务机构、养老服务机构在社区设立医养结合服务设施，推动医疗卫生机构将服务延伸至社区和家庭，依托专业力量提供医疗救治、长期护理、康复护理、健康监测、保健养生等服务。鼓励职业院校等面向市场，开设养老护理、心理咨询等相关专业，由社区服务中心统一管理有经验的助餐、助急、助洁、助医等护理服务人员，发展专职、兼职和志愿者相结合的养老服务队伍。企业可以利用自身资源成立智慧助老公益服务队，上门入户开展智慧助老服务，帮助老人学习使用智能手机，为老年人代办需要智能手机办的事情，比如预约挂号、出行约车、健康绿码、送医送药等，切实解决老同志在智能技术面前遇到的难题，让老年人享受优质的养老服务，真正变“养老”为“享老”，过上幸福美满的晚年生活。

三、大力加强养老管理与服务队伍建设

国有企业退休人员群体具有文化素质高、经济独立、需求多样等特征，因此对养老服务提出了更高要求。为适应时代的发展和养老服务的需要，要着手培养高级养老服务与管理专业的人才，积极招募各类人才的志愿者，选择一些院校作为培训基地，为社区服务中心等养老机构培养有关生活护理、心理护理、医学护理的高级护理员，为各类养老机构输送能够熟练使用现代办公设备、具有对老年休闲活动进行策划管理及老龄产业开发能力的技术管理人才。要加强养老管理服务专业人才队伍建设，在政策上给予倾斜和照顾。要大力发展养老护理专业学历教育，给予养老护理专业学生免费入学、推荐就业等政策支持，提升养老服务专业的招生吸引力。加强现有养老服务人员的培训工作，开展从业人员职称评定工作，使其待遇与职称职级挂钩。鼓励大型养老机构发展综合型专业护理人才培训业务，探索建立养老行业管理人员、护理人员的人才储备库，制定长效激励和补贴制度。完善养老护理员薪酬待遇和社会保险政策，建立基于岗位价值、能力素质、业绩贡献的工资分配机制，科学评价技能水平和业绩贡献，强化技能价值激励导向，对符合条件的养老护理员按规定给予职业技能鉴定补贴。对于社区服务管理工作，必须要有一支业务精、政治强、工作实、肯奉献的从业人员队伍。招聘上岗时，要择优录用，着重录取协调能力强并有良好人际沟通能力的人员，热心老年事业，并熟悉当前的劳动和社会保障政策，从而使社会化管理服务工作的队伍充满生机和活力，退休人员社会化管理与服务水平进一步提高，进一步增强企业退休人员移交属地后的归属感、获得感和幸福感。

浅谈如何进一步强化企业与离退休老同志的感情纽带联系

吉林油田　王明军

企业离退休人员几十年风风雨雨、不离不弃地与企业同呼吸、共命运，已经和企业深深地融入一起，形成命运共同体、感情共同体。即使退休了，他们也一直把自己视为石油人，这种感情是割不断、忘不掉的。他们的子孙有许多工作、生活在油田，赓续着他们的事业和情感，世世相依、代代相传。所以，延续和强化企业与离退休老同志的感情成为必然。

一、强化企业与离退休老同志感情纽带联系的必要性

（一）强化企业与离退休老同志的感情纽带联系，企业是主动方

企业从来都是心系离退休老同志的，即使在退休人员社会化管理的新形势下，也从来没有改变过。但是在退休人员社会化管理后，企业与离退休人员间的实质联系确实存在下降的趋势，这也在一定程度上使得二者之间的感情容易变得松懈和脆弱。在这种情况下，要强化企业与离退休老同志的感情纽带联系，企业的主动是必须。

（二）离退休老同志对企业的感情是天然的

离退休老同志心系企业，心系油田的感情也是从来不会改变的，即使在退休人员社会化管理的新形势下，由于历史的原因、特定的原因、个人的经历原因，他们从骨子里就有一种对企业天然的向心力和信赖感，这也在一定程度上使得二者间的感情纽带不至于随着管理体制的变化而虚化和淡化，企业永远是老同志青春的回忆、成长的摇篮、老年的梦乡、生命尽头时的烛光。

二、强化企业与离退休老同志感情纽带联系的举措

在退休人员社会化管理的新形势下，如何进一步强化企业与退休老同志的感情纽带联系，企业的主动作为是第一位的，而离退休老同志的情感不移也是不可或缺的，二者之间的良性互动才能保持这种感情愈久弥坚。

（一）企业的主动作为

退休老同志这些年亲身感受到了企业对他们的关心、爱护、帮助和给予，他们内心充满感激和慰藉，这也正是企业主动作为的实证和结果。进一步强化企业与离退休老同志的感情纽带联系，需要从下面几个方面精准发力。

1. 在编史上对离退休老同志的历史贡献更浓墨重彩

对离退休老同志历史贡献的肯定和褒扬，不仅是离退休老同志的一种精神上的勉励，更是为后来者思故明新，寻找到新的努力方向，提供强大的精神动力和智力支持。

2. 设立“70”会战纪念日和标志物

吉林油田“70”会战在吉林油田发展进步的历史岁月中，具有极其特殊的意义和作用。它是吉林油田腾飞的起点，也是千万知青儿女大展宏图的舞台，其波澜壮阔、改天换地的壮举永远铭刻在吉林大地，铭刻在油田的史册中。设立一个纪念日，矗立一座丰碑，有利于凝聚起吉林油田职工和家属共忆光荣历史，共创美好未来的合力，也能为子孙留下一处寻找油田发展的历史睹物和痕迹，供他们缅怀和瞻仰，以励其志。

3. 注重对油田发展史的把握和整理

在企业文化建设中，除兼容并存之外，应强调注重对油田发展史的把握和整理，逐渐形成具有油田自己的独特历史和独特魅力的企业精神和企业文化。比如吉林油田的“省吃俭用买大件”精神，是那个特殊年代吉林油田人所做出的牺牲和贡献，这是应该被铭记的。虽然时代变了、油田发展了、职工家庭日子富足了，但那种经历和初衷是不可忘怀的，在今天那种精神也是难能可贵的。后人们通过这种文化的基因，就会在任何艰难困苦、惊涛骇浪中依靠这种精神的力量，使之岿然不倒、勇立潮头。这也是对离退休老同志感情上最大的尊重，也能在离退休老同志心灵上引起最大的共鸣。

（二）离退休老同志的心理认同

其实企业和离退休老同志二者心之所系，这是不容置疑的，而且是牢固的，这并不会因退休人员管理机制的变化而变化。

1. 理顺自己的心态

从就业到退休是每个员工都会经历的生命历史过程，不管你在企业身居何位，到点退休都是制度上的一种合理安排，无一例外，这个是必须认识到的。至于退休人员社会化管理，这也是一种制度的安排，不针对任何特殊人群，纯属社会发展、社会进步的大趋势使然。国企，新人有新办法，老人有老办法，这样的安排是合情入理的。对此老同志要怀感恩之心，知足常乐，顺其自然，理顺心态，退休人员和企业的感情才会经得起岁月的磨砺，时间的检验。

2. 传递正能量，“牢骚太盛防肠断，风物长宜放眼量”

退休之后传递正能量，送人以阳光，这才是离退休老同志应有的胸襟和气度。怎么传递正能量？不外乎把对企业深深的依恋埋藏在心底，默默地给予关注和祝福；不外乎尽其所能在企业需要的时候，添一把柴、加一把火、贡献一份力量；不外乎与人交往、与人相谈、与事相处之中，体现出对企业由衷的感激和赞美。这表面上是对企业的尊重，其实内在的也是对自己一种关爱和保护。

如何充分发挥老同志在开展关心下一代工作中的优势作用

大港油田　高　杉

青年人是承担和实现伟大复兴中国梦的中流砥柱，作为公共事务服务中心退休服务分中心（以下简称中心）的一员，我深刻认识到所管理的老同志是党和企业的宝贵财富，我们应在工作中结合退休职工的特长，积极发掘老同志的专业学科背景等资源，根据青年人的需求以及老同志所能，实现优势互补、有机结合，充分发挥老同志在参与关心下一代工作中的优势。

一、老同志在关心下一代工作中的优势作用

（一）做石油精神的传承者

作为一名石油人，对石油精神的传承和发扬是需要长期不断的影响和熏陶的。石油精神的传承是传承老一辈石油人荣辱不惊、艰苦创业的风范，传承坚韧不拔、执着追求的品格，以及传承他们无私无畏、甘于奉献的情操。石油精神的一段段往事、一句句口号、一个个人物，值得青年一代和广大少年儿童去学习和回忆，工作人员所要做的就是发掘出有能力、有激情、有意愿、能胜任的讲述者，并且为他们搭建合适的讲述舞台，使他们愿意讲述、乐于讲述、坚持讲述，将石油故事、石油精神传递给下一代，传承给青少年。这样既丰富了老同志的业余文化生活，使得他们老有所乐，也能够使得青少年在精神上受到老一辈石油人的鼓舞，勇敢坚强地面对学业和生活。

（二）做兴趣爱好的教授者

我们所管理的广大退休职工中有很多身怀绝技且技艺精湛，有精于编舞的舞蹈教授者，有精于传统飘龙表演的艺术传承者，有精于空竹表演和创新的爱

好者，更有擅长写作诗歌散文的文学发烧友，还有国家级省部级的书法大师，他们是“关心下一代”工作的中坚力量和主要教授者。这些老同志虽然退休了，但是拥有了更多时间专注于自己的爱好，更有着极大的热情发挥自身特长。如果能够为他们全方位多角度地搭建起教授和展示的平台，让他们为青少年展示出自身的特长，让青少年感受到传统文化、舞蹈书法等的魅力，激发出青少年的学习热情，那么对于下一代的教育贡献必然是巨大的。如果有机会为老同志们创造直接教授的平台，必将在教育资源的有效利用和老少充分融合的工作中发挥出不错的效果。

（三）做心理思想的引导者

在“五老”中，不乏热心公益事业的老同志，他们有着丰富的人生阅历和处事经验，他们也愿意做青少年思想的引领者、开导者和心理的调节者。现在有心理问题的青少年越来越多，随着社会的进步和发展，亲子关系也越来越受到大众的关注和重视。老同志作为过来人，他们有着丰富的人生经历和阅历，在为人处世、人情世故方面更是有着丰富的经验，这些都是宝贵的财富。如果能够充分发挥老同志的工作热情，为他们搭建适宜的平台，他们一定可以为青少年带去心灵的净化和洗涤，为家长们树立良好的榜样，人在事中绕，不如旁观者良言几句来得更加透彻和清晰，况且善于做思想工作的老同志更加能够抓住当事人的心理，更加善于解开当事人的心结，良言一句三冬暖，适时的思想工作可以温暖一颗心灵，甚至可以挽救一个生命。

二、如何发挥老同志在关心下一代工作中的优势和作用

（一）积极鼓励工作人员与老同志的协同配合

一是领导要重视“关心下一代”工作。要积极为老同志发挥作用营造有利的外部条件，比如落实老同志待遇，为老同志积极参与关心下一代工作搭建平台，提高老同志参与此项工作的决心和信心。二是建立保障机制。为老同志开展活动提供必要的条件，使更多的“五老”热心关心下一代工作，耐心细致地做好老同志的服务工作，做到在思想上尊重、生活上关心、工作上支持，使广大“五老”感受到组织的温暖，使他们在关心下一代工作中发挥更好的作用。三是根据老同志工作经历、专业特长、技能水平、身体状况等情况建立老同志

人才库。根据其具体情况，组成工作团队，整合资源形成合力，积极调动老同志发挥作用的热情，坚持自愿和量力而行的原则，组织老同志因人而异地发挥作用。

（二）积极引导工作人员与老同志的心灵沟通

一是要在日常工作中加强与老同志的沟通交流，做好老同志待遇落实，帮助他们解决急难愁盼之事，与老同志逐步建立良好的信任关系，进而鼓励老同志参与到“关心下一代”的工作中来。二是引导工作人员有计划地推进“关心下一代”工作，做到年初有计划、活动有台账、年终有总结，这样可以促进工作人员高效率、多角度集思广益地完成此项工作。三是保护好老同志参与此项工作的积极性，在活动中工作人员要时刻尊重老同志的意见，多沟通，多交流，在融会贯通中完成此项工作。

（三）积极推进工作人员与老同志的多维宣传

一是在企业内部媒体加大老同志参与“关心下一代”的宣传，提高老同志参与活动的积极性，促进老同志发挥自身优势，为工作人员献计献策，推进工作向纵深发展。二是鼓励工作人员与老同志共同写稿，向外部媒体多投稿，让老同志参与活动的正能量形象更多地在大众面前出现，更加可以提升老同志的参与度与自身的幸福感和获得感。三是鼓励工作人员与老同志拍摄短视频，多维利用短视频平台、公众号发布作品，在收获点赞和正面评价的同时，催生老同志进一步参与活动的热情。

浅谈如何对接社会化养老服务资源，为离退休老同志提供更多样、优质、便利的服务

大港油田　高勃宁

随着人口老龄化的加剧，社会化养老服务的需求日益增长。传统的家庭养老模式已经难以满足现代社会的养老需求，因此需要更多的社会化养老服务来填补这一空白。然而，目前社会化养老服务还存在一些问题，如服务资源分散、服务质量参差不齐、服务内容单一等。为了满足老年人的多样化需求，需要进一步整合服务资源，提高服务质量，拓展服务内容，加强监管力度，同时也需要政府、社会、企业和家庭共同努力，推动社会化养老服务的持续发展。

一、社会化养老服务存在的问题

（一）服务资源未能充分利用

由于社会化养老服务资源较为分散，比如城市资源居多、乡镇资源偏少，缺乏有效的整合和共享机制，部分服务资源无法得到充分利用。有些机构可能存在资源过剩的情况，而有些可能因为资源不足而无法提供足够的服务。

（二）服务质量参差不齐

养老机制服务质量存在较大差异，离退休老同志难以获得稳定、可靠、优质的服务，难以满足离退休老同志对优质服务的需求，这给他们的养老生活带来了一定的困扰。

（三）服务内容单一

由于服务提供者对老同志的需求了解不够深入，以及受到资源限制等因素的影响，现有服务内容相对单一，缺乏针对不同老同志个性化需求的服务项目。

（四）服务覆盖面有限

由于资源、经济条件等因素的影响，目前社会化养老服务主要集中在城市社区和大型机构，而一些偏远地区和农村地区的离退休老同志难以获得相应的服务。

（五）信息不对称

由于缺乏对服务提供者、服务内容、服务质量等方面的充分了解，老同志在选择养老服务机构时往往存在一定的盲目性。

二、提升社会化养老服务的措施

（一）整合资源，搭建信息平台

借助现代信息技术和智能化手段，提高社会化养老服务的信息化水平，建立市级或区域性社会化养老服务平台及资源库，整合各类服务资源，实现资源的有效配置和共享。在平台中发布服务需求信息，进行资源调配和共享，提高服务资源的利用效率；鼓励不同的社会化养老服务机构之间进行合作，减少资源浪费，提高服务资源的利用效率；实现服务的自动化和精准化，提高服务资源的利用效率。

（二）设定衡量标准，加强监管力度

制定社会化养老服务的质量标准，明确各项服务指标和服务流程，使养老服务工作有章可循、有据可依，提高服务质量的规范化水平；建立社会化养老机构的认证制度，对服务质量达到一定标准的社会化养老机构给予认证，并加强对其服务的监管，确保其服务质量的持续提高；加强对服务工作人员的培训和考核，提高他们的专业素养和服务能力；定期开展社会化养老机构的服务质量评估工作，对服务质量进行量化评价，并将评估结果向社会公布，利用评估结果，对于服务质量高的机构给予奖励和扶持，对于服务质量差的机构进行约谈和整改，严重者应进行处罚，同时，鼓励老同志也参与到服务质量监督工作中来，发挥群众监督作用。

（三）开展需求调研，丰富服务内容

深入开展需求调研，了解离退休老同志的实际情况，掌握他们的个性化服务需求和各自特点，为服务内容的拓展提供依据；鼓励养老机构创新服务模式，拓宽服务领域和服务方式，针对不同老同志的需求特点，增加服务项目，如健康管理、心理疏导、法律援助等；积极引导志愿者参与社会化养老服务，为离退休老同志提供陪伴、照顾、文化娱乐等多种服务，同时也可以通过互助型养老模式，促进社会互动和交流，增强离退休老同志的社会参与感和归属感。

（四）加大投入力度，拓展服务覆盖面

政府应加大对农村等偏远地区社会化养老服务的投入力度，积极扶持民办养老服务机构、大力发展培育社会组织参与养老服务资源供给，提供更多的财政支持和政策优惠，鼓励更多的社会组织和企业参与这些地区的社会化养老服务建设。通过建设更多的养老服务机构、社区养老服务中心，推广“互联网+养老”等服务模式，逐步拓展社会化养老服务的网络，使其覆盖更多的地区和人群，提高服务覆盖面和可及性。加强宣传力度，提高公众认知度和需求度，鼓励更多的离退休老同志积极利用社会化资源进行养老。

（五）加强 宣传推广，加强信息披露

加强对社会化养老服务的宣传和教育力度，通过各类媒体、宣传栏、社区活动等方式，向老同志普及相关知识，提高他们对服务提供者和服务内容的认知度。建立健全社会化养老服务的信息化建设，完善信息披露机制，要求养老机构及时公开相关信息，包括服务内容、服务质量、收费标准等，方便老同志进行查询和比较。建立第三方评估机构，对社会化养老服务进行客观、公正的评价和推荐，为老同志提供参考。同时也可以鼓励老同志之间的交流和推荐，通过口碑传播增加服务的透明度。

浅谈新形势下如何进一步强化企业与离退休老同志的感情纽带联系

大港油田　刘　炜

大港油田是一个有着近六十年发展历史的国有企业，半个多世纪以来，广大离退休职工为了石油工业的发展，贡献了自己的力量。改革开放以来，企业经历了多次变革，在新旧体制和思想观念转换过程中，一部分老同志产生了复杂的思想问题。近几年，在退休人员社会化管理大背景下，在复杂的问题和矛盾面前，离退休工作应该怎么做、承担怎样的责任，是企业需要深思和探讨的一项重要课题。

一、始终坚持“用心用情、精准精细”，持续提升离退休人员幸福指数

（一）细心细致，全面落实两项待遇

要以孝亲敬老的情怀，用真心真情深耕暖老责任田。按照政策要求和时间节点，精准为离退休人员有效落实生活补助、医药费等各项补贴、福利，确保老同志各项待遇落实到位。

（二）精细走访慰问环节，稳抓精准帮扶

持续开展新退、患病及去世家属入户慰问，在春节、国庆节、重阳节等重点时期，对老弱病残等特殊关注群体进行重点慰问。及时了解老同志所思、所想、所需，真正做到把走访慰问从物质关爱向情感交流延伸，积极开展困难补助、现场救助等帮扶工作。通过细致摸底、资料严格审核、入户了解情况等方法，熟悉掌握退休人员的实际生活情况及面临的实际困难。重点关注新中国成立前的老工人以及劳模、孤寡、生活不能自理等人员，及时更新信息，第一时

间解决老同志面对的困难及合理诉求，把组织的关怀送到了老同志心坎里面。

（三）推进区片管理，提高服务质量

全面推进区片服务管理模式，要求各服务站根据管理群体的实际情况合理划分片区，对管理的群体进行分配，明确区片责任人，着重做好人员信息收集、传达政策、日常服务反馈等工作。通过工作流程分析，准确描述岗位职责，清晰界定岗位关系，合理设置岗位，实现人、岗、事、责高效匹配，促进退休职工管理和服务水平提升。

二、倾注真情，实施“一人一策”服务新模式

实施“一人一策”为老服务新模式，充分彰显以人为本的精神情怀。坚持精准精细服务结合、共性个性服务结合，不断满足离退休老干部的新需求、新期待。

（一）深化医疗需求，送医送药安享便利

与社区医院紧密合作，通过“定期+按需”的方式，联合家庭医生入户随访，对离休干部开展基础医疗护理、健康管理、预约诊疗、人文关怀、陪同就医、医疗保障等上门服务，打通就医“绿色通道”，实现高效、便捷、优质的闭环式健康管理，助推老干部工作创优提质。

（二）深化精准服务，有效保障健康需求

结合“六必访”服务规范要求，细化离退休职工“一人一策”，建立健康档案，动态掌握离休干部基础医疗及健康保障需求，有的放矢开展精准精细化服务。联合家医通过“面对面”谈心和“一对一”电话随访的方式，重点对独居、卧床的离退休职工提供有针对性的精神慰藉和心理健康疏导服务，切实解决其遇到的各种心理问题，缓解心理压力，提升心理健康水平，切实增强老干部的获得感、幸福感和安全感。

三、地企共建，同心营造和谐稳定大局

（一）地企互联共建，聚力打造双倍效果

与街道、医院、社区紧密合作，深化地企共建，积极构建和谐地企关系，地企同心、携手共进，创新地企服务方式，充分发挥地企联调动能，共同开启

地企合作共赢新篇章。联合社区共同开展“赓续百年初心 砥砺奋进新征程”主题党日活动，厚植爱国奉献情怀，激发担当进取精神。

（二）繁荣文化生活，齐心共筑温馨向上氛围

坚持线上线下优质服务紧密融合，协同企业文化处组织“喜迎二十大，建功新时代”美术书法摄影展，持续开展“助力油田发展，送祝福到基层”写春联、送春联系列活动，开展迎奥运、书画、摄影、厨艺等系列活动，营造了浓厚的翰墨文化氛围，老同志积极参与其中。与街道社区联手开展离退休职工广场舞、棋牌、观影、健康义诊、爱心奉献等系列活动，与养老机构联合举办参观红色藏品、讲述红色故事等党建活动，实现了地企合作共赢良好环境。

四、积极践行“枫桥经验”“四零承诺”，致力维护油区和谐稳定

稳定问题是油田改革和发展的头等重要问题，没有稳定就不可能顺利地进行各种改革，而信访工作，尤其是离退休职工的信访工作为维护社会稳定，创造良好政治环境，构建和谐社会起着重要作用。现在正值油区改革发展的关键时期，触及深层次的矛盾和问题，体制创新进入了攻坚克难阶段，引发的利益冲突以及各种方式的表现，导致信访工作难度加大。群众的法治意识不断增强，政治参与的积极性不断提高，受各种思想影响的渠道明显增多，随着油区改革深入推进和各种利益关系的不断调整，一些深层次的矛盾更易集中地显露出来，各类社会矛盾加剧，导致信访活动活跃，越级上访、重复上访、非正常上访随之发生，为信访工作提出新的要求。

（一）进一步加强两级维稳责任落实

锚定“四个不能”和“三个不允许”工作目标，两级维稳机构要严格落实“一岗双责”和《责任令》要求，超前动态开展“四重”不稳定隐患排查，强力压实五级责任，履行重点包保责任，加强重点跟踪督导，保持全面可控受控的踏实感，建立胸有成竹、稳操胜券的把握感。

（二）进一步加强重点人员动态管理

针对新接收人员开展全面摸排，及时更新完善重点人员档案，确保信息完整、真实、准确。把握全国两会、春节、国庆节等特殊重点阶段，保持高度政治敏锐性，根据过往上访经历研判重点人员思想动态，增强情感联系和互动，

切实将不稳定风险消除在萌芽状态。

（三）进一步加强事件处理系统联动

面对历史遗留问题和国家及地方政策异议问题等，明晰不稳定事件维稳责任，归口部门纵向上加强与上级单位的信息汇报和反馈，紧密加强与兄弟单位的沟通和联系，在政策落实、工作协调等方面保持口径一致、节拍同步；横向上加强与内部职能科室、责任单位之间的协作配合，形成信访处置和维稳工作合力。

五、提高服务质量，建设一流的管理服务工作队伍

围绕大港油田转型升级高质量发展需求，牢牢抓住“优质服务”这个中心，持续深化服务礼仪和行为规范的养成，不断完善为老服务文化的内涵。为离退休服务人员统一配备工服和工牌，提升标准化服务形象，提高主动服务意识，充分展现一流的企业形象和职工精神风貌。

（一）畅通人才培养成长通道

坚持生才有道、聚才有力、理才有方、用才有效，以高度使命感和紧迫感推进人才强企工程，加快培养打造结构合理、接替有序、素质优良、能力突出的专业化人才队伍。“立足当前解决紧迫问题，着眼长远支撑未来发展”，着力解决“断层、梯次”问题，持续开展职业技能等级认定，在基层岗位上，在疫情防控等急难险重任务中发现人才、培养人才、锻炼人才，为人才成长提供多岗历练，充实业务骨干人才库，为工作站站长及干部选拔储备后备力量。

（二）提升干部队伍综合素质

以落实习近平总书记提出的好干部“二十字标准”为统领，健全德才兼备、以德为先、任人唯贤、人事相宜的选拔任用体系，分级分类开展干部赋能培训、集中轮训，从政治素养、专业能力、管理经验、工作业绩等四个维度提升干部队伍综合能力，提高各项工作的方向性、原则性、系统性和创造性，为离退休服务工作高质量发展奠定组织保障。

充分发挥离退休老同志在关心下一代工作中优势和作用探索

大港油田　霍　宏

关心下一代工作是一项社会工作、动态工作、系统工作。少年强则国强，青少年教育工作事关国家的未来，也直接关系到当前社会经济与和谐发展的稳定。如何把离退休老同志聚集到关心下一代工作中来，充分发挥离退休老同志在开展关心下一代工作中的优势和作用，是做好此项工作的关键。

一、坚持立德树人工作导向，建立专项奖励机制

在开展关心下一代工作中要坚持立德树人的工作导向，坚持抓好基层、打好基础的工作根本，坚持与时俱进、改革创新的工作态度，结合单位实际制定离退休老同志关心下一代工作的实施管理办法，及时调整充实健全组织机构和领导班子。设立基层关工委的组织网络，完善各级管理制度，健全责任目标与考核体系，让离退休群体发挥作用有依据。要积极争取企业财政支持筹措资金，将关心下一代工作经费纳入财政预算，建立健全关心下一代工作经费保障机制，为关心下一代工作提供资金保障。强化政府与企业联动，把关心下一代工作作为地企联合的一项重要举措，做到协调一致形成合力，共同完成关心下一代工作，积极为离退休老同志发挥作用营造有利的环境条件。设立关心下一代典型模范的专项奖励机制，对培养树立的“五老”典型代表，给予物质或经济方面的奖励，关心他们的学习、生活和工作，对生活上有困难的要帮助其解决生活上的困难，耐心细致地做好“五老”的服务与保护工作，做到在思想上尊重、生活上关心、工作上支持，使广大“五老”感受到组织的温暖，从而更加激励“五老”发挥作用的积极性。

二、地企资源共享，组建“五老”队伍

吸引广大有影响力、有专业能力的老同志加入关心下一代工作中来，是推进关心下一代工作健康发展并取得成效的有力保证。依据社区及离退休系统掌握的老同志的工作经历、专业特长、技能水平、身体状况等情况建立“五老”人才库。政府与企业共同发力，整合可以为关心下一代发挥作用的“五老”资源，就近就地挖掘德才兼备、热爱公益、乐于奉献的“五老”群体组成工作团队，并且制定具体关于“五老”队伍建设、活动开展的协调措施，做到活动有计划、有安排、有记录、有总结，有的放矢地推动离退休老同志发挥作用的规范化和制度化建设。为吸纳更多的离退休老同志主动参与到“五老”队伍中来，采取组织号召、上门求贤、典型带动等形式，坚持自愿和量力而行的原则，因人而异地组织离退休老同志发挥作用，并积极为这些老同志们做好交通后勤、身心照顾等保障工作。通过组织动员、精神鼓励、物质激励、定期慰问等多种方式，调动“五老”积极发挥作用的热情，不断提高“五老”队伍对离退休人员的吸引力和凝聚力。

三、传承红色基因，赓续民族之魂

《中华人民共和国老年人权益保障法》提出“五个老有”，即老有所养、老有所医、老有所学、老有所为、老有所乐，其中“老有所为”是关心下一代工作的归宿和落脚点。让离退休老同志参与到关心下一代工作中，发挥离退休老同志政治优势、经验优势、威望优势、亲情优势，突出特色传播石油精神、铁人精神，引导青少年树立诚信、友善、守纪的社会主义核心价值观，帮助青少年扣好人生第一颗扣子，同时满足离退休老同志老有所乐、老有所为的精神需求。大港油田公共事务服务中心的工作任务就是离退休三大群体管理和学前教育共办管理，可以借此“一老一幼”的管理优势，在离退休服务与托幼园所之间搭建平台，邀请有特长的离退休老同志深入到幼儿园所参与园所教学活动，如以老带幼开展书法、剪纸、绘画、经典诵读、故事演绎等活动，营造老幼同乐的浓郁文化氛围，丰富幼儿文化体验，将关心下一代活动渗透到教学的各个环节。积极与社区、学校等机构密切配合，扩大教育覆盖面，组织离退休老同

志走进学校、社区、家庭，走到青少年中间去，通过讲红色故事，引导青少年筑牢理想信念之基，践行社会主义核心价值观。根据油田企业的自身特点，组织老一代石油人开展主题演讲活动，给青少年讲创业故事、谈亲身感受，通过“老一代”与“新一代”之间的沟通，引导广大青少年重温油田创业史，汲取老一代石油人至诚深厚的爱国情怀，继承和弘扬“爱国、创业、求实、奉献”的石油精神，定“许党报国”之向，铸“明心立志”之魂。

四、宣传先进人物，引领道德风尚

从关心下一代工作出发，挖掘在关心下一代工作中涌现出的“老一代”与“新一代”的感人故事，综合运用宣讲报告、事迹报道、专题节目、文艺作品、公益广告等形式，广泛宣传作出贡献“五老”的先进事迹，表彰“五老”不为名、不为利、无私奉献的优秀品质，树立鲜明的时代价值取向，彰显社会道德高度。让新闻宣传成为吸引“五老”发挥作用的载体，使离退休老同志学有榜样、行有示范，形成见贤思齐、争当先进的生动局面。逐步形成尊重“五老”、爱护“五老”、学习“五老”的良好氛围，增强“五老”的荣誉感、归属感、获得感，争取更多离退休老同志及其家庭的支持，吸引更多离退休老同志关注并且加入关心下一代工作行列当中，在关心下一代工作中继续发挥作用。

五、加强党政引领，提高思想觉悟

在离退休老同志中，由于思想认识和自身素质上的差别，在关心下一代工作中发挥作用的愿望和结果存在差距。有的离退休职工认为“离休离休，离了就休；退休退休，退了就闲”，有的离退休老同志由于自身能力素质较弱，平时学习又未跟上，政治理论水平、文化素质和专业知识都与关心下一代工作需要有差距，不能完全适应社会的需要，从而影响在关心教育下一代方面发挥作用的实际效果。归根结底还是因为没有科学的关心下一代工作机制和激励保障制度，各级关工委组织对离退休老同志还欠缺足够的吸引力和凝聚力。针对部分离退休老同志参与关心下一代工作积极性不高的问题，要从加强政治理论学习、意识形态教育入手，加强与社区党支部之间的协同配合，充分发挥党支部在思想引领方面的作用，通过党内严肃的政治生活锤炼党性、改进作风、砥砺品质，践行正心修身、慎独慎微、严以律己、廉洁齐家等品格，引导他们及时纠正思想上的偏差，不忘初心，牢记使命，树立正确革命观念，模范践行社会主义核心价值观，永葆共产党员先进性。结合中石油“转观念、勇担当、新征程、创一流”主题教育，及时通报重大工作情况，使离退休老同志转变旧观念立足新时代，明确自己身上时代赋予的责任与担当，知晓关心下一代工作是实现中华民族伟大复兴、实现社会主义中国梦的重要组成部分，担起承上启下的历史使命，提高参与关心下一代工作的主动性，成为关心下一代工作中不可替代的力量。

华北油田养老产业发展模式的探讨与分析

华北油田　鲁　艳　张　波　李合军　操　勇

本文通过对当前我国养老模式、华北油田养老现状等情况进行分析调查判断，提出了适合华北油区养老产业发展模式。

一、中国社会现有的养老模式

居家（家庭）养老、机构养老和社区养老是我国三种基本的养老模式。居家养老是传统的养老模式，机构养老是社会化的养老模式，社区养老是一种兼顾家庭和社会的养老模式。

（一）家庭（居家）养老

中国是崇信儒家文化的国家，长期以来形成了“家庭养老”的传统模式，养儿防老、几代同堂等传统观念根深蒂固。选择家庭养老的老年人，一方面，对家庭环境感到“熟悉”和“自由”，经济上也比较划算；另一方面，从社会的角度考虑，家庭养老的社会硬件设施成本也是最低。

但家庭养老在新形势下显示出其历史的局限性。现代社会的人际竞争加剧，生活节奏加快，工作负担加重，家庭养老的人力成本剧增，赡养者疲惫不堪，加上“421 型”家庭的增多、空巢家庭等问题的出现，家庭养老这一传统养老方式必将随家庭结构的变化而逐步向社会养老过渡。

（二）机构养老

机构养老是指由专门的养老机构，包括福利院、养老院、托老所、老年公寓、临终关怀医院等将老人集中起来，进行全方位的照顾。正规的养老机构，其日常管理十分严格。机构养老虽然是我国重要的养老模式之一，但不能满足老年人群多样化的需求。

（三）社区养老

社区养老基本上是在城市的各个社区建立养老护理服务中心，老人仍然居住在自己的社区，享受服务中心提供的营养和医疗护理以及心理咨询，并由服务中心为老人提供饮食起居的照顾、打扫卫生、代为购物等基础服务和陪护老人、倾听老人诉说等亲情服务。所以，有人说社区养老是一个无围墙的养老院。开展社区养老服务相对于机构养老，更为适应我国老年人的生活习惯和心理特征，满足老年人的心理需求，有助于他们安度晚年，也更为符合中国实际，符合大城市中心城区发展的社区养老服务的新路子。

社区养老与传统的家庭养老和集中院舍养老相比，具有很大的优越性，它融合了传统的家庭养老和集中院舍养老之长，更符合人道的原则，更注重对老年人心理和情感上的关怀，提高了老年人的生活质量。

二、华北油田养老产业发展现状

近年来，华北油田矿区失能、失智等离退休人员和退休职工家属数量不断上升，独居、空巢的老者持续增加。根据矿区系统近期离退休人员养老需求调查表统计，离退休人员对上门就医、家政服务、送餐买药等养老服务需求迫切，期望值很高。随着油田矿区离退休职工和家属逐步增多，人均寿命逐步延长，现有的养老机构、居家养老和社区养老现状已经不能满足油田矿区居民的需求，适时地增加机构养老服务，开展居家养老服务和社区养老服务已经迫在眉睫。

在大多依靠居家养老和社区养老的服务体系中，机构养老作为有效补充，能够对高龄、失能、“三无”等特殊老人群体起到托底的作用。中国的文化传统和现实国情，决定了机构养老的角色与使命，剩余的养老服务和养老需求就需要由社区养老和居家养老这两种模式完成。华北油田矿区居家养老和社区养老还处于零起步阶段，居民对社区养老和居家养老的意愿和需求更强烈，服务的范围和内容更广泛。

三、华北油田矿区养老模式建议

按照目前最新的养老服务体系，结合华北油田实际情况，建议推行居家养老为基础、社区养老为依托、机构养老为支撑的专业化、信息化智能养老服务体系。

（一）养老运行模式一：居家信息化智能养老

适宜人群：自理型老年人

特点：消费低，出入自由，居住环境熟悉，运营风险低，投资少。

功能：利用信息化平台实现身体体征监测、点餐配送、紧急救援响应、紧急送医陪伴、生活方式建议、老人生活状态的日常维护、定期体检提醒、健康报告、医生上门就诊、代取药、水电暖维修、家政服务等一体化全功能服务。

（二）养老运行模式二：社区信息化智能养老（CCRC）

该模式主要适宜三种人群。

一是自理型老年人，主要功能：社区为老年人提供便捷的社区服务，如餐饮、清洁和洗衣、医疗保健及紧急救护等。同时，为满足老年人精神生活需求，社区会组织各种形式的活动，如老年大学、兴趣协会等，丰富自理型老年人的日常生活。

二是介助型老人，主要功能：日常生活需要他人帮助照料的介助型老人，得到的服务内容除社区服务之外，还包括日常生活照护，如饮食、穿衣、洗浴、洗漱及医疗护理等，社区还会为介助型老人提供与他们的身体状况相适应的各类活动，丰富其日常生活。

三是介护型老人，主要功能：生活完全不能自理、需要他人的照料的介护型护理老人，能得到社区提供的24小时专业护士照料的监护服务。

（三）养老运行模式三：机构信息化智能养老

适宜人群：全部人群

特点：它是以居家为基础、社区为依托、机构为补充、医养相结合的专业化、个性化、便利化的养老服务体系。

功能：全方面服务、全过程管理、全天候康养结合的养老服务。

四、养老行业存在的风险与防控措施

（一）养老行业存在的风险

一是战略风险。国家法律政策方面尤其是涉及老年群体、养老机构、养老行业、养老产业等方面法律或条文的不健全，对养老机构规范化、持续化运营产生一定风险。

二是市场风险。养老机构市场风险根源于市场竞争，以及文化传统和社会心理的影响，在一定程度上构成养老机构市场风险。

三是运营风险。运营风险是养老机构面临的最大的风险。在运营过程中，机构消防安全、食品安全、服务质量、员工尤其是护理员的稳定性、机构内部管理合理性、机构产品定位准确性、政府税收补贴政策等都对养老机构的良好运营带来不确定的风险。

四是法律风险。我国在养老行业的法律建设比较缺乏，养老机构容易陷入事务纠纷。老人入住合同不规范不统一、事故责任划分机制不明确、机构事务纠纷诉讼及处理程序不规范、国家法规政策调整、养老事务法律咨询机构稀缺等因素都对养老机构带来风险。

五是财务风险。养老行业属于福利性微利型行业，在养老机构建设和运营过程中，投资多，收益周期长，社会融资比较难，经营盈利少甚至亏损。

（二）防控措施

一是做好市场调研和定位工作。养老项目在落地建设之前就应该努力规避政策风险，适应城市规划的需要，符合国家政策需求和未来发展模式和方向；居家养老、社区养老、机构养老三种主要养老模式定位要准；做好市场调研工作，搞清楚养老服务应该提供什么、应该解决什么、应该扶持什么、应该发展什么等问题。总结一句话就是要适应国家发展的需要，符合国家政策的方向，适应市场发展的前景和目标。

二是打造完善的运营体系。首先，经营模式要清，项目运作之前要确立好经营模式、投资来源、医养结合等问题，有效规避法律风险和经营风险；其次，运营要稳，企业有盈利才能生存，养老产业面临“一贵两低三高”（投资高、入住率低、人效低、人耗高、物耗高、能耗高）等运营风险，要借鉴成功的运营模式为参考，确保项目能够经营下去；再次，机制要活，考虑合伙人制度或者公建民营的方式以分担风险（年均老人死亡率 10% 左右）；最后，打造一套完整的运营服务标准，从项目目标、服务宗旨、服务团队建设、服务方式、服务内容、硬件标准、服务保障、服务结果等多个维度搭建标准服务体系和流程，在遇到不可预估的运营风险时，能够尽量把损失降到最低。

三是建立健全风险防控体系。建立一套以信息系统、财务管理、法律法规、公共事务、内部治理、人力资源、后勤服务、环境安全、应急预案、市场营销为主的风险防控体系。养老机构风险防控体系是一个系统的体系，是机构运行的基础和业务操作的流程和规范，是机构风险管理的重点内容。内控系统的建立，不仅有助于机构内部的系统管理，提高机构运行效率，也是有效应对外部风险、发现和抓住行业发展机遇的基础。

五、油田矿区养老产业发展的工作规划与设想

一是加强组织领导和机构建设。完善党委领导、部门负责、社会参与的养老产业工作机制，建立由相关领导和部门为成员的促进养老产业发展联席会议制度，加强养老产业发展统筹，制定具体落实举措。注重发挥工会、共青团、老年人相关社会组织和离退休管理系统的作用，结合各自职能促进养老产业发展，形成全系统共同参与的工作格局。

二是深入开展市场调研和考察论证工作。养老服务市场调研是了解养老服务需求、养老服务体系现状的重要手段。调研结果为政策制定和资源配置提供重要依据，调研结果的质量是项目总体定位、区位定位、客群定位、产品与服务定位等工作成败的关键。在进行调研时，一方面要根据理论知识确定调研目标和范围，另一方面是选择合适的方法和工具，最后还要对调研结果进行分析和提炼。开展考察论证工作，重点考察各地区服务水平高、经营效益好、有服务特色的居民养老、社区养老和机构养老项目，学习各个项目优点、实际运营和发展情况，为油田矿区养老产业发展、管理、服务、运行模式起到借鉴和示范作用。

三是加强人才队伍建设。养老服务是一个非常专业和复杂的工作，需要复合型人才。要实现华北油田老年人享有基本养老服务这一远景目标，就要在构建高质量、现代化的养老服务体系人才建设上下功夫。一方面要挖掘机构内部资源，加快培育适应新时代养老产业需要的专业技术、社会服务、经营管理人才培训工作。另一方面要加强养老服务机构负责人、管理人员的岗前培训和定期培训工作，完善培训的内容、程序和师资队伍建设，加强培训的规范性和系统性。除此之外，还要开展养老护理、社会工作、医疗护理的专业技能培训工

作。最后，利用优秀外部平台，参加养老服务培训，与行业内专家交流探讨，及时了解养老产业发展趋势和相关国家政策法律法规。

四是统筹整合油地各类资源。科学统筹本地和外部养老资源，积极吸引社会资本参与老年医疗服务体系建设，扩大老年医疗和医养体系的服务能力，满足老年人多样化、多层次的需求。一方面要探索油田医疗卫生机构转型发展，收治高龄、病重、失能、部分失能老年人，转型为医养结合机构。另一方面要探索允许空置公租房低价提供给社会力量，通过特许经营、公建民营、民办公助等模式，举办非营利性医疗、康复、护理以及医养结合机构，为老年人开展助餐助行、日间照料、康复护理、老年教育等服务。最后，探索利用北戴河或者其他油田矿区环境优美、气候宜人的地区，开展候鸟式养老、旅游式养老的服务，以满足高标准、高要求服务人群的需要。

五是鼓励开发志愿服务和公益慈善类社会服务项目。引导在校生志愿服务和暑期实践、相关专业学生社会实习、社会爱心人士志愿服务等与老年人生活服务、健康服务、精神慰藉、法律援助等需求有效对接。鼓励各类公益性社会组织或慈善组织加大对养老事业的投入，鼓励矿区居民自发成立养老组织，探索发展互助养老模式。组建成立老年医学会，整合医疗资源开展老年病专题研究，做好老年病防治培训工作。

六是加强养老服务供给，夯实居家养老基础，提升社区养老服务，优化机构养老布局。依托社区发展，以居家为基础的多样化养老服务，促进机构、社区与居家养老服务融合发展，拓宽普惠养老服务供给渠道，努力建成覆盖居家养老、社区养老和机构养老全过程的“机构化、连锁化、一体化、智慧化、医养结合”健康养老服务体系。

扩大或增建养老机构长期照护服务。充分发挥养老机构兜底保障作用，重点为留守、失能、残疾、高龄老年人提供收费托养服务。通过直接建设、委托运营、购买服务、鼓励社会投资等多种方式，发展为高龄、失能、失智老年人提供长期照护服务的护理型养老机构。以从业信誉、服务水平、可持续性等质量指标，引进养老服务领域专业能力较强的运营机构早期介入、全程参与委托经营的养老机构项目工程建设，支持规模化、连锁化经营，引导社会资本以独资、合资、合作等多种形式投资养老服务业。

发挥员工健康服务社积极作用，探索提升油田离退休服务质量新途径

华北油田　孙汉如

员工健康服务社是一个为离退休老同志提供优质服务和健康服务的组织，经过一段时间的运行还存在一些不足，以下就其发挥作用、提升效能提出一些建议。

一、开展调研，了解离退休老同志的真正需求

员工健康服务社开展了离退休人员养老服务需求调研、“话传统、谈复兴、聚能量”专题调研，调研主要包括日常生活、医疗保健、精神慰藉等方面，通过实地访问、电话寻访、调查问卷等方式，关注退休人员的需求和意见反馈，发现离退休工作薄弱环节和问题。例如，油田大多数老同志认为现在最主要的养老模式是传统居家养老，认为开办日间照料、家政上门、老年服务中心、养老机构是有必要的，并对未来社区健康服务工作提出了建议，希望协同社区老年服务中心开展服务老年餐厅、社区义诊、文化娱乐活动，离退休老同志迫切希望关怀服务、加强物业管理服务等使社区更加宜居。通过收集离退休老同志的意见，确保提供的服务与他们的需求相匹配。

二、依托员工健康服务社，用心开展离退休服务工作

在离退休老同志期盼中，东区、西区员工健康服务社按需而生，完成从 0 到 1 的过程，从选址到员工进驻，从现场施工、基础装修到工作资料上墙、新增办公设施及用品、办公人员进驻、专业化学习培训等，经历半年时间的不断打磨，员工健康服务社以优质的“四心”服务、标准化礼仪规范、目视化办公

环境，打造员工健康服务社标杆，以网格化包联服务为载体，深入开展劳动竞赛大比武、大练兵，定期开展培训和交流活动，完善标准化队站建设，建立完善的管理制度、服务流程，规范工作人员的行为和工作流程，提高离退休服务效率和质量，全力打造离退休服务品牌。以员工健康服务社为依托，通过服务热线、电话寻访、微信等“线上服务”与服务社面对面、“一对一”登门拜访等“线下服务”相结合，打造“一窗受理、一次告知、限时办结、首问负责、帮办代办”一站式服务模式，有力践行国有企业退休人员社会化移交后待遇不降低、服务有保障、感情纽带不间断的服务宗旨。

三、加强宣传助力，推广优质服务

通过社区宣传、讲座、义诊等形式，向老同志介绍员工健康服务社的内容和优势，提高他们的参与意识，让老同志更好地了解和使用员工健康服务社的服务。员工健康服务社作为油田矿区离退服务工作的窗口，通过优化服务环境，改善服务态度，落实主动服务、陪同服务、助老服务等措施，不断提升企业退休职工满意度和获得感，了解广大离退休人员需求，切实帮助他们解决实际问题。

四、真办实事，为退休人员帮难解忧

员工健康服务社推进“我为员工、群众办实事”实践活动，从有困难的群众入手，从急难愁盼的问题切入，切实解决群众的困难事、烦心事。通过微信群、建议簿、留言册等方式收集老同志和其他相关人员的反馈意见和建议，以了解服务工作中的不足之处并采取措施加以改进，提高服务质量和效能，建立评价和反馈机制，对服务效果进行评价和分析，并根据评价结果进行改进和完善。

五、加强与政府部门合作，争取更多支持

与政府部门合作可以获得更多的资源和支持，有利于提高员工健康服务社的服务效能和质量，为老同志提供更好的服务。离退休服务业务应该加强与社会化相关机构的合作，如医院、社工组织、志愿者组织等，通过合作可以共享

资源、互相支持，在健康检查、疾病预防、医疗咨询、康复治疗等多个方面，确保老同志能够得到更加全面的健康服务。例如可以采用“互联网+医疗”的技术手段为老同志提供线上预约、在线咨询、远程医疗服务等便利快捷的服务方式，另外也可以针对老同志的特殊需求，开展个性化定制服务等，提高服务的精准度和满意度。

六、创新服务模式，提升服务质量

员工健康服务社应不断创新服务模式和方法，以满足老同志不断变化的需求和提高服务质量。建立信息共享平台，将离退休老同志的需求与社会化养老服务资源进行匹配。依托平台数据提供智能化服务，员工健康服务社可以利用现代技术手段为老同志提供智能化服务，例如开发一款智能养老APP，为老同志提供各类信息查询、交通出行、天气预报、健康管理等服务，同时也可以通过APP为老同志提供紧急呼叫功能，方便他们在遇到紧急情况时寻求帮助，另外还可以通过APP组织线上活动，如知识竞赛、游戏互动等，增强老同志之间的互动交流，让他们感受到更多的关怀和支持。

华北油田华佳服务处对离退休职工和重点人群进行分类管理，积极对接优质社会化资源，与市场中专业化服务机构合作，提升离退服务专业化管理市场化运营能力，用实际行动践行“用心服务石油人，用爱传承石油情”的服务精神，秉承“舒心、安心、暖心、放心”四心服务理念，处处为矿区离退休同志办实事、做好事、解难事。

新形势下如何进一步强化企业与离退休老同志的感情纽带联系

吐哈油田　刘艳艳　路小华　肖　瑶　赵　琳

吐哈油田退休的老同志，他们都曾是“铁人时代”的石油人，他们是社会中非常重要的群体，他们是为国家、为社会、为油田作出过巨大贡献的。随着社会的进步与时间的推移，离退休老同志们的年龄越来越大，多数子女不在身边，而他们的需求也在发生变化。哈密离退休服务站（以下简称服务站）作为最前沿“窗口”服务单位，要牢牢抓紧补位离退休老同志“感情”纽带这根主线，坚持“以人为本”的人本思想，与时俱进、主动求变、主动出击，强化“五心”服务，为老同志们提供优质精细的服务和保障，满足老同志的精神需求、物质需求，有效推动新时代离退休老同志服务工作高质量发展。

一、真心服务，连接感情纽带

服务无止境，满意无终点。只有以心换心的真心服务，才能成为连接离退休老同志的感情纽带。首先通过各种方式加强与离退休人员的联系，完善老同志基础信息资料，做好一人一册台账，掌握重点人群信息，做好服务工作。其次做好每一个退休人员的荣退工作制度，对退休人员做好信息核对，提前给退休人员打电话，准备退休资料，用心接待每一位退休老同志，为离退休老同志办好相关退休手续。三是对离退休党员做好“一对一”转接工作，激励退休人员中的党员“离岗不离党，退休不褪色”，及时组织退休老干部参加重要会议、阅读文件，关爱老同志政治生活，让离退休老同志感受到政治上的尊重、生活上的关爱、精神上的关怀。做到退休退职不退感情，用真心服务连接感情纽带。

二、耐心服务，稳固感情纽带

为确保各项工作顺利实施，服务站工作人员应认真学习各项相关政策和文件，吃透精神，掌握各项工作的流程制度，便于工作人员为老同志做好各项政策、制度、文件的宣传和解释工作，让老同志及时学习了解党的方针政策，了解中央及自治区重要决策部署以及老干部工作动态，做到思想常新、信念永存，永远同党中央保持高度一致，听党话，跟党走，特别是老同志对油田近几年的发展状况、前景和新能源发展的了解，以及对油田未来的展望。工作人员通过网络等渠道，做好信息共享，组织离退休老同志观看全国离退休干部专题报告会等活动，通过耐心细致的沟通服务，加强相关部门和社会服务机构之间的沟通协调，提高工作效率和质量，提升离退休人员保障服务水平的需要，有效架起同离退休老干部联系的桥梁，稳固感情纽带。工作人员用自己赤诚热心和耐心，真情服务着每一位老人，做到“你有所呼，我有所应”。

三、热心服务，赢得感情纽带

生活无小事，枝叶总关情。油田老同志年龄大，子女大部分都在外地上班，老同志有事不好意思说，也不知道找谁问。工作人员对一些特殊的离退休老同志熟记在心，有时主动联系、主动问候，帮助解决一些力所能及的事情。通过组织开展一些文体活动，如参观哈密市各类博物馆、展览馆，开展气排球赛、扑克牌、台球等，让老人们在一起享受到更多的文化生活，满足老同志的精神文化需求，丰富了老人的业余生活，也增进了老同志之间、老同志与工作人员之间的感情。同时服务站还时刻关注离退休老同志的心理和精神需求，当他们感到孤独和失落时，工作人员及时和他们聊聊天、打打电话、拉拉家常，把老人当自家的亲人对待，为他们提供更精准的服务和支持，让他们感受到油田和社会的关爱和支持，增强他们的认同感和归属感，让离退休老人老有所乐，感受生活的多彩和丰富，工作人员用自己的热心赢得离退休老人的信任，感情不断加深。

四、诚心服务，深化感情纽带

诚心服务解难题，实事干在心坎上。每年一到节假日，工作人员都会早早筹备，计划组织举行“迎新春”座谈会、让离退休老同志一起坐坐，畅谈油田的新发展、新变化。同时组织春节、中秋节、重阳节等走访慰问活动，为他们送去油田党组织的关心关爱，向他们致以节日问候和新春祝福，祝愿他们身体健康，让他们感受到组织的温暖和关怀。通过组织“话传统、谈复兴、聚力量”座谈会等，发挥油田离退休老同志的政治资源优势、经历经验优势等，发挥其政治引领作用，做好“石油精神”“铁人精神”传承工作，发挥老有所为之作用，贡献他们的智慧与力量。同时，工作人员心系弱势群体人员，对生病、住院、有困难的老同志前去医院、家里探望，对一些大病离退休老同志及困难家庭及时了解情况，上报上级部门，按照相关程序申请救助和帮扶。对去世的离退休老同志及家属做好临终关爱、费用报销、人员慰问等，用心用情传递温度做好暖心服务，与离退休老同志建立起“一家人”的深厚感情，通过感情纽带和诚心服务使老同志的晚年生活平安愉快。

五、爱心服务，凝聚感情纽带

如果说，人生是一场四季轮回，那离退休工作人员就是四季轮回中不断温暖着油田老同志的践行者。“爱心”是做好离退休工作的灵魂，哈密离退休服务的工作人员本着“爱心”和守“初心”的信念，默默无闻地用“爱心”紧紧牵着油田的离退休老同志的感情线。特别是疫情期间，离退休老人的身体健康、衣食生活牵动着每一个人的心弦。服务站举全部力量，连班加点，白天黑夜坚守岗位，对有需要帮助的老人一对一地进行专人专责服务，买药买菜、送米送面等生活用品，保障每一位离退休老人的正常生活，对有困难的老人和孤寡人员，主动送去生活用品，有需要看病的，工作人员多方联系沟通协调，保障老人就医渠道畅通。

他们就是这样每天日复一日，年复一年，用自己的真心、耐心、热心、诚心、爱心默默无闻地服务着油田的退休老同志，他们以实际行动践行初心，履职尽责，做到了“你有所呼，我有所应”真情服务夕阳红的最美画卷。

新形势下党员组织关系转出工作中的难点与对策思考

吐哈油田　杨滢山　邓钰蕾

按照党中央、国务院、自治区党委、政府及集团公司关于国有企业退休人员社会化管理工作的安排部署，吐哈油田离退休职工管理中心（以下简称中心）以高度的政治自觉，认真部署、克服困难、积极推进落实，按集团公司进度要求完成了退休人员社会化移交任务，并逐步形成了管理职能的常态化移交机制。但是，在实际工作运行中，党员组织关系转出工作却存在非常大的难度，对党员的正常教育管理和监督工作带来了非常不利的影响，也对落实好党中央全面从严治党工作要求提出了新的课题。

一、组织关系移交后存在的问题

（一）给组织建设带来挑战

哈密石油新城街道社区接收吐哈油田退休人员中的党员后，按照居住区域和党员数量，分别成立了网格党支部。但兜底接收的党员在哈密没有固定的区域，石油新城街道将这些党员全部由北环路社区党委集中管理。这些党员居住地分布在多个地区，数量不等，党员无法实行集中管理。

（二）给党支部班子建设带来挑战

移交后负责管理职责的党委与这些党员无法取得联系，这些党员只是组织关系移交到了北环路社区，对党员个人来讲，没有什么实质性的概念，在他们的意识中，没有任何变化。他们在习惯上、思想上一直认为他们就是属于油田，情感上也只认同油田党组织。在建立网格党支部后，推荐网格党支部委员候选人，选举党支部委员会班子的时候，因为组织不了解这部分党员，党员与党员之间相互不了解，党员不了解移交后的党组织相关情况等，所以无法选出一个能够完全适应这种复杂情况的党支部班子。

（三）给党员教育管理和监督工作带来挑战

由于这些党员分散在多地，其组织关系所在网格党支部平时组织政治学习、主题党日、志愿服务等党内组织活动的时候，这些党员基本上游离在党组织之外。党支部为了方便对党员的教育管理，建立微信群，日常工作通过微信群下发，党性较强的党员能够按党支部要求参加规定内容的学习，提交学习心得，但基本上大多数党员长年不参加组织生活，不参加党支部要求的政治理论的学习，党员意识日益淡化，这严重不符合党中央全面从严治党的要求。

二、组织关系转常住地存在的困难

（一）党员常住地街道社区不接收

由于种种原因，很多党员常住地街道社区常常以各种理由拒绝接收国有企业退休人员中的党员组织关系。作为国有企业单方面推动这项工作存在极大的难度。三年过渡期内，每年新退休人员的党员组织关系转至地方的工作比整体移交时与居住地街道社区沟通联系存在更大的难度。

（二）党员常住地街道社区对组织关系接收工作设置各种障碍

一些党员常住地街道社区并不明确拒绝接收党员组织关系，但要求提供党员组织档案，要求本人亲自去现场见面。在正常情况下，油田党组织按照这些要求查询扫描党员个人组织档案，给党员本人做思想工作，按要求在规定的时间内到居住地社区党组织报到，这样就可以顺利将这部分党员的组织关系转到居住地社区党组织。但是，在实际工作中，因为一部分党员入党的那个年代距今时间久远，有的是当年要求不一样，有的是当年资料管理不规范，造成年龄较大的一些退休职工个人档案中组织档案不全，有的入党志愿书填写不完整，有的在入党志愿书中党委没有填写意见，有的全国党员统计系统中入党时间与组织档案中时间不一致，有的组织档案信息不全，还有的党员连续几个月在外地不回居住地，这都给组织关系转出工作带来难度，达不到接收地党组织的要求，自然无法将其组织关系按时转出。

（三）党员本人不愿意转出组织关系

还有一部分新退休职工中的党员思想守旧，认为他一辈子在油田工作，现在退休了，组织关系就应该留在油田，他们心理上觉得组织关系转到地方了，自己就和油田没有关系了，情感上觉得油田抛弃了他们，因而对组织关系转到他本人常住地社区党组织存在抵触，行动上极不配合。

（四）党员退休后流动性大，常住地不固定

有一部分新退休人员中的党员要么到外地帮子女照顾孩子，要么外出旅游，长时间不在居住地生活，流动性非常大，组织关系转出时，接收地社区党组织需要本人现场报到，要与其本人见面方可接收其组织关系，致使一部分党员退休后组织关系在短时间内无法转出，这与党中央、国务院国有企业退休人员社会化管理要求严重不相符。

三、解决退休人员中党员组织关系转出难题的对策

针对上述存在的问题，吐哈油田在具体工作实践中主要采取了以下四个方面的对策。

（一）组织关系转出工作、准备工作要充分

一是资料准备要充分。要提前从人事部门掌握近两个月到达退休年龄的员工名单，提前查询扫描其组织档案，填写组织关系转出人员个人信息核对表。针对组织关系转出时各地社区党组织对相关资料的要求，整理盖章。对组织档案缺失的情况，提前掌握，从其人事档案中查询扫描印证资料，做好情况说明；对全国党统中信息与其个人档案信息提前进行核对，确保信息一致，避免转出时接收地党组织核对过程中出现不符合接收条件的情况，给转出工作造成影响。如果等这些人都退休了才开始做这些资料准备工作，势必对组织关系转出工作造成影响。

二是提前掌握退休人员常住地信息。了解掌握退休党员哪些是居住在本地，哪些是在外地，提前掌握退休党员涉及的居住地党组织名称、联系人、联系电话等相关信息。同时，提前与退休和即将退休的人员了解掌握退休后是否外出帮子女照顾孩子或者照顾老人等各类特殊情况，以便于后期与接收地党组织进行沟通协调。

（二）工作人员提前学习、掌握、吃透相关政策

由于退休人员中的党员组织关系转出工作的难度较大，中心组织部门要求工作人员提前学习掌握两个方面的政策，一是党中央关于党员组织关系转接的相关政策，二是党中央、国务院关于国有企业退休人员社会化管理的相关政策。只有吃透了政策，才能在与各地党员居住地社区党组织协调沟通党员组织关系转接事宜时有理有据。

（三）加强与接收地党组织的协调沟通

对常住地在本地的，将其档案资料和信息核对表提前与相关社区对接，加强沟通，督促社区党组织提前与党员本人进行信息核对确认。同时，提前反复耐心给退休党员做好思想工作，使其了解退休后组织关系转出是方便其参加组织生活，对其各方面待遇没有任何影响，不会隔断其与油田的联系，油田对其的关心关爱不会影响，并说服党员在社区与其核对个人信息时要积极配合，如实告知其常住地信息，临时外出也要给社区说清楚，以免在信息核对时误认为是长期离开。这样就能保证其组织关系顺利转到哈密居住地所在社区党组织。对常住地在外地的，根据前期了解掌握的情况，提前与接收地社区党组织联系，加强协调沟通。

（四）上级党组织给予工作上的大力支持

在退休党员组织关系转出工作中，遇到无法解决的问题，及时向上级党组织汇报，寻求上级党组织的积极支持和协调解决。一是遇到党员个人档案中没有组织档案、组织档案不全、组织档案中入党志愿书内信息填写不全等情况，由上级党组织出面与接收地社区党组织沟通，并出具情况说明，实现党员组织关系的转出。二是与接收地党组织协调沟通不顺畅，需要找当地厅局级及以上党组织协调解决时，由公司党委组织部门出面沟通协调，力度会更大，以达到党员组织关系转出工作目标。

总之，在退休人员社会化管理后，退休人员中的党员组织关系转出工作中会遇到各种情况，需要在具体工作中迎难而上，针对不同的问题，灵活采取不同的对策，发扬斗争精神，敢于攻坚啃硬，奋力推进国有企业退休人员社会化管理后的退休党员组织关系转出工作，确保退休人员中的党员能够方便有效地在居住地社区党组织参加组织生活，在组织的关心帮助下，及时受到教育管理

和监督，为党员发挥先锋模范作用提供便利，有效落实好党中央全面从严治党责任，使退休人员中的党员退休不褪色，离岗不离党，确保党的纯洁性和先进性。

新形势下如何进一步强化企业与离退休职工的感情纽带联系

吉林石化 俞 春 刘 霞

本文结合实际工作，分析离退休工作的现状和特点，立足新起点，着眼新形势，适应新要求，在巩固“为老”服务成果的同时，利用现有资源，不断完善服务功能，拓宽服务领域，延伸服务半径，在退休人员社会化后期，探索切合实际、行之有效的办法，为新形势下离退休管理工作的高质量发展赋能，为离退休职工提供更精准、更有效的服务，进一步强化企业与离退休职工的感情纽带联系。

一、离退休管理与服务现状

（一）退休管理方面

离退休工作人员总量不足、年龄偏高、管理能力减弱、难度不断加大，服务群体构成分类各有特点、需求各有不同、服务难度不断加大。离退休管理中心目前在岗人员平均年龄偏高，人员老化明显，服务能力和服务效率受到限制。

（二）退休服务方面

在退休人员社会化管理后，需要衔接好移交到社区的管理工作，真正实现企地共管模式。同时，需要发挥社区作用，满足离退休职工参加学习、活动需求，实现文化养老。由于心理上的落差和社区管理的不适应，老同志产生的失落情绪在一段时间内无法全部消除。老同志遇到困难时，仍习惯性地找到管理站帮忙解决。活动功能移交社区后，老同志学习、活动的平台明显减少，无法满足老同志的精神需求。面对老同志的多种诉求，工作人员往往身处矛盾焦点，既是国家、企业政策法规的宣传执行者，又是老同志“两项待遇”落实的协调督办者，还是老同志反映问题、吐露心声的忠实倾听者。工作人员要深刻认识到广大退休人员既是企业的建设者、见证者，也是企业的宝贵财富和功臣，务必要做到移交不断"交"，关心关爱不断"线"。因此还要继续为老同志提供帮助，帮忙联系相关部门，寻求解决办法，在职责能力范围内，有针对性地做好思想工作，引导退休老同志适应社区、融入社区、依赖社区。

二、服务举措

（一）坚持构建一站式、平面化、无障碍服务模式，有利于老同志业务办理更方便、更快捷

1. 依托平台，数据联动，运用信息化手段提质量、提效率

办公平台以老同志和工作人员的实际需求为出发点，设立多个服务模块，通过信息查询、检索等功能，方便工作人员随时查阅老同志信息，实现了数据共享和即时信息互动。随着办公平台的信息动态维护和深入使用，拓展了服务渠道，丰富了工作外延，信息化管理体系将沟通交流方式从"面对面"逐步拓展到"在线服务"，使工作人员与老同志的联系更为紧密、便捷。

2. 优化流程，减少环节，运用集中办理方式提质量、提效率

与公司所属各单位人事部门保持联系，提前收集了解新退休人员信息，做好相关待遇核定，科学制定新退休人员报到、领取养老金的流程，减少新退休人员往返次数。通过设立微信公众号、微信小程序，引导老同志提前了解办事流程，使面对面沟通时效率更高，缓解部门工作压力，节约时间，降低工作成本，提高工作效率。

3. 因地制宜，科学规划，让老同志少跑路

退休人员社会化管理以后，供热费报销工作是关系到退休人员切身利益的一项重要工作，为方便老同志办理业务，管理站将接待点调整到一楼，在供热费报销期间，增设多个服务"窗口"，并放置联排座椅供老同志休息，做到了有效分流，避免出现拥堵及排队等候时间过长现象。

（二）坚持强化"四员五者六感受"，让为老服务更暖心、更放心

1. 以践行"四员五者"为出发点，持续推进服务惠及老同志

用心用情当好老同志的"服务员""勤务员""跑腿员"和"辅导员"，高标

准当好为老服务的执行者、坚守者、联络者、传递者和补位者，是离退休工作者为老服务的初衷。如今，退休人员社会化过渡期已进入收官阶段，企地共治的新局面已经基本形成，离退休工作者一定要深刻认识自身的角色与定位，持续加强共治共享，确保待遇有保障、服务不降低、感情纽带不会断，倾听老干部心声，详细了解他们的近况，送去关心关爱。从细节入手，做到每项工作事前有预案、过程有陪伴、事后有反馈，提升服务温度，做好服务保障。激励广大老同志继续发扬光荣传统和优良作风，积极出主意、想办法、当参谋，让他们继续发光发热、老有所为。

2. 以提升“六感”为着力点，以人文关怀惠及老同志

认真从离退休人员现实处境和切身利益出发，真诚倾听他们的呼声，真实反映他们的愿望，真情关心他们的生活，关注他们的价值、权益和需求，关注他们的生活质量、自身潜能和幸福指数，努力满足他们的需求。做好特殊家庭重大节日走访慰问和日常精准帮扶。做好个性化服务和亲情化服务，让老同志无后顾之忧。做好疗养、体检过程中的贴心服务，制定应急预案，做好应急处置，有效缓解离退休人员的思想矛盾、心理冲突和情感困惑，提升老同志的获得感、幸福感、安全感。在日常工作中注重对老同志的心理疏导，实现家庭和美、邻里和睦、人际和谐，有效引导离退休人员群体的自尊自信、理性平和、积极向上的社会心态，在企业和社会上形成和衷共济、和谐相处的良好氛围。依托“石油金秋”和“离退休干部工作”微信公众号等媒体平台，组织离退休老同志了解国家时事要事，使他们与时代同步不脱节，政治生命新延续。定期召开座谈会、情况通报会或形势报告会，宣传当前公司发展动态和中心工作，提升老同志的归属感、荣誉感。

（三）坚持“四三二”工程建设，有利于工作者落实政策有重点、有抓手

1. 构建网格化服务模式，一人一档，精准服务

建立以“一周一电话、一月一登门”的周询月访制度，全面摸清“四类人员”的基本信息、家庭情况、主要需求、联络方式，规整需求信息，为分级分类、一人一策提供基础数据。健全完善“四类人员”信息库，动态掌控相关信息，实现即时管理。一事一议，精准落实。以“四类人员”的“急难愁盼”为出发点和落脚点，对上门家访、来信来电和来访反映的问题详细记录，坚持第

一时间研究、第一时间落实、第一时间解决反馈。跟进服务，完成一件销号一件，做到事事有着落、件件有回音，确保“四类人员”生活有人关注、诉求有人回应、困难有人解决。一人一帮，精准对接。建立离退休人员网格化管理服务机制，实现人员管理和服务制度化、规范化、常态化，更精准、更高效地落实对“四类人员”的人文关怀。

2. 构建新型化责任体系

重点关注老领导、老专家、老劳模、老军人，责任落实到中心党政班子和业务科室。在元旦、春节等传统节假日对包保对象进行走访、慰问。站队层面关注对象为离休干部、特困户以及维稳对象，要细致掌握他们的基本情况，每周沟通一次，每月询访一次，有事有病，及时报告，做到服务到位，掌握特困户（困难遗属）的基本情况，定期给予困难补助。专人层面包保对象为鳏寡孤独和重病卧床人员等特殊群体，责任到人，以“义工服务”为依托，每月与帮扶对象联系 2 次，扎实开展“上门服务”，定期到特殊关注人员家中提供精神慰藉、卫生清扫、代购物品、心理疏导等个性化服务。

3. 构建共同化协作机制

建立与街道、社区的双向互动，以建立相关的 QQ 群、微信群、电话等联系方式，构建协调、顺畅、有效的沟通联络机制，使其成为“吉化”与“社区”协助补位的“桥梁纽带”。教育引导离退休党员在社区继续发挥先锋模范的重要作用，就近学习，就近活动，离岗不离党，退休不褪色，让吉化精神在街道社区绽放新的光彩。在与街道社区积极协调沟通的基础上，时刻关注离退休老同志的需求，让老同志得到有效的帮助与服务。

（四）坚持“义工服务”爱老行动，有利于工作者开展活动有温度、有成效

1. 实现组织化

把义工服务融入党政思教，为最美义工指明方向，保驾护航。政治水平、思想意识是切实做好各项管理与服务工作的奠基石，提高党员的政治觉悟和思想水平，强化党员队伍管理建设，进一步激发党支部和党员创先争优的意识，更好地发挥党组织的战斗堡垒和党员先锋模范作用，倡导党员干部带头践行义工行动。

2. 注重常态化

营造氛围，创新手段，打造义工服务品牌传承。落实寻找“最美义工”方案，检验“义工服务”成果，开展“对照榜样找差距”等活动，领导带头，广泛发动，不断寻找、发现和挖掘以实际行动践行“争做离退休职工好儿女”的典范。倡导人人争当“最美义工”，营造对标、学习、争当典型的良好氛围。

3. 突出时代化

通过新办法、新途径、新突破创新丰富载体活动氛围。以大庆油田离退休工作者阚春玲为榜样，总结经验，借鉴做法，运用到为老服务过程中，进一步排查梳理辖区内鳏寡孤独、高龄、困难、大病、失独等离退休职工弱势群体，登记造册，设专人管理，成立专门小组登门为老同志送温暖、送关怀、送服务、送祝福、解难题。

三、思考与探索

党的二十大对坚定不移全面从严治党、深入推进新时代党的建设新的伟大工程作出全面部署，明确提出“做好离退休干部工作”的重要要求。这为做好新时代老干部工作指明了前进方向，注入了强大动力。

（一）构建为老服务先进理念

牢牢把握“全心全意为老同志服务”的工作宗旨，紧紧围绕“让党组织放心、让老同志满意”的工作目标，坚持“老同志是功臣、老同志是财富、吃水不忘挖井人”的服务理念，确保离退休人员社会化管理后，联络不断、感情不变、温度不降。精准落实各项待遇成果，保持离退休管理服务可持续发展局面。

（二）构建为老服务更高标准

创新方式方法，提升个人素质。搭建良好平台，延伸“义工服务”内涵，把老同志当成父母，也要把老同志当成未来的自己，用思想自觉，弥补工作职责覆盖不到的服务盲区和死角，不断增强老同志的获得感、幸福感、安全感、尊严感、归属感和荣誉感。

（三）构建企地共享运行体系

退休人员社会化管理后，退休管理服务业务的内容、方式和渠道都发生了变化，离退休管理部门和工作队伍已从主体变为从属，角色定位的变化与界定还需建立与之相适应的运行体系，从而助力和配合地方街道、社区实现管理服务工作的有效性与及时性。

（四）构建企地共享长效机制

一些工作在移交后企业还要暂时承担“扶上马送一程”的任务，有的可能要长期与地方政府齐抓共管，如困难帮扶、信访维稳、“光荣在党50年”纪念章发放等，面对这样一个工作格局，特别是在与政府配合的过程中，还要构建“企业＋政府”的共商共建共享的长效机制，扮演好助力者角色，推动双方合作的高效率、高质量、高默契度，确保退休人员的满意度不下降。

（五）构建企地共享信息资源

在征求上级管理部门意见并得到同意的情况下，建立与政府部门的信息共享机制。允许政府的部分工作人员登录办公平台，为其授予账号密码等权限，允许其因工作需要查找涉及老同志个人的基本信息，同时争取登录政府对口部门建立的退休人员管理系统，了解对方工作动态，在做好保密工作的前提下，信息互通，加强协同合作，共同推进服务管理。

浅谈如何发挥“五老”独特优势，推进关心下一代工作高质量开展

吉林石化　张　欣

一、关心下一代工作重要意义和任务

青少年是祖国未来的建设者，是中国特色社会主义事业的接班人。他们的思想道德状况如何，直接关系到中华民族的整体素质，关系到国家前途和民族命运。高度重视对下一代的教育培养，努力提高青少年思想道德素质，是我们党的优良传统，是党和国家事业后继有人的重要保证。

二、发挥“五老”优势，推进关心下一代工作开展

（一）创新宣传阵地，为青少年营造文化氛围

一是多角度宣讲大庆精神铁人精神和吉化“四种精神”，弘扬优良传统。积极发挥“五老”的宣讲作用，让大庆精神铁人精神得到有效传承，结合吉化开工建设纪念和精神教育基地参观等活动，采取讲故事、作报告、编写学习资料等形式进行深入宣传。组织“老战士”讲故事、作报告十多场次，发挥老同志工作经验丰富的特点，组织百名“老干部”将工作中的百个典型事例集中汇编成册，完成《吉化记忆》的编写工作，为青年的成长进步提供优秀的文化大餐。“老干部”李景章退休后将文化宣传作为自己的事业，他结合企业文化学习内容创作的三句半、说唱快板等十余个曲艺节目，在宣讲过程中巡回演出，深受青年人欢迎。二是组织专题展览、刊发专版和出版专辑，丰富文化阵地。在《吉化报》开辟专栏宣传大庆精神铁人精神和吉化“四种精神”等企业文化内容。“老干部”于万夫通过回忆历史，编撰出版了《顾秀莲与学吉化》《激情岁月》《吉化往事》等多部专辑，使青年人对企业文化有了更深刻的了解。三是开展特色

文艺汇演，提升文化感召力。通过文艺表演，将企业文化内涵融入演出当中，让文化感染青年人，从而达到文化内化于心的目的。结合文艺演出进社区、进校园活动，将寓教于乐、积极向上的文艺节目送到青年人身边。“老党员”“老教师”发挥自身特长，自编、自创、自演贴近主题的歌曲、舞蹈、曲艺节目，离退休人员组成的艺术团、说唱团各具特色，表演形式活泼、生动，使青少年观众得到新的感受。

（二）发挥专业特长，提升青少年道德品质

一是开展专题教育。将青少年教育与离退休人员教育有机结合、相互渗透，促进青少年全面发展和健康成长。可以开展“关爱明天、普法先行”活动、青少年维权知识讲座、环保知识讲座，以及“爱学习、爱劳动、爱祖国”主题教育活动，组织“老战士”开展教育进课堂活动，讲述亲身经历的革命故事，从而不断培育和践行社会主义核心价值观，深化中国梦教育。二是传授专业特长。离退休人员中有技术人员、特殊工种人员、教师等各类专业人员，许多人都有一技之长，他们退下来，但没有闲下来，将专业特长传授给青少年，成为他们退休后的一项最有意义的工作。

关心下一代工作任重道远，我们必须主动适应新形势、新任务和新要求，进一步加强关工委自身建设，努力创新工作思路，继续发挥好“五老”队伍的优势和作用，不断开创吉林石化关心下一代工作的新局面。

持续推进离退休服务工作，不断提升离退休服务管理水平探索

兰州石化 陈 蕾 王 智 张国昭 王 鑫 朱 钰

离退休服务与管理工作是一项纷繁复杂的群众工作，政策性强、涉及面广，服务质量的优劣，关系着社会稳定，关系着党的政策和国家法律法规能否贯彻落实，关系着退休职工晚年幸福、家庭和睦。做好退休管理服务工作不仅是广大退休职工的迫切要求，也是退休管理部门责无旁贷的职责。我国已步入老龄社会，退休人员比例呈增长态势，他们是促进社会稳定和发展不可忽视的力量，在社会化改革后，实现离退休服务工作规范化、科学化，适应形势的发展和要求，把离退休管理工作提高到一个新的水平，对整个退休群体平稳进入社会具有重要的意义。

一、离退休管理服务工作现状

兰州石化离退休管理部（以下简称管理部）根据国家及省、市国资委关于推进国有企业退休人员社会化管理工作部署，已顺利完成退休人员移交地方社区，退休人员纳入社会化管理仍需不断推进和完善。

长期以来，退休职工生活在社会功能相对齐全的石化生活小区，养成了有事找企业、遇困难找组织的思维。因此，社会化移交至今，尽管通过各种途径和渠道向退休职工正面引导和宣传，退休职工始终未完全脱离以往的旧思维，还是习惯第一时间找企业，由于社区服务的群体比较复杂、工作人员流动较大、工作人员素质参差不齐，当满足不了诉求时，退休人员就会产生焦虑情绪，会将不满情绪发泄到企业。因此，虽然退休人员管理工作社会化移交了，但退休职工的思想服务工作并未减少。

二、服务管理中遇到的问题

（一）社区建设不完善，不能提供正常的管理服务

长期以来，员工家属生活、工作在社会功能相对齐全的石化生活小区，生老病死企业包揽，员工家属逐渐养成了“有事找企业、遇困难找组织”的思维定式，适应社会的能力普遍较差。即便当下社会化移交已完成的情况下，一些退休职工有了难题依然喜欢找企业、找组织，企业俨然成了老同志心中的依赖，老同志期望企业承担起社会管理的职能，弥补地方政府社会管理的缺失。退休人员与企业有着千丝万缕割不断的联系，社区建设的不完善，使社区难以完全承担起对退休人员管理服务的功能。

（二）担心待遇政策改变

退休群体中个体收入差距较大，退休早、收入低的这部分人员生活水平相对较低，希望能够通过企业发一些生活补贴提高收入，提升生活质量。如果减少或取消原来享有的福利待遇会导致不稳定。社会化改革后他们更加担心不能够长期分享企业改革发展带来的实惠，影响离退休职工群体的期望值。

（三）服务环境改变，没有提供便利的活动场所，退休人员满意度降低

随着服务环境的改变，一方面基层退管站办公地址搬迁，退休职工年纪大，办公区域相对较远，不方便办公，老同志跑腿多，对于退休老同志更高期望和多元化服务诉求与社区工作人员能力素质不高之间的矛盾更加突出，稳定工作难度加大。另一方面地方政府设施落后，企业活动场所虽已移交社区，但有的改作他用，有的未对外开放，还有的活动场所又面向社会各类退休人员，导致退休人员活动场所越来越紧张。

（四）管理范围大，居住区域分散，给离退休管理服务工作带来非常大的难度

有的职工退休时间早，返回原籍后，原始的联系方式变更后未及时报备，有的住在市区后地址不详，有的返回了农村或与子女住在其他城市，有的甚至长期与子女生活在国外，一小部分退休职工居住分散，常年失联，遇到关乎退休职工切身利益的重要事情，联系不到本人，容易引起误会矛盾，给离退休职工管理服务带来一定的难度。

（五）工作人员的技能不足，责任心不强

在为退休人员提供高质量管理服务水平时，需要为其开展针对性的服务。作为工作人员，在具备管理能力的基础上，需要具有一定的服务能力，并加强与老年人之间的交流及沟通。

三、提升退休人员管理服务的策略

（一）强化制度，完善信息，精准服务退休人员各类群体

1. 优化提升管理，压实责任，凝心聚力，筑牢离退休群体和谐稳定

根据管理部制定的《协助补位手册》，做好协助补位服务工作，优化工作流程。通过协助地方政府做好企业补位服务工作，把集团公司提出的社会化管理后企业退休人员的待遇有保障、服务不降低、与企业的感情纽带不会断的三个“定心丸”工作落实落地，确保退休人员群体稳定、积极适应社会化管理。

2. 建立健全企业退休人员信息库，方便快捷提供精准服务

充分了解企业退休人员的基础信息，这样才能为科学化的管理服务工作奠定坚实的基础。及时掌握退休人员的家庭成员信息、身体健康状况，对于重病、特困、鳏寡孤独、高龄等退休群体，需要重点关注。及时搭建信息库，及时地完善相关信息，采取动态的服务管理措施和“一人一策”的特殊帮扶服务，帮助他们解决生活问题。

（二）用心用情、精细管理

1. 充分发挥信息员“余热”，助力退休人员平稳到社会

发挥老年信息员桥梁纽带作用，他们在社区管理中是骨干，有一定的影响力，他们熟悉人、熟悉事，对各组退休人员情况比较了解。他们在传递上级政策、协助管理和服务、延伸离退休管理的层级、调剂邻里关系、宣传各项政策方面能够发挥正面作用，利用他们的感召力和凝聚力更好地对其他退休人员做好政策的宣传和解释工作，建立共管共治平台，协助政策服务，促进企业发展社会和谐。

2. 培养人才队伍，提高专业素质，提升业务技能

优秀的人才队伍是提升退休人员社会化管理服务水平的重要基础。改善退休人员社会化管理水平，需要一支高素质、高水平、具备组织协调能力与应变

能力的人才队伍，从而有效地开展社会化管理服务工作。一是营造积极的职场环境，选拔有实力、业务能力强的专业技术人员进行正向激励，最大限度地合理开发每个人的潜力，让员工能够实现自身的价值，通过正向激励，充分调动员工的动力。二是重视工作人员及党员的教育，提高工作人员的思想政治素质。工作人员应保持良好的工作态度，与退休人员进行心与心的交流，尊重、理解退休人员，对他们予以充分的关怀，将个性化、热情的服务提供给离退休人员。树立全心全意为老同志服务的思想，用热心、真心、爱心和责任心给予老同志关爱和帮助，让老同志满意放心。三是提升工作人员技能。保障工作人员的专业素养以及职业技能，开展管理服务工作时，使企业退休人员获得更多的人文关怀。除了需要掌握与退休人员管理服务相关的职业技能，学习退休人员管理服务相关法律法规之外，需要体会退休人员的生活需求，在对老年人表现出足够尊重以及耐心的基础上，在工作中落实知识以及经验，提升整个队伍的专业素质。

3. 加强企地建设，强化工作衔接，持续推进和谐发展

针对服务和管理职能的变化，建立有效的协调沟通机制，构建企地共建桥梁，促进企地共融共建。结合当前社会生活实际，加强与社区街道的联系沟通，通过开设老年课堂、政策法规教育等平台，开展理想、信念教育，特别是在实施重大改革决策时，做好广泛的宣传和细致的思想政治教育，有针对性地做好答疑释惑，加深理解工作，使老同志坚定理想，跟上时代前进的步伐。通过开展政策法规教育，向老同志讲解养老保险制度、医疗制度及有关老年人待遇，引导老年同志学法守法，维护社会稳定。

新形势下如何加强离退休职工思想政治工作

兰州石化 门军梅 刘 琳 金 玲

随着企业不断深化改革，离退休职工思想政治工作面临许多新情况、新问题、新困难，如何在新形势下加强离退休职工思想政治工作，为他们在思想上解惑、精神上解忧、文化上解渴、心理上解压，是离退休管理工作者必须思考和迫切需要解决的新课题。

一、当前离退休职工思想政治工作现状

一是关心时事政治，但面对改革有忧虑情绪。广大离退休职工虽然离开了工作岗位，但仍然关心国家大政方针和企业发展，关注社会的热点和焦点问题。也有部分离退休职工忽视政治理论学习，对改革不了解、不接受、不学习，忧心企业发展和自身利益，对社会上的不良现象，不能正确面对，有消极情绪甚至发表极端言论。

二是重视思想交流，但缺少群体生活，有孤独感。离退休老同志喜欢思想交流，爱好情感沟通，但离开岗位后，生活的圈子发生了变化，导致情绪低落、心理不平衡，特别是缺少了组织氛围，人没有了归属感，就会慢慢随着年老体弱、行动不便，逐渐丧失人际交往的客观条件，难以主动与外界接触，“空巢”家庭逐年增多，有的孤身一人或老两口生活，有的子女虽在身边但因子女整天忙于工作和家务，陪伴时间少而过着“出门一把锁，进门一盏灯”的寂寞生活。

三是注重精神需求，但缺少活动，有空虚心理。随着物质生活水平的提高，越来越多的离退休老同志注重老有所乐、老有所学、老有所为等精神需求，但因年老体弱、生活空间不断缩小，能参加活动的机会也越来越少，相对单一而乏味的日常生活缺少了精神支撑，使老同志感到越来越空虚。

二、加强离退休职工思想政治工作的重要性和必要性

（一）加强离退休职工的思想政治建设，是坚定理想信念、维护和谐稳定大局的迫切需要

加强离退休职工的思想政治建设，教育引导广大离退休老同志始终坚定理想信念，自觉在思想上政治上行动上同以习近平同志为核心的党中央保持高度一致。离退休职工以其独特的资源和优势，在社会很多方面发挥着独特的作用，因此要更加注重服务保障工作，坚持思想上关心、生活上照顾、精神上关怀。离退休职工的思想政治建设抓好了，他们的思想就能够统一到发展的大局上，就能够充分发挥自身的政治优势、经验优势和广泛的社会影响，为兰州石化高质量发展作出积极贡献。

加强离退休职工的思想政治建设，是维护和谐稳定大局的迫切需要。离退休职工作为一个特殊的社会群体，在维护稳定中发挥着重要的影响和作用。离退休职工离休退休后，思想政治建设没有在职时抓得多、抓得紧，加之社会环境的影响和待遇落实中存在的问题，离退休职工的思想政治建设面临严峻考验。在这种情况下，离退休职工的思想政治建设能够与时俱进，工作扎实抓好，误解就会消除，疑惑就会减少，信访压力就会减轻。

（二）加强离退休职工的思想政治建设，是落实老同志政治生活待遇和心理建设的必然要求

要把为党和人民的事业增添正能量作为价值取向，落实好离退休职工的政治待遇。近年来，国家在落实离退休职工政治待遇、生活待遇等方面做了大量扎实有效的工作，开展了“展示阳光心态、体验美好生活、畅谈发展变化”为主要内容的活动，得到了离退休职工的普遍认可。管理部门在落实待遇的同时，还必须要及时加强离退休职工的思想政治建设，引导离退休职工认真学习中国特色社会主义理论体系，教育和勉励他们坚定理想信念，永葆革命本色，发挥老同志的政治优势、经验优势、威望优势，充分凝聚和释放正能量。紧紧围绕深化改革和企业发展中的重大问题以及离退休职工共同关心的热点问题做好解疑释惑工作。

加强离退休职工的思想政治建设，是加强老同志心理建设的必然要求。随

着政治生活待遇的落实，离退休职工精神和心理方面存在的问题日益凸显。部分离退休职工从工作岗位上退下来，失落感、孤独感、郁闷心理等情绪明显，一些离退休职工随着年龄越来越大、身体状况越来越差、心理健康问题越来越多，多数离退休职工忧患意识强烈，对社会上反映出的一些突出问题忧心忡忡，导致了离退休职工心理和谐出现了问题。要解决这些问题，必须要加强新形势下思想政治工作，认真研究存在的问题，以改革创新的精神加强新时期的思想政治工作，引导老同志以积极的心态正确地看待国家和企业的发展变化，做心态阳光的模范长辈。

（三）加强离退休职工的思想政治建设，是践行党的群众路线、加强和改进党的建设的内在要求

思想政治建设是党的建设的首要任务，加强新形势下离退休职工的思想政治建设，是全面做好离退休职工工作的重要内容，是坚持以人民为中心、践行党的群众路线的必然要求。随着老龄化逐渐严重，离退休职工的队伍会越来越庞大，离退休职工队伍建设特别是思想政治建设的问题会越来越突出，对社会的影响也会越来越大。

三、加强新形势下离退休职工思想政治工作的举措

（一）以“情”待人暖人心

要落实好离退休职工的各项待遇，做到“四个相互”，和老同志建立深厚的感情，相互了解、相互理解、相互信任、相互支持，做到“四个知道”了解老同志，即知道老同志的家庭情况、知道老同志的工作经历、知道老同志的兴趣爱好、知道老同志的理想追求，做好“三心”关爱老同志，即主动倾听老同志意见要耐心、主动关注老同志情绪要细心、主动解决老同志困难要用心，做到“四个落实”，即落实走访慰问、落实情况通报、落实困难帮扶、落实健康体检，拉近与离退休人员之间的距离。在每年国庆节、重阳节等重要节日到来之际，管理部党委领导和工作人员一起慰问劳模、离退休干部。管理部全体工作人员全力以赴配合社区，切实履行好三年过渡期内的协助补位职责，协助退休人员做好生存认证工作；按照要求积极推广集团公司重病保障项目“中 E 家园”安装，确保退休人员医疗保障全覆盖；还为百岁的老党员、老革命、老干部送上

百岁生日祝福。

通过用“情”待人，让离退休职工时刻感受到组织的关怀和温暖，使他们在思想上认同组织、政治上依靠组织、生活上服从组织、感情上信赖组织，为有的放矢地做好离退休职工的思想政治工作奠定牢靠的基础。

（二）以“理”导人辨是非

离退休工作的顺利开展离不开坚强的党组织领导，更要以离退休工作为抓手，使每位离退休职工都要强化党的意识和组织观念，知理、明理、懂理。管理部党委通过开展“传承红色基因，赓续精神血脉”讲红色故事、组织广大离退休干部观看学习《红军长征与长征精神》专题报告、与老同志一起观看庆祝建党100周年直播、“讲述身边的故事”等活动，大力弘扬伟大长征精神、铁人精神、石油精神，利用报纸、电视、微信群、QQ群等媒体，大力宣传离退休人员中的好人好事、健康生活方式，传播正能量，进一步加强离退休职工思想政治建设，充分展现老同志“离岗不离党，退休不褪色”，引导广大离退休职工积极主动为公司发展和离退休工作的健康发展献计献策，发光发热，当好参谋，发挥正能量。

（三）以“利”育人强激励

心理健康教育是加强新形势下离退休职工思想政治建设的新领域、新内容。针对一些离退休职工心态失衡、心理不和谐的实际情况，加强心理健康教育刻不容缓。积极引导离退休职工正确看待退休后角色的转换，积极调整心态，尽快适应退休后的生活，克服失落感。在身体条件许可的情况下，组织离退休职工多参加一些集体活动和社会活动，多与他人交往交流，克服孤独感和郁闷心理。引导离退休职工树立平和的心态，正确看待离退休与在职时的差距，正确看待自己与其他离退休职工之间的差距，消除盲目的攀比观念。

（四）以“信”立人有境界

在认真抓好离退休职工各项待遇落实的同时，在思想上要高度重视离退休职工的思想政治建设。离退休工作者要改变“只重视待遇落实，不做思想政治建设”的错误观念，要彻底转变“思想政治建设投入的精力多，见效慢”的错误观念，要以对党的事业高度负责任的态度，树立离退休思想政治建设常抓不懈的观念，要坚决克服畏难情绪，认真研究离退休职工思想政治建设中存在的难题，想方设法解决难题，提高思想政治建设的信心和勇气。

“打铁必须自身硬”，离退休工作者要有一定的政治政策水平，要有一定的实践经验，不仅能把小事情讲出大道理来，还能把大道理用老同志的话讲得更加通俗易懂，使离退休职工能听懂、能接受、能认同。同时，离退休工作者要以身作则，言行一致，处事公道，做事有原则，办事有制度，让老同志信服。老同志的口碑就是领导最好的奖状，也是最有力的舆论宣传。

（五）以“新”促变上台阶

新形势下，离退休职工思想政治工作面临着新情况、新问题，离退休工作人员要满怀责任与时俱进，拓宽思想政治建设的领域，创新服务方式，创新管理方法，创新工作内容，在开拓创新上动脑筋、下功夫、花时间，坚决避免形式主义。全面围绕“老有所养、老有所医、老有所为、老有所学、老有所乐”的目标和任务，改进传统的思想政治工作方法，根据离退休人员实际，坚持“教、学、乐、为”富有成效地开展工作，把解决实际问题作为加强思想政治建设的重要抓手。同时发挥老年大学的重要载体的作用，做好离退休职工思想政治建设，把政治性、思想性和科学性、知识性、趣味性有机结合起来，增强思想政治建设的新颖性、有效性和针对性，从而提升离退休人员思想政治工作再上新台阶。

浅谈如何搭建桥梁与纽带，为离退休职工身心健康保驾护航

兰州石化　谭彦政　刘　琳　谭湛琪　刘彦伶

近几年企业退休人员大幅度增加，老龄化形势更加突出。作为离退休管理部门，只有发扬中国石油的历史传统优势，搭建企业与离退休职工之间的桥梁纽带，创新离退休服务管理思路，积极探索提高退休人员身心健康的有效工作方法，才能实现退休老人“幸福养老”的美好生活追求和目标。

一、搭建桥梁与纽带的重要性

（一）是进一步为离退休老同志提供优质服务的需要

现如今，退休人员社会化管理移交工作已全部完成，部分退休人员仍担心移交后现有待遇能否保留、与企业的感情纽带是否降低、服务内容是否会减少、服务质量是否会下降等问题，这对企业离退休协助补位工作提出了新要求，全力以赴引导退休人员适应社会化改革、健康生活、快乐生活、老有所为是离退休管理和服务部门的一项重要职责。随着社会化改革的不断深化，离退休健康服务工作也呈现出新需求、新矛盾，为此离退休工作管理部将退休职工身心健康情况进行统一分析、研究，通过开展深入调研、认真分析、总结借鉴以往离退休管理工作的经验和传统管理做法，本着先易后难、循序渐进的原则，发挥企业的桥梁纽带作用，统一了健康管理服务目标和方向，制定了新的健康干预措施，切实维护社会企业的和谐稳定。

（二）是新时期满足日益增长的退休职工身心健康需求的需要

随着经济社会的发展，离退休人员对健康的需求越来越多，参与健康活动的积极性和主动性越来越高，离退休健康管理在总体布局中的地位和作用越来

越重要。如何把老年人的呼声作为第一信号，把老年人的需要作为第一选择，把老年人的满意作为第一追求，成为新时期离退休工作的新任务。

（三）是社会化做好企业和社会稳定的需要

目前企业水、电、暖、物业已经全部移交社区，改革的结果是退休人员的既得利益格局不断调整。结合退休人员移交地方政府、街道社区已实行社会化管理的新情况，离退休管理工作面临新的挑战。企业离退休部门只有紧跟社会前进的步伐，加强在健康管理建设中的创新实践，才能发挥中国石油的国企优势，创建和谐稳定的社会化健康养老体系。因此，离退休工作要主动转变观念，主动适应新形势和新格局，结合协助补位，率先转变工作思路，要主动适应退休人员实行社会化管理移交后带来的新形势，要充分考虑和感受退休人员对企业的深厚感情，协助街道社区做好退休人员服务管理补位工作，既要做好地方政府、街道社区的补位，又要做到不越位；通过各种渠道，学习省市、集团公司先进单位管理工作的经验做法，持续提升退休职工身心健康的整体服务管理水平，精准研究，吃透政策，理解政策，掌握政策，做好集团公司关于“三保障”和“三个定心丸”政策的贯彻落实。

二、搭建桥梁与纽带，为离退休职工身心健康保驾护航

（一）坚持政策向心力，蓄力退休职工健康管理新动能

党的政策是“指南针”。涉及国家敬老养老的政策更是退休职工关注的焦点和关心的重点，准确掌握党、国家和省、市养老改革政策要求，企业要积极主动向退休职工宣传解释、答疑解惑，以保证大家理解政策、适应政策。

1. 坚持以落实国家敬老养老政策为根本遵循

党的二十大报告指出“实施积极应对人口老龄化国家战略”，为新时代老龄事业和产业发展指明了方向。随着我国进入老龄化社会，现有的离退休管理形式已不能适应新时代社会的发展，要建设一批在当地发挥示范作用的老年人健康活动场所来改善基层老年活动机构设施，最大限度发挥企业桥梁纽带优势，积极实施党和国家养老政策，顺利实现退休职工健康管理服务提质增效。

2. 坚持以构建企业和谐、社会稳定为根本任务

适应新形势下老年人身心健康管理工作需求，努力探索新时期离退休工作

中构建企业和谐、社会稳定的具体实践要求，提升老年人身心健康教育质量，落实国家老龄政策。伴随着社会快速发展，退休人员的速度不断增加，一些企业的退休职工已经超过在职职工。退休职工的身心健康和教育需求加大，引导企业退休职工提高身心健康水平成了离退休服务管理工作的重点，扎实推进健康管理工作提质发展，进一步发挥企业桥梁纽带作用，让更多的退休老人“幸福养老”，对发挥离退休工作在构建和谐社会中的作用意义重大。

3. 坚持以引导坚守正确政治方向为根本目标

发挥企业作用，引导老同志自觉在思想和行动上学习领会党的二十大战略部署，不断提高老同志的政治判断力、政治领悟力、政治执行力，以服务管理创新助推离退休工作提质发展，认真加强老同志思想政治建设，引导大家坚守正确的政治方向，打造社区成为思想教育基地和文化养老基地，不断提高老年管理的政治站位，对于落实公司党委各项决策部署，扎实做好企业桥梁纽带作用，促进企业退休人员队伍的和谐稳定，对广大退休人员始终保持理想永存、思想常新、政治坚定具有十分重要的意义。

（二）提升工作执行力，拓展退休职工健康管理新模式

发挥桥梁纽带作用，提升工作执行力，持续落实退休职工生活待遇、医疗待遇、政治待遇，拓展健康管理规范化、专业化、多样化新模式。

1. 拓展健康管理规范化，持续改善生活待遇

在养老方面，社区的功能越来越大。就目前社会化情况来看，单一依靠退休管理部门的服务已经无法适应新形势下退休职工健康管理需要，退休职工已全部移交社会后，会对社会、企业维稳造成巨大压力。要鼓励老人走出家门，加入各式各样的健康文体活动，这对老人的身心健康有很大的帮助。根据实际情况，向上级部门反映，争取建设更多的活动场所，使广大退休人员活动得到保障。持续完善健康服务中心、家政服务中心、日间照料中心等养老服务设施，用好用足现有活动场所，提高退休人员健康活动参与率，扩建健康活动场所，或组织健康出外活动，实现退休老人老有所乐。

2. 拓展健康保障专业化，持续改善医疗待遇

拓展健康保障专业化，离退休管理部以企业医院、社区医疗点、活动站为载体，对健康管理的每项工作有安排、有落实、有考核、有反馈，做到全过程管理，

切实解决退休职工就医方面遇到的困难，离退休管理部推行全方位服务，建立离退休人员体检制度，实现体检全覆盖。定期组织离退休人员在石化医院免费体检，依据离退休人员身体特点，工作人员与医院协商改善体检条件、再造体检流程，实施区域集中、电话预约、时段分离等措施，协助行动不便的退休老人在医疗点免费体检，推进体检项目菜单化服务，建立电子健康档案，医院体检中心对体检结果进行分析和咨询，为80岁以上的老人发放高龄健康补贴。大量订阅健康保健养生方面的杂志和报刊配发到阅览室，购买健康宣传视频、图文和书籍，及时在活动站播发，与医院联合编印老年人简便易学、简便易行、简便易懂的《健康保健手册》。通过采取各种措施，全方位为退休人员提供服务，缓解看病难等问题。

3. 拓展健康服务多样化，持续落实政治待遇

离退休管理部拓展多样化健康服务，节日期间开展对老劳模、老干部慰问活动、老同志生存认证等工作，对在兰离休干部、退休局级老领导、省部级老劳模进行入户慰问，持续落实政治待遇。和老同志们亲切交谈，详细询问他们的身体和生活状况，叮嘱老人要保重身体，保持乐观积极的生活态度，让晚年生活更幸福。为进一步提升服务质量，离退休管理部还设计了《主题教育征求离退休老同志意见建议表》，从老人个人身体情况、养老金按时到账情况、社会化管理后对接到社区服务管理评价等8个方面进行问卷调查。将公司对老同志的关心关爱传递给每一位老人，为老同志送去问候的同时，也让老同志们感受到公司尊老敬老的优良传统，深切感受到公司对老人们的关爱。为配合做好公司建成投产65周年荣誉职工纪念奖章发放工作，离退休管理部通过在各支会群里发布通知、走访员工等方式寻找确定符合领取条件的员工家属，结合实际制定发放方案，以确保发放快速、准确，让公司作出贡献的老职工深切感受企业的关怀。

（三）聚焦服务创新力，实现退休职工健康管理新发展

解放思想，转变观念，摆脱过去旧管理模式。按照集团公司的要求，离退休管理部积极探索离退休健康管理的新思路和新模式。聚焦工作精确化、精准化、精细化。推行离退休健康管理的地企共建共享，明确地企责任，构筑健康管理平台，逐步实现退休职工健康管理新发展。

1. 聚焦服务精确化，实现健康管理新提升

离退休管理部精确待遇发放，实现健康管理提升。工作人员多次下基层了

解情况调研，和各中心工作人员进行沟通，根据上级部门的规定及公司相关规定，发放相关生活补助及补贴。

2. 聚焦服务精准化，实现健康管理新突破

离退休管理部针对不同年龄段的退休职工的广泛诉求，围绕提升健康管理需要，大力发扬爱岗敬业、无私奉献、求真务实、刻苦学习四种精神。通过劳动竞赛和评级评奖，加大考核力度，发挥企业桥梁纽带作用，体现“抓健康就是抓发展，谋健康就是谋未来”，用心用情把对离退休群体的健康管理提升到更高的台阶和品质。离退休管理部积极主动创新工作方法、精细化服务，开展服务理念落实好、服务态度作风好、服务质量效果好、服务管理工作好的“四好”活动，争做一流管理工作、争创一流服务水平、争当一流服务能手、争树一流团队形象的“四个一流”活动，抓理念落实，抓作风，提升工作人员队伍素质，践行服务承诺，不断提升健康服务水平和服务质量，实现健康管理新突破。

3. 聚焦服务精细化，实现健康管理新跨越

离退休管理部在抓好退休职工服务、内退人员留存业务的前提下，坚持转型发展，打好健康管理创新牌，聚焦精细化服务，精心筹划和做好与地方的共建共享共治，管理部持续细化做好协助补位工作，把地方党委政府、企业干部员工对广大退休人员的关心落到实处。认真抓好“一对一、多对一、精细服务”工作，开动脑筋，拓宽思路，做好健康管理联络人思想沟通、解疑释惑、政策解释的思想稳定工作。定期了解、询问、访谈管辖楼宇在活动中心登记备案的空巢老人、孤寡老人的健康情况，前往探视慰问，把健康管理创新融入具体工作之中。离退休管理部聚焦精细化服务，着力在精细化服务上下更大功夫，把细化作为健康管理重要内容，细化离退休职工健康档案，组织进行科学的健康干预。认真核对离休老干部人员基础信息、健康状况等基础工作，每月进行电话或入户走访慰问，及时做好健康平台登录。按照集团公司老干部局和管理部有关要求，与集团公司老干中心协调，及时了解掌握并核实好对现有离休干部包括居住外地的健康信息，确保信息最新、最全。

浅析如何做好企业退休人员社会化管理推进中的心理疏导工作

兰州石化　窦明园　周建新　朱　钰　陈宝虎

一、社会化管理实施与推进中出现的企业退休人员心理问题

企业离退休职工，尤其是高龄退休人员，自己长期工作生活没有离开企业，被移交到街道、社区管理，难免产生多种顾虑，把这些“活思想”归纳起来，主要有以下几个方面。

一是担心自己被“边缘化”。离退休职工认为离开了企业，担心被社会当成“包袱”，服务管理跟不上。

二是难以割舍对企业的情感。目前企业退休人员中，有一部分高龄老人是当年支援大西北而来兰的。大西北在新中国成立前几乎没有像样的工业，更谈不上工业体系。就兰州市而言，工业基础十分落后。在新中国成立初的五六十年代，国家十分重视大西北的工业建设，许多工矿企业应运而生，全国人民都来支援大西北，而早期来西北的建设者，正是现在退休的高龄老人。他们为企业出过力、流过汗，曾经喊出了一个口号：“我为西北献青春，献了青春献终身，献了终身献子孙！”。什么都献给了企业，现在却与企业“断绝关系”了，这份感情难以言表，心有千千结。

三是对社会化管理后的一些服务管理措施有疑虑。国家和地方出台的政策法规、具体办法自己了解不够，能不能落实，心里没底，身有大事可问谁，他们希望做到心中有数，主要涉及医疗保障、养老待遇、文化娱乐、人文关爱问题、福利待遇等问题。

四是担心福利待遇减少。原企业发放的一些福利待遇将来会不会降低甚至取消，医疗费用二次报销将来还有没有，帮扶救助还有没有人管，社会化管理

后是更好还是不如企业管理，这些疑问直接关系企业退休人员的切身利益。

五是活动场所设施保障能否落实到位。在企业管理服务退休人员时，退休人员能根据个人兴趣爱好，或参加社团（协会）活动，或上企业老年大学，或就近到管理站活动室自主参加棋牌活动，但企业原有各种社团（协会）、老年大学和日常棋牌活动场所移交街道（社区）管理后，一些原有活动场所或被企业收归、或被移交地方扩能使用，组织者和管理服务模式变了，团体和个体活动如何开展，活动场所能否保障开放，是离退休人员担心的焦点问题。

上述这些问题，是社会化管理实施推进中出现的，需要地企双方共同努力解决。企业离退休部门比较熟知退休人员所思所想，要结合社会化管理推进做好退休人员心理疏导，特别是作为退休人员社会化管理的主体职能部门，要认真研究，拿出切实可行、循序渐进的应对措施，在发展中解决所面临的各种问题。

二、做好心理疏导工作的对策

企业退休人员实行社会化管理是必须的，是国家战略的要求，党和政府十分重视。这是一项保证国家长治久安的重大举措。由于历史和现实的多种因素，地方政府和属地企业设置了相应的过渡期。为保障企业退休人员社会化管理工作顺利推进，做好企业退休人员心理疏导工作应从以下几个方面开展。

一是大力开展宣传教育工作，做深入广泛的思想和心理疏导工作。尤其是接收新退休人员的部门、街道、社区要讲明实行社会化管理的必要性和优越性，向企业退休职工交政策、交办法、交条件、说实话、亮实底。若经费、人力等条件存在不足，应当加大资金投入，扩充管理服务人员，加强和改善社区医疗条件，增加养老服务设施和人员。但解决这些问题，不可一蹴而就。一方面，企业应编印宣传资料，讲政治、讲法律、讲政策、讲优势，消除老同志们的疑虑。另一方面，政府部门作为管理主体要做实事、出实招、讲实情，通过开座谈会、办讲座，对重点人员要深入到家，答疑解惑。

二是对于企业方面，还有大量后续工作要做。企业退休人员对企业感情深厚，特别是那些创业者们，始终是“以厂为家”，如今“离家”了，感情上一时有些纠结。建议企业保留原有的福利待遇不变，把资金项目、发放办法向老职工们交代清楚，给老人们一颗“定心丸”。在完成企业退休人员移交街道（社区）管理后，保留一个接待站式的地方，以便老人们“常回家”看看，答疑解惑，聊天宽心，协助办理一些事务。有条件的单位，还可以请创业者们讲老故事、老传统，收集整理，让好传统传下去，作为关工委的教育内容。企业要做的事可以归结为两件事，一是把老人们“扶上马再送一程”，二是持续做好各项政策宣传、帮扶救助、走访慰问、协助办理相关事务，不要出现“人走茶凉”的局面。

三是必须做到地企联手，实现和谐共建。无论是企业移交还是地方接管，都是在做“国家战略方面”的工作，都要做好企业退休人员的心理安抚疏导工作，让他们放心颐养天年。企业退休人员移交街道（社区）不能只交场所、交人，不交心，企业和地方一起来疏导老人的心理问题，才能真正做好交接工作。实施企业退休人员社会化管理以来，离退休管理部门和街道社区进行了广泛的交流互动，形势可喜。街道（社区）对企业退休人员为企业多年来默默奉献表示感谢，欢迎他们在社区管理服务后能继续发挥余热，一如既往地关心和支持社区的发展，有空多来社区坐坐，聊聊家长里短。退休人员社会化信息联络员要在企业、退休人员和街道（社区）发挥信息员、宣传员作用，以及服务管理“帮手”“助手”作用、沟通疏导的桥梁纽带作用。企业离退休部门，要关爱企业退休人员，体现“以人为本”的企业文化，情系退休人员，彰显人文关怀。对于每一个退休职工来说，从企业管理服务过渡到社区管理服务，不论从情感上还是从思想上都是要过一道坎。要通过多方互动为企业退休人员多送上一份温暖，多献上一些爱心，多增加一份正能量引导。对退休职工“情真”，才会换来他们对企业和社区的“意切”。

新形势下加强企业与离退休老同志感情纽带联系的思考

兰州石化　郝　瑛　朱　钰　刘　琳　王文凤

系牢企业与离退休职工的感情纽带，是做好新时期离退休工作的基本要求和有效途径，也是加强离退休服务最有效手段。增强与离退休职工的沟通交流，全面梳理离退休职工反映的各类问题，与离退休人员建立感情纽带，强化组织作用发挥，创新服务模式，在细节上下功夫，倾情提供精细化、个性化、便捷化服务，使离退休职工实现幸福养老。

一、加强企业与离退休老同志感情纽带联系工作中存在的问题

（一）组织活动较少

近几年由于疫情影响，街道社区很少组织开展适合退休人员参与的各种文化娱乐活动，导致街道社区组织对退休人员的吸引力不够，退休人员没有在街道社区找到很好的归属感和幸福感。

（二）政策宣传不够

街道社区服务的退休群体面广、点多、人多，社区工作人员不充足，对退休人员的社会化管理政策宣传工作比较薄弱，对退休人员的吸引力、凝聚力不够。如对退休职工普遍比较关心的各项待遇问题，包括暖气费补贴、住院医疗报销、节日慰问品等各项待遇，日常宣传不到位。

（三）服务不够精准

社区在日常工作中对退休老同志的热点、难点、焦点问题关注不够，缺乏对老同志需求的深入了解。对带有共性的问题，没有及时与管理站协调沟通，服务上的偏差，导致退休职工没有归属感和幸福感。

二、针对离退休职工，加强企业与离退休老同志情感纽带联系

（一）把准思想脉搏，强化政治引领

加强政治思想教育，围绕新时代党的创新理论、初心使命等内容，为新退休人员上好“退休第一课”。加强与社区街道的联系沟通，利用石油金秋、金秋园地、离退休干部工作等平台，在实施重大改革决策时，做好广泛的宣传和细致的思想政治教育，使退休职工坚定信心。定期与退休人员谈心谈话，及时了解掌握退休人员的思想动态、生活状态。同时聘请身体力行、责任心强的退休人员组成信息联络员队伍，定期与街道社区开展交流活动，拉近企业、社区与退休职工的距离。充分调动在职员工，耐心讲解国家和上级政策，认真听取退休人员反映的问题和存在的担忧，分类分级梳理汇总，确保社会化管理顺利稳妥完成。

（二）掌握精神需求，丰富文化生活

随着经济社会的发展，离退休人员对精神文化的需求越来越多，参与文化活动的积极性和主动性越来越高，特别是企业退休人员有着深厚的“单位情结”，有任何需求第一时间都会想到企业。要畅通诉求反映渠道，及时引导转化，以满足老年人精神文化需求，使老年群体在精彩纷呈的文化活动中精神得到充实、思想得到升华。在公司“艰苦创业六十五载，勇毅前行续写辉煌”职工书画摄影作品征集活动中，离退休人员积极参与作品创作，报送书画、摄影作品，展现出老一辈建设者自强不息、艰苦奋斗、苦干实干、敢为人先、兴业报国、追求卓越的精神面貌。企业为多名离退休人员入户颁赠“荣誉职工”奖章，把公司的关心尊重送到广大荣誉职工的心坎上，极大地满足了退休职工们的被认可、被需求的心理。

（三）深化关心关爱，用真情暖人心

一个社会幸福不幸福，很重要的是要看老年人幸福不幸福。要以满腔的热情、深厚的感情，关心关注每名退休人员，加强与街道社区保持沟通联络，通过《主题教育离退休职工意见建议表》，从个人身体情况、养老金按时到账情况、社会化管理后对街道社区服务管理评价等 8 个方面梳理掌握退休职工家庭生活状况，建立健全帮扶长效机制。通过节假日慰问活动，精准开展“暖心工

程”，真心实意得把退休职工照顾好、服务好，让退休职工们切实感受到兰州石化大家庭的关怀和温暖。全覆盖引导离退休人员完成“中 e 家园”注册，通过张贴海报、发放服务手册、外地邮寄、微信、QQ 群等方式向退休人员推送新情况、新政策，做到政策吃透吃准、政策传递到位。

（四）加强企地共建，提升离退休人员幸福感

加强离退休人员管理是一项系统工程，需要企地共建，凝聚合力。建立信息互通机制，定期组织召开街道社区、联络员代表、管理中心的三方座谈会，共享信息数据，方便快捷精准服务。特别要对去世人员、新报到退休人员的信息精准掌握，充分利用好微信、QQ 等媒介，认真做好人员的增减册，适时更新完善信息，确保统筹外费用精准发放。对困难退休家庭成员信息、身体健康状况以及重病、特困、孤寡、高龄退休群体摸清真实情况，建档建册，双方共同协商拿出帮贫扶困方案和措施，力所能及把地方组织和企业的关心关怀予以切实地落实、落细、做到位。

三、针对离退休服务工作人员，加强企业与离退休老同志情感纽带联系

企业与离退休老同志感情纽带联系是进一步提高离退工作管理质量和工作水平重要途径。社会的多元化发展为离退休人员的工作赋予了全新内涵，作为一名从事离退休管理工作员工，我认为做好该项工作最重要的就是要常怀敬老之心，强化大局意识、责任意识、服务意识，搭建好与退休职工沟通的连心桥，创新离退管理工作途径，结合多年的工作经验，我有以下几点感悟。

（一）找准工作定位，以情感沟通促思想交流

做好离退休工作，具有很强的政治性和政策性。这一属性决定了离退休工作人员必须认真学习贯彻习近平新时代中国特色社会主义思想，以党的二十大精神为指引，切实在思想上政治上行动上同党中央保持高度一致。在工作中重点做好老同志情感纽带的坚守者、文化养老的倡导者，着力做好国家和集团公司各项惠老政策的宣传贯彻，定期参加社区的组织活动，与退休职工一起学理论、谈感悟，正确引导退休职工的思想改革，提高党性修养，强化组织观念，促进思想情操升华。全面掌握地方政府和石化公司的各项惠民政策，耐心细

致地给退休人员讲政策、讲措施、讲益处，正面引导退休职工铭记光荣历史，不忘初心，永葆政治本色，牢固树立“四个意识”，努力做到思想常新、理想永存。

（二）思路清晰缜密，以有效沟通促精准服务

习近平总书记强调要“着力解决人民群众急难愁盼问题，把惠民生、暖民心、顺民意的工作做到群众心坎上”。通过一言一行体现服务、传递真情，秉承“合规办事有尺度，强化服务有温度，精准操作讲制度、优良传承要引领”的思路，加强与退休人员的日常沟通，做到工作流程、工作要求、退休职工的需求心中有数，抓住关键，区分重点，注重方式方法，耐心细致回答所反映的问题，当场能解决的当场解决，当场解决不了的后续落实后答复解决，严格落实“首问责任”，开展“一站式”服务，为离退休人员提供精准服务。

（三）常怀感恩之心，以丰富载体促“余热”发挥

一代又一代离退休人员为兰州石化发展呕心沥血、不懈奋斗，企业所取得的各项辉煌成果，都饱含着每一位离退休人员的智慧和汗水。要发自内心敬重离退休人员，用好、用活这一“宝藏”。加强与公司相关部门沟通对接，邀请优秀的老同志回单位走动，用多年的工作经验为单位建设出谋划策，用丰富的人生阅历为年轻同志指点迷津，激励更多的离退休人员为人才培养、企业发展贡献智慧和力量。通过与社区党组织联合开展党建工作，组织具有企业融合社会特点的党组织活动，增加公共场所党史学习教育、党的相关内容应知应会、党最新理论成果展示，丰富退休人员生活。

（四）精简流程为民办实事，提升服务满意度

以离退休职工切身需求为导向，建立投诉管理和服务满意度工作机制，倒逼服务质量提升，锤炼、打磨高质量服务过程中的弱点、难点、顽疾，适时、动态、优化、精简业务流程，统筹整合各类信息平台，着力解决行动难、办事难等问题，减少各类纸质表格的填写，提高服务的效率，让管理站工作人员有更多的时间和精力为退休人员做好服务。教育引导全员正确认识个人与集体、个人发展与离退休工作管理部发展的关系，加强与退休人员感情纽带联系，树牢命运共同体意识，不断修正、提升管理站服务人员的服务质量，提升退休人员满意度。

新形势下工会工作在敬老文化建设中的创新与实践

兰州石化　李志贤　谭彦政　朱　钰　谭湛琪

一、工会工作在敬老文化建设中的重要性

（一）是适应企业退休人员社会化管理工作的需要

在集团公司和兰州石化公司党委的领导下，离退休工作管理部认真贯彻落实党中央、国务院及省、市关于推进国有企业退休人员社会化管理工作相关文件要求，以及集团公司关于推进企业退休人员社会化管理工作的指导意见，经过大量艰苦细致的工作，企业退休人员顺利移交到了地方街道、社区。面对退休人员移交地方街道、社区的新形势和新格局，离退休敬老服务管理对企业工会工作提出了新要求。人员、管理的整合，迫切需要创新企业工会工作建设。文化似水，看似无形，水滴石穿。充分挖掘工会工作在敬老文化建设中的重要作用，全力以赴引导离退休人员健康生活、快乐生活，是新时期离退休工会工作的一项重要职责。

（二）是满足离退休职工精神文化需求增加的需要

随着企业改革的不断深化，离退休敬老服务工作也呈现出新需求、新矛盾，为此离退休工作管理部发挥工会工作自身优势和作用，通过开展深入调研，认真分析，总结借鉴以往工会工作的经验和传统管理做法，本着先易后难、循序渐进的原则，创新工会工作与敬老文化建设的有效融合，统一敬老服务目标和方向，制定适应新形势的敬老文化建设理念。随着经济社会的发展，离退休人员对精神文化的需求越来越多，参与文化活动的积极性和主动性越来越高，离退休工会在敬老文化建设总体布局中的地位和作用越来越重要。通过前期调研，退休人员关注的焦点问题排名第一的是生活质量和幸福感欠缺、无用感增加。

特别是那些子女不在身边、常年抱病、卧床不起的老人，更容易产生孤独感和忧郁感。

（三）是做好企业退休管理服务协助补位工作的需要

面对上万名退休人员移交地方街道社区的新形势和新格局，如何行之有效使这些曾为企业发展建设作出过突出贡献的广大退休人员老有所养、晚年幸福、与企业的感情纽带永续长存，以及努力提高企业退休人员的归属感、获得感、幸福感，共享全面建成小康社会的新成果的有关指示和要求落到实处，是离退休工作管理部干部员工的共同心愿。离退休工作管理部按照上级有关要求，在抓好留存业务的前提下，组织人员和力量，积极主动与地方政府、街道社区跟进协调，用心用情全面开展退休群体的协助补位工作，对退休人员实行社会化管理后，做到了政治上尊重、思想上关心、生活上照顾、精神上关怀。

二、工会工作在敬老文化建设中的创新发展优势

新时期离退休工会工作的重点是关心老年人的思想、丰富老年人的生活、为敬老文化建设创造好的氛围和条件。随着退休人员在生活、思想、健康和心理需求等方面发生的较大变化，敬老文化建设中的软硬件都亟待改善和提升。要发挥工会工作在敬老文化建设中的作用优势，建立和完善社会敬老服务体系。

（一）共建和谐，充分发挥工会工作服务优势

把亲情化教育和激发工会工作的积极性作为管理创新的重要内容。大力宣贯“老有所需，我有所应；老有所难，我有所助”的理念，激励教育员工树立高度的使命感、强烈的责任感和无上的光荣感，以满腔的热情、深厚的感情实行全方位、多层次的服务管理。离退休工会工作内容繁杂、解释频次高、涉及数据多、事关离退休职工切身利益，工会工作要狠抓责任落实，全面完善工会岗位工作内容、工作要求、时限要求，同时推进工会岗位交流、实施跨岗位培养，实现重点岗位工作职责落实、督查岗位相对独立、上下游岗位相互纠错的工作流程，塑造全新的工会工作服务理念，健全工会工作服务标准和规范，明确工会工作流程、责任人、工作进度、进展和要求，形成完善的工会制度规范标准体系，使工会工作能够按照标准干、跟着程序走，促进工会工作服务水平的全面提升。

（二）排忧解难，充分发挥工会工作帮扶优势

让企业发展的成果惠及困难职工群体，是离退休工会工作的重点。为此，在认真摸底、走访的基础上，针对家庭困难的离退休老同志，在公司工会的大力支持下，离退休工会启动“暖心工程”。大力宣讲公司扶贫帮困政策，全力为困难职工家庭提供政策支持，不断扩大帮扶救助范围，根据公司帮扶救助安排，春节及国庆期间工会组织对职工遗属进行特殊帮扶救助。通过张贴海报、发放服务手册、邮寄服务手册、微信公众号、QQ 群等方式向退休人员推送，尽量做到全覆盖。确保政策吃透吃准、政策传递到位，确保“中 e 家园”注册全覆盖。

（三）化解矛盾、充分发挥工会工作维稳优势

加大对离退休老同志群体性诉求的预判和及时处置。针对离退休改革出现的显著变化，充分利用工会民主管理机制实行民主监督，充分发挥工会工作的维稳优势，按照公司工会和离退休党委的工作要求，积极组织工会干部进行政治理论、业务水平和公司的形势任务等方面的学习和培训，通过学习培训使工会干部增长新知识、开阔新视野，明确了在新形势下工会应做的工作和应发挥的作用，保证了正确执行公司的各项改革措施。离退休工会通过对个体性诉求的沟通协调、耐心细致的思想工作以及入户访问等工作，确保政策执行不打折扣、问题落实不留死角，确保老同志诉求得到解决。离退休工会明确职责，强化意识，以服务管理工作和退休职工切身利益为出发点，认真做好日常来访接待工作，与相关部门积极联系、配合，对提出的问题做到了及时解答，对难以解决的，耐心做好相关解释工作，管理部组建了一支由退休人员组成的信息联络员队伍，构建了企业与街道社区之间的“连心桥”。另外，针对个别维稳对象，主动与街道社区和公司稳办保持沟通联系，按照有关政策和包保要求，企地双方共同做好稳定工作，保证了企地和谐稳定。

三、工会工作在敬老文化建设中的创新实践

工会工作要主动转变观念，主动适应新形势和新格局，结合协助补位，积极发挥工会工作在敬老文化建设中的阵地作用、引领作用、凝聚作用和正能量作用，转变观念，创新思路，在敬老服务文化建设上体现出作用优势。

（一）加强工会工作阵地作用，为敬老文化生根

依托工会思想文化阵地作用，紧密结合敬老文化建设相关内容，以满足老年人精神文化需求，强化宣贯渗透，使老年群体在精彩纷呈的文化活动中精神得到充实、思想得到升华，达到提升敬老文化建设效果。由于工作性质的原因，工会组织对群众具有一定的说服力，充分依托工作中的阵地优势，通过了解掌握广大员工群众的心理情绪、思想动态以及文化期待等，把群众引领到敬老文化建设目标和工作中去，积极投身于敬老文化建设之中。工会开展为弱势群体捐款捐物以及困难走访等一系列“送温暖”活动，使敬老文化融入爱心行动中，体现敬老文化的亲和力和渗透力，有效保证社区的和谐稳定。

（二）加强工会工作引领作用，为敬老文化塑形

加强退休人员思想政治工作创新，以社会主义先进文化引领退休人员思想，培育退休人员积极向上的社会心态，引导退休人员自觉抵制各种错误思潮，不断提升先进文化在退休人员思想政治建设中的主导力，从离退休人员中选拔的互助组长，党支部书记、委员在职时是骨干，退休后仍然有一定的影响力，他们熟悉人、熟悉事，对居家每户的情况比较了解。工会组织他们发挥骨干引领作用传递上级政策，协助管理和服务，不但延伸了离退休管理的层级，更是在调剂邻里关系、宣传各项政策方面能够发挥重要作用。离退休工作管理部重新选聘了身体力行、责任心强、热爱退休事业的退休人员组成信息联络员队伍，成为企业与地方街道社区协助补位的“桥梁纽带”，离退休工作管理部所属的化工街小区服务中心、悦福小区服务中心、南山小区服务中心等多家基层单位，多次与所对应的四季青街道、临洮街街道、先锋路街道等街道、社区和部分信息联络员代表，组织召开工作研讨会、座谈会进行交流，发挥了骨干引领作用。

（三）加强工会工作凝聚作用，为敬老文化升级

工会活动是丰富老年群体思想感情、陶冶道德情操、增强社区凝聚力的重要形式，工会通过组织开展健康有益、丰富多彩的文化、体育、娱乐活动，达到以活动吸引人、以服务凝聚人心的目的，针对离退休人员物质养老不断满足、精神文化需求愈加强烈的现实，积极组织老年人参加石化公司春节、元宵节、老人节、运动会、生产一线慰问演出，以及组织庆祝建党 100 周年文艺汇演大合唱等活动。在社区组织开展的摄影、书法、收藏、绘画等活动中，离退休工

会主动组织、发掘有特长的离退休人员积极参与，为街道社区举办的活动添光增彩，受到了街道社区的一致赞扬。通过举办社区文化、社区成果展示、公益活动，不仅活跃了退休职工文化生活，同时把思想教育的内容渗透、融入工会工作之中，使大家受到感染、熏陶和教育，有力地增强了工会组织的凝聚优势。

（四）加强工会工作正能量作用，为敬老文化增彩

以工会工作为核心，发挥正能量作用，紧贴时代主旋律，紧贴离退休生活，为敬老文化建设全力做好全流程、全方位的服务，为繁荣石化文化、建设和谐社区、构建幸福离退休服务奠定了坚实的基础。在新冠肺炎疫情的防控期间，离退休工会切实加强疫情防控工作的宣传教育和舆论引导，工会工作人员通过各种形式，宣传有关疫情防控的系列要求，报道各地区各部门联防联控的措施成效，讲述防疫一线感人事迹，普及科学防护知识，凝聚起众志成城、抗击疫情的强大力量。工会积极组织志愿者，为小区楼道喷洒84消毒液，用酒精对电梯按钮进行擦拭消毒，协助小区物业及社区人员执勤，做好人员出入登记和测温，主动为隔离人员配送蔬菜和急需物品。工会组织老年文学社、书画班学员创作诗词和书法等文艺作品，用文艺作品温暖人心、歌颂英雄，发挥了正能量的作用，营造安宁祥和的氛围。

浅谈现阶段进一步做好企业退休人员协助补位工作的重要性

兰州石化 王文凤 朱 钰 刘 琳 郝 瑛

在离退休工作进入高质量转型发展关键阶段的新形势下，深入推进协调协助和合规补位工作，精准落实各项待遇，用心用情、精准精细服务，对不断强化企地融合长效机制，深化协助补位服务工作的创新，开创离退休服务管理水平持续提升的新局面有着深远的意义。

一、做好协助补位是精细落实社会化以后的留存、代管及新增业务的客观需要

企业退休人员实行社会化管理以后，企业要做好相关协助补位工作，进而使退休群体平稳过渡，更好与地方融合，与驻地居民共同享受地方相关优老政策及街道社区的关心服务和帮助。

二、做好协助补位的着力方向是精准把握服务管理重点、难点工作的需要

一是心理依赖和精神归属感强。长期以来，员工家属生活、工作在社会功能相对齐全的石化生活小区，生老病死企业包揽，员工家属逐渐养成了“有事找企业，遇困难找组织”的思维定式，不适应“企业人”向“社会人”的转变，老同志有强烈的荣誉感，对组织、对企业归属感和依赖性比较强，始终把自己当作企业的一员，遇事总是喜欢找企业，觉得只要他们有困难，企业就必须管，企业情结较重。

二是职能发挥较弱，融合度不够。街道社区服务的退休群体面广、点多、

人多，社区工作人员不充足，对退休人员的社会化管理政策宣传工作比较薄弱，对退休人员的吸引力、凝聚力不够，退休人员的归属感不强。故而，街道社区的社会职能发挥较弱，与退休职工的融合度不够。

三是沟通机制不畅，精准发放不足。退休人员实现社会化后的养老金资格认证采取自主认证的方式，由于认证率不高存在统筹外费用多领现象较以往增多，对退休人员统筹外费用的精准发放有影响，造成事后追缴和扣费困难、耗费人力。因此，自主认证沟通机制不畅，是导致统筹外费用不能精准发放的主要因素。

四是资源分享机制缺失，精准困难帮扶不足。社会化移交后，企业退休职工群体帮扶救助工作是留存业务，企业对失独、特困、重大和特殊疾病患者的帮扶流程比较完善，但是还有一部分群体达不到企业帮扶的标准和条件，却符合街道社区帮扶政策，由于企地双方缺乏相应的沟通机制，未建立帮扶救助资源分享机制，这部分人员不能够及时享受社区困难帮扶。

五是不稳定因素多，矛盾化解难度大。目前虽然实现了社会化移交，但是维护稳定工作依然是一项重要工作。老同志因为历史遗留问题、改革后变化、福利待遇、房屋拆迁、家庭矛盾等带来的不稳定因素，离退休人员社会化移交后，由于一些政策的影响，并不能让每一位退休职工都满意，而且会出现某些新问题和新矛盾，经常出现一些上访和缠访的情况。

三、做好协助补位工作的基本保障是不断创新工作方法，探索新途径的需要

一是转变观念、厘清职责，规范服务、提升管理。主动适应退休人员实行社会化管理移交后带来的新形势、新要求、新变化，主动调整职能、职责，转变思想观念，转变管理方式；厘清离退休服务管理职责定位，依规配合街道社区做好退休人员服务管理补位工作，持续加强和不断提升服务管理的信息化、精准化和规范化，打造界面清晰、分工明确、协同有序的服务管理新模式，持续增强退休人员认同感和满意度。

二是职责变化和留存业务全面进行职责再造。依照社会化以后离退休管理部修订的职责以及新退休人员社区报到工作流程、新退休人员独生子女父母一

次性奖励费领取业务等流程，与地方政府、街道社区保持沟通联系，按照企业、地方工作职能、职责，及时调整工作新职能、新职责，制定具体的、行之有效的工作实施方案和措施，依规做好协助补位工作，切实体现团队的良好形象和对退休人员的关心关爱，进而打牢协助补位工作的基本保障之基础。

三是设立专项沟通渠道，做好答疑释惑，保证退休群体和谐稳定。部分退休人员仍担心移交后现有待遇能否保留、与企业的感情纽带是否降低、服务内容是否会减少、服务质量是否会下降等问题。一要针对各类群体关注的焦点和一些带有共性的疑虑问题，要采取多种渠道做好释疑解惑和耐心答复。二要认真落实“首问责任制”，排查掌控各种不稳定舆情信息，突出重点群体、重点对象、重点时段，超前研判，制定专项维稳预案和稳控措施，把维稳责任分解到人；三要设立和公布专用咨询电话，把集团公司的“三个不变”和“三个定心丸”的保障政策进一步解释到位；四要发挥维稳网格化作用，对维稳重点群体、关键人员有重点地进行走访，了解诉求，切实做到抓小、抓早、抓好，力促和谐稳定。

四是强化企地工作衔接，促进企地共融共建。要与街道社区保持联系沟通，根据广大退休人员的愿望和时间，采取分散或集中等方式，发挥网络、新媒体等载体作用，及时讲解广大退休人员关注度高、迫切需要了解掌握的有关国家和企业退休待遇政策。

四、提升协助补位工作是深化企地共治共建共享的有力支撑和需要

一是主动对接，共筑平台。提高政治站位做到共建、共治、共享、有为，双向沟通协调有为，依规补位有为。积极主动加强与地方政府、街道社区的对接合作，采纳好的建议和措施，继续发挥好退休人员的重要作用，积极创造条件，努力搭建平台，形成企地共建、共治、共享的工作机制和有效载体。

二是完善制度，凝聚合力。退休职工移交后，与西固区协商制定了《协助补位工作手册》以及协助街道社区做好企业退休人员补位服务工作方案及双向考核办法，制定了离退休工作职责、退休人员报到流程等内容。对照新增业务实际，重新修订添加医疗待遇管理流程，为做好补位服务提供支撑。及时协调、

沟通、解决企地双方在补位过程中的有关问题，可以采取定期回访的方式，到对应的街道社区召开联络会议，共同交流、协商，促进补位工作的开展。

三是建立信息互通机制，共享信息数据，方便快捷精准服务。一要根据退休人员已移交的实际，管理部已对人员数据库信息进行更新完善，特别要对去世人员、新报到退休人员信息精准掌握，充分利用好微信、QQ等媒介，认真做好人员增减册，适时更新完善信息，确保统筹外费用精准发放；二要对困难退休家庭成员信息，身体健康状况以及重病、特困、矜寡孤独、高龄退休群体摸清真实情况，建档建册，双方共同协商拿出帮贫扶困方案和措施，力所能及把地方组织和企业的关心关怀予以落实、落细，做到位；三要共同协商组建一支由正能量、热爱公益、热心服务、身体健康的退休人员和社区综治员、楼院长组成的信息联络员队伍，对退休人员生存认证、疫情防控、政策宣传等，发挥信息联络员的桥梁纽带作用。

浅谈新形势下如何为离退休老同志提供更多样、优质、便利的服务

独山子石化 李 成 费 怡

在认真学习贯彻习近平新时代中国特色社会主义思想实践中，独山子石化离退休管理处（以下简称离退处）注重发挥中华国粹书法艺术在美育和文化展示等方面的功能，立足广大离退休职工对中华传统艺术的喜爱，构建当代离退休职工的精神家园，增强文化引领、促进文化自信、推动文化润疆事业发展，为离退休老同志提供更多样、优质、便利的服务。

一、以文化引领为指引，建立离退休老同志书法培训研修项目

多年来离退处以习近平新时代中国特色社会主义思想为指引，树立“阳光心态，正气充盈”的服务理念，建立离退休职工书法研修项目，以弘扬中华优秀传统文化的书法艺术为载体，以学习、培训、研修为方法，从日常教学、开展笔会交流、组织公益服务活动、举办作品展览等方式入手，组织退休职工中的书法爱好者，以党的二十大精神为指引，推动习近平新时代中国特色社会主义思想的学习，由浅入深、由表及里地贯穿到学习中华传统书法艺术中，用学习成果提升退休职工文化素养，形成文化敬老的良好氛围。

离退处目前基本处于教学、研修并重的良性发展阶段，这也反映出离退处多年来在文化建设方面的取得了显著的成就与效果，也体现出石化退休职工，退休后继续不断学习、活到老、学到老的精神品质，更是离退休职工追求美好晚年精神生活的文化需求。

离退处以文化引领战略为先导，贴近为老服务工作实际，运用生产一线的项目管理先进方法，组织开展书法学习、培训、研修等各门类退休职工喜闻乐见、

热心参与、经过评估的文化艺术项目，推动离退休职工文化建设的专业化、系统化开展。很多学习书法的中老年离退休职工在历年的新疆和中石油文化艺术比赛、展览中都取得了很好成绩，大大提升了文化自信心和热爱中华文化的信心。

二、立足离退休职工文化需求，开展多样、丰富多彩的书法活动

习近平新时代中国特色社会主义思想，是马克思主义同中国革命具体实际相结合、与中华优秀传统文化相结合的时代最新成果。离退处设立书法培训研修项目，是立足于退休职工文化实际需求，把书法艺术从传统文化评审选择出来，运用项目管理的方式，引领广大退休爱好者，用好笔墨，书写当代，服务社会，展现美丽夕阳风采。

书法研修项目实施6年多来，在庆祝建党一百周年和每年各时期，研修班组织都举办书法活动和主题笔会，学员们书写革命先烈的名言名句，举行主题党日活动，组织退休人员中的党员参观革命题材的主题书法展，大家深受教育。离退处书法研修项目班组织中老年学员，参观了石化公司文联举办的建党百年主题书法、美术、摄影艺术作品展和每年举办的职工书法作品展。离退处还在今年五一劳动节前夕举办了退休职工书法、美术、摄影艺术作品展。广大中老年学员观看自己临书、创作的展览作品，从展览的书法作品中认识中华传统文化的丰富性和多样性，增强了文化自信的信心和研习书法的决心。

书法研修项目班还结合支部主题党日活动，组织党员参观公司纪委主办的廉洁文化书法展览，从书法作品中理解廉洁文化的丰富内容。

研修项目除了开展正常研习中华传统书法碑帖，交流学习书法体会，相互切磋练习技法以外，也注重组织课前十分钟理论学习，从今年三月项目开班以来，组织书法学员学习了党的二十大报告和习近平新时代中国特色社会主义思想，做到学书法不忘学理论，学理论促进学书法。

书法研修班注重依托各类社会资源，今年以来与独山子石化公司文联和区卫健委、区老年大学、区党群服务中心、西宁路街道、金山路街道、第十社区、克拉玛依市油苗社会服务中心等多家单位联合举办了书法展览观摩学习、书法笔会、书法名家讲座、现场书法比赛等交流活动，离退处的退休职工和社区居民书法爱好者参与到书法活动之中。书法活动主题鲜明，形式贴近群众，形成

良好的社会公益效应，更好地推动中华优秀传统文化弘扬，使书法学习研修项目，在中老年退休职工队伍里，形成一定的影响力，学员队伍不断发展壮大。

三、用书法活动推进文化润疆战略，开展社会公益性服务，让老有所学展现在社会实践的舞台上

书法是民族文化的象征，以汉字为载体，与多种艺术相结合，承载着传统文化和民族精神，弘扬中华传统书法文化艺术，让更多的离退休职工喜爱、传承中华传统艺术。研修班经常组织举办书法公益志愿活动，在文化润疆的宽广舞台上，绽放美丽夕阳的风采。

多年来离退处开展书法研修项目，提高了中老年退休学员们的积极性、主动性，在每年春节来临之际，组织中老年书法志愿者服务队，走进街道社区和离退站所，为广大退休职工和社区居民写春联送福字，走进企业、军营，为一线石化员工和部队官兵送去新春祝福，形成了独山子新春佳节“家家贴春联、户户有福愿”的城市氛围，有力营造了喜庆祥和的节日气氛，有力推动了独山子城市文明建设。

在当前学习贯彻党的二十大精神，深刻体会习近平新时代中国特色社会主义思想，牢固树立以人民为中心的理念，书法研修项目班立足临书创作实际，开展丰富具体的教学研修项目，以临帖研习为主，以开展日常笔会为线，以参观交流为面，以服务群众组织书法公益活动为落脚点，全面做好为老服务工作，把最美的传统文化艺术与文化敬老实际相结合，让书法艺术焕发出崭新动人的现实活力。

书法研修班还选派书法老师走进街道社区和退休站所，为参加主题党日活动的党员，讲中华传统书法文化，书写党的二十大报告名言金句，增强党员学习习近平新时代中国特色社会主义思想的积极性、主动性。

四、注重调动两个积极性，吸纳利用多种社会资源，开展社会公益服务，展现美丽夕阳风采

离退处书法研修班组织中老年书法学员，利用社会化养老服务资源，常年参加石化公司和独山子区两个文联及街道社区举办的多场主题书法笔会和交流

活动，从书法交流中提升书法艺术的热爱，提高书写技能，增强参加书法活动的积极性、主动性。

一是以书法公益服务为载体，作为文化敬老的工作方法，与街道社区和社会服务工作站等社会单位紧密结合，设计主题内容，开展书法培训交流、笔会展览等形式活动。注重贴近中老年具体需求，组织弘扬传统、喜闻乐见的活动，增进退休职工爱好者的兴趣和喜好，不断提升书法技艺水平，增强文化自信。

二是开展形式多样的书法培训内容，重点做好传统书法碑帖的讲解辅导，注意日常书法训练。在学习过程中贯穿对中国传统国学知识学习掌握，综合加强书法艺术与国学文化交融学习，使学员在练中学、学中练，增进对中华传统文化的加深和掌握。

三是推进书法社会公益服务活动开展，组织中老年学员走进街道社区、学校和离退站所等场所，为广大退休职工和社区居民及中小学生，做好书法艺术推广普及，以弘扬中华传统文化为责任，做好社会公益服务。开展春节前夕春联进万家活动，以实际行动践行文化引领和文化自信，让中国传统文化惠及人民群众，让中老年退休书法爱好者在中华优秀传统文化的浸润下，使晚年生活绽放出更加绚丽的风采。

四是根据街道社区、社会服务工作站、老年大学等社会单位需求，阶段性组织主题笔会活动，协助宣传习近平新时代中国特色社会主义思想和“铸牢中华民族共同体意识”，以新时代党的治疆方略为指引，开展丰富多彩的、群众喜闻乐见的书法展示活动，把弘扬中华传统文化推进到一个新的水平。

书法研修班注重调动书法学员与社会各方面养老服务的两个主动性和多种资源，吸纳利用街道、社区、社会服务工作站、老年大学及社会各方面的力量，开展以书法服务为主题的公益服务活动，推进书法艺术走向社会，以人民为中心，为群众服务、为时代书写。

关于增强离退休职工幸福感的思索和做法

独山子石化　艾尔肯·阿布都热依木

国企退休人员社会化管理后，其管理服务工作与原企业相分离，养老金实行社会化发放，人员移交街道和社区，由社区服务组织提供相应的管理服务。这种管理模式，与过去的企业大包大揽的管理模式有了很大不同，企业职工固化的优越感消失，产生了离退休职工融入社会老年群体的心理障碍。如何在退休人员社会化管理新形势下，提供满足和适合老年人活动的社会环境，以务实的精神探索老年教育的新模式，为离退休老人创造一个幸福、安宁、保持尊严的晚年，让离退休职工充分体验社会大家庭的温暖与幸福，强化企业与离退休老同志的感情纽带联系，提供更多样、更优质、更便利的服务成为探索研究的新课题。

离退休职工的服务管理工作是一项复杂的群众性工作，具有政策性强、涉及面广、难度大的特点。离退休服务工作的好坏，不仅关系到离退休职工的生活幸福指数，在一定程度上对社会稳定具有十分重要的影响。为了更好地关爱离退休职工，独山子石化离退休管理处（以下简称离退处）作为离退休职工的管理服务单位，就如何认真做好离退休人员的生活和精神上的双层服务，提升他们的幸福指数，开展了积极的探索。

一、帮助离退休职工平稳融入社会群体，为离退休人员社会化管理铺垫道路

当企业职工从繁忙的工作岗位中退出，步入一个老年群体时，通常情况下有一个适应期和过渡期，在此期间如果能够顺利、平稳地过渡，则会减少他们在精神上的失落，使之快速驶入退休的生活轨道。这时离退休管理站需要积极、热情地伸出双手，将离退休职工领进大门，为初入退休行列的人员做好过渡工

作，从组织管理到社会参与各方面逐一进行，使他们能够积极快乐地投入到这个新的大家庭中，适应新的环境，让他们从情感上接纳这个团体，使离退休管理站成为退休员工的精神家园，有益于离退休人员的身心健康。为此，退休站管理人员从三方面入手，着重做好以下三个关键节点的工作。

一是热情迎进门。当一名新的内退人员转退休之前，退休站管理人员首先热情将其迎进门，给他们家的感觉，让他们在精神上有所依附，将街道和社区当成自己退休之后的另一个家。解释退休员工不清楚的问题，帮助他们尽快了解社工站的环境，充分享受今后的休闲生活。

二是尽快熟悉家。由退休站点派出专人陪同新内退人员，为其介绍、讲解活动站点，使其快速熟悉退休站点内的各类活动场所，熟悉周围的环境，了解各类场所的安全设施和安全现状，并对其进行安全提示，讲解退管站需要规范的行为，需要遵守的规则。一方面为内退员工展现一个安全的活动场所，另一方面增强内退人员的组织观念，以确保离退休站这个“家”有条不紊的秩序。

三是做好当家人。离退休管理站就是在册不在岗人员和离退休人员的家，要想消除他们融入老年群体的心理障碍，除了工作人员的积极接纳以外，还需要引导他们以此为第二个家，做好家的主人，安心地享受其退休后的精神生活，形成良好的社会化管理。只有当内退职工和离退休人员投入到这个大家庭中，才能更好地分享来自大家庭的温暖，让他们在“大家”中感受晚年生活的幸福。

二、在硬件设施上加大投入，为离退休职工创造良好的运动、娱乐、休闲环境

为了使内退职工和离退休职工有一个良好的运动、娱乐和休闲的环境，安享退休生活。多年来，企业把为离退休职工办实事、解决实际问题、让老职工晚年生活无忧作为一项重要工作来抓，持续投入资金，建设老年活动场所，完善各个活动场馆及硬件配套。

在硬件设施良好的基础上，退休管理站进一步提高服务质量，以规范管理、精细服务为主线，以关注服务细节、提升服务质量为目标，持续强化标准化、规范化和精细化的管理，进一步为离退休职工提供人性化、亲情化、精细化的

服务。离退处各站点实行标准化管理现场，使各站点实现了宽敞明亮、舒心愉悦的活动环境。不断满足各站离退休职工的精神文化需求，提高离退休人员的幸福指数。

三、与街道社区积极配合举办各种别开生面的活动，丰富离退休职工精神生活

为了丰富离退休职工的精神生活，使老年生活丰富、生动、有趣，使老年人感到生活的意义和存在的价值，离退休管理处一方面长期举办各种别开生面的体育、文化活动，积极引导内退职工和离退休人员参加，让他们从各类活动中找回年轻的感觉；另一方面以务实的精神探索老年教育新模式，发挥老年大学优势，打造精品文体项目，培养一批优秀裁判员、文体活动骨干。与此同时，离退处加强与企业体育协会、文艺协会、社会团体协作，不断拓展老年文化活动外延，充实文体队伍的力量。

多年来，离退处坚持“天天有活动，月月有比赛”，组织开展春、秋季门球赛，活跃了精神文化生活。举办书法、绘画和舞蹈等多项学习培训活动，为内退职工和离退休职工爱好和特长的发挥，提供了广阔的舞台。组织开展不同级别的棋牌赛，以丰富健康的活动，吸引内退职工和离退休职工走出家门，融入社会，以愉悦的心情度过每一天的退休生活。同时离退处加强与周边地区的文体活动的交流，增强区域沟通与合作，吸引更多的老同志融入健康、幸福、快乐的大家庭。

各类活动的开展不仅充实了老职工的精神生活，更促进了他们之间的交流，让他们以运动会友、以文化艺术会友，丰富了老年人的文化体育生活，增强老年人的身体素质，展现出新时代老年人的风采和活力，同时极大地提高了广大内退职工和离退休职工的身体素质和精神修养，丰富了内退职工和离退休职工的晚年生活，为保持老年队伍的幸福安定起到一定的推动作用。

四、增加关爱，让关爱成为社会化管理过渡期增强幸福感的基础要素

国企退休人员社会化管理后，其管理服务工作与原企业相分离，人员移交

街道和社区服务组织实行属地管理和服务。由于很多子女难以照顾到离退休人员，这使社会上出现大量的“空巢”家庭，让不少老同志“出门一把锁，进门一盏灯”，孤独感强烈地伴随着他们的暮年，消减着他们晚年的幸福。为了消除老人的孤独，离退处以各基层站党支部为核心，成立了三个帮扶团队进行帮扶探索，开展工作。

（一）通过“邻里守望”，搭建老年志愿者服务平台

针对目前的社会状况以及老同志的具体情况，离退处各站对自己站点的老职工进行充分摸底调查，分别按年龄段、健康状况、生活困难状况、特殊状况四种情况进行走访慰问、传递温暖。

（二）深入开展“亲情服务大走访、孝心文化进万家”活动

为了更好地服务于需要帮助的老同志，离退处借助社会力量，采取了管理人员与志愿者相结合的方式，分别与厂职工青年志愿队、医院青年志愿队、团委青年志愿队等志愿队联合对离退休人员进行走访慰问，并依托志愿者队伍的有利条件，有针对性地开展医疗服务、卫生服务、家庭设施检维修、查看水电线路等安全隐患问题。切实为老年职工解决问题。

在与共建单位团、青组织组成志愿者帮扶团队中，退休站按期制定切实可行的帮扶计划，让更多的年轻人参与到助老志愿服务的行列，让青年志愿者的爱心助老行为温暖石化城。

（三）推出了以关爱重点帮扶老人为主的服务新模式

在长年的助老服务中，各站所成立在职助老关爱小组，在职员工都自觉自愿成了助老志愿者组成的关爱团队，他们学习老年心理学、老年疾病的应急救治。针对“双高期”老年人、空巢老人、独居老人，实施紧急救助、便老服务，及时解决老同志最紧迫、最直接的问题，为他们雪中送炭、解燃眉之急。他们坚持每周走访、看望病号，为老、弱、病退休职工建立健康档案。每逢节假日期间，为了确保高龄、重病、困难离退休职工、职工遗孀（属）都能度过欢乐祥和的节日，感受组织的关爱和温暖，各站点工作人员对老领导、高龄、重病及生活困难的离退休职工和遗孀（属）进行慰问，并提前为困难家庭申办困难补助。

新形势下进一步强化企业与离退休老同志情感纽带联系的研究

乌鲁木齐石化　付小荣　施宏伟

企业退休人员社会化后，其管理服务工作与原企业分离，养老金实行社会化发放，人员移交城市街道和社区实行属地管理，由社区服务组织提供相应的管理服务。在我国逐步迈入人口老龄化社会的今天，随着退休人员社会化移交工作逐步推进，大量退休职工转交街道、社区进行管理，国企离退休人员在管理模式上还需有一段适应过程，这样一来，加强人文关怀和心理疏导，让企业与离退休老同志的情感纽带“不断带”，进一步强化企业与离退休老同志的情感纽带联系，顺应老同志对美好幸福生活的新期待，不但是企业改革发展的需要，也是构建和谐企业与和谐社会的重要保证。

一、当前国企离退休人员思想状况和情感需求现状

加强对离退休人员的人文关怀、心理疏导和情感联系，让他们保持心理平衡和内心和谐，直接关系到企业乃至整个社会的和谐稳定。自社会化移交工作以来，国企退休人员的思想状况和情感需求，主要有以下几个表现。

（一）失落心态，希望得到社会更多的尊重和认可

离退休人员在职时大多曾担任过一定职务或从事过一定专业，为企业作出过一定贡献，在企业上退休后会受到后辈的尊重。社会化移交后，他们的身份变成“社会人”，随着地位、环境的改变和角色的转换，他们的思想状况和情感需求也会随之发生很大变化，许多人会一时难以适应变化的现实，在心理上、生理上都需要一个较长的调适过程。比如，出现孤独感、怀旧感和攀比心态，出现以自我为中心、警戒怀疑、墨守固执、孩童幼稚等心理。

（二）偏激心态，希望能得到正确的引导和扶持

一方面，许多离退休人员政治敏锐，信念坚定，参与欲望强烈，他们普遍关心党和国家大事，关心企业的改革发展，对社会问题反应敏感，善于剖析评判，并具有独特看法。另一方面，由于网络媒体对负面事件的聚集效应、放大效应，再加上对实际情况缺乏深入的了解，使他们对事物或事件的看法习惯于过去的思维方式，观念陈旧，条框概念多，对新生事物接受缓慢，对新问题容易绝对化、片面化，容易出现思想反复，产生偏激心态。

（三）依赖心态，希望得到更多的关心和关爱

企业是离退休人员工作奉献了大半生的“大家庭”。但现实是，许多退休人员认为社会化移交后“企业不要我们了……”“不管我们了……”。三年来的疫情又使他们无法到原来企业提供的退休活动站聚集活动。随着年龄增大带来的体弱多病问题，以及子女长期不在身边或配偶去世形成“空巢”，使他们需要生活上的照顾和护理、精神上的关心和关爱、情感上的沟通和抚慰。

（四）自我心态，希望得到良好的沟通和交流

许多离退休人员政治素养和文化素质较高，对晚年生活有较多向往和追求，娱乐交友的愿望迫切。他们愿意走出去，与老朋友交流，又希望在参与丰富多彩的娱乐活动中结交新朋友，形成新的人际交往圈子。但由于年龄、身体等原因，对许多活动的参与已力不从心，生活空间不断缩小。有些老年人在社交活动中往往以自我为中心，时间一长，容易产生新的矛盾和心理问题。

二、社会化管理服务后，企业对离退休人员的服务工作内容发生变化

社会化管理服务后，企业对离退休人员的服务“由主业变为协助”。当前，企业退休人员基本养老金实行社会化发放，企业退休人员的人事档案、基本信息实行社会化管理。企业退休人员中建立了自我管理和互助服务组织，而企业工作主要是为退休人员中的党员接转组织关系，协助街道、社区组织他们参加党组织活动，提供社会保险查询服务，掌握企业退休人员生存和流动状况，协助社区医疗服务机构为企业退休人员提供医疗卫生服务，协助街道、社区组织企业退休人员开展文化、体育活动，协助死亡退休人员的家属申领丧葬补助金

和遗属津贴等。

三、新形势下进一步强化企业与离退休老同志的情感纽带联系的对策

伴随着经济社会的快速发展和人口预期寿命的延长，离退休人员思想活跃、需求多样，对生存质量和生活品位有着更高的要求。这就迫切需要企业深入研究这一群体的思想和心理特征，强化企业与离退休老同志的情感纽带联系，培育他们自尊自信、积极向上的心态，让他们在建设社会主义和谐社会、实现“中国梦想”的伟大征程中，继续发挥积极作用。

一是做好基础工作，解除后顾之忧。社区就是退休人员的家，企业协助街道社区健全企业退休人员社会化管理基本情况信息库和基础台账，打牢“安家落户”的基础，还要协助社会保险经办机构做好养老金调整和按时足额发放工作，解除企业退休人员的“后顾之忧”。另外要建立统计报表制度，按月上报退休人员管理服务工作统计资料，以便准确及时反映退管养老服务工作情况。

二是搭建交流平台，促进情感联系。交流增进了解，了解促进理解。企业要搭建好交流沟通平台，畅通他们与企业、与政府有关管理部门的交流沟通。对离退休人员每季度做生存调查，及时了解离退休人员的生活、身体、思想状况，掌握他们的实际诉求。在传统佳节之际对离退休人员进行走访慰问，带去企业的关心和关怀。成立“离退休网络信息员”组织，通过信息员舆情传递、信息网传送、信息箱收集等手段，畅通老同志表达自己想法和意见的渠道。

三是创新方式方法，消除思想疑虑。对离退休人员的思想政治工作要讲求方式方法，注重针对性和实效性。建立离退休人员思想动态和意识形态定期分析机制，及时分析各阶段老同志中存在的主要思想问题以及产生的根源，有针对性地做好思想引领和心理疏导。不折不扣落实好离退休人员的政治待遇和生活待遇，帮助他们解决实际困难。充分尊重个体差异，多换位思考，在尊重和理解的基础上，多启发、疏导，短话长说，重话轻说，以情感人，以理服人。

四是提升队伍素质，增强服务意识。离退休人员管理服务要带着“深厚的感情”做人、做事，这就对从事离退休管理服务的工作人员提出更高要求。必须更新理念，创新思维，工作人员一定要在培养“热心”的基础上，努力做到

尽心、尽责、尽力。必须坚持以人为本，带着深厚感情和满腔热情，扮演好“管理者”“服务员”“知心朋友”“调解员”“儿女辈”等多种角色。必须深入离退休人员当中，认真倾听他们的心声，更多地把握他们的需求，帮助他们疏通心结、化解忧虑，建立积极乐观心态。对老同志提出的诉求，政策上明确允许的要积极去争取，政策上不允许的要做好解释，赢得他们的理解。培养一批既懂政策、又懂业务、更懂老年人的心理和需求的工作人员，按照分级负责的原则，不断提高退休管理服务人员的综合素质。

五是加强政企联系，确保待遇到位。企业应加强与退休人员所在街道劳动保障机构联系，密切配合，共同做好企业退休人员的移交和社会化管理服务工作，及时解决他们的生活和思想问题。移交的人事档案要做到材料齐全、完好。企业退休人员的统筹项目外养老金，由企业继续按有关政策发放。尚未参加基本养老保险和基本医疗保险的企业退休人员的养老金和医疗费，继续由原渠道支付；企业退休人员居住的企业住房，尚未实行房改的，管理和维修工作仍由企业负责。企业不得以社会化管理为由随意减少退休人员的福利待遇。企业现有的用于退休人员活动的场所、设施，要继续发挥作用，并向社会开放。

顺势而为，礼敬关怀，做好新时代离退休管理工作

宁夏石化　郭庆华

全面开展退休人员社会化管理工作后，宁夏石化公司离退休管理中心（以下简称中心）全体职工当好企业改革的服务员、政策落实的宣传员、倾听民意的调查员，通过入户慰问、政策解读、微信宣讲等方式，将退休合法待遇不降低、社区服务有保障、感情纽带不断三个“定心丸”向离退休职工讲明白、讲透彻、贯彻到底，切实打消退休人员的思想顾虑，进一步增强与退休职工的紧密联系，做到精心精细精准服务，把党和国家、集团公司及公司的关怀温暖送到老同志的心坎上，真正让党放心、让老同志满意。

一、始终做老同志的暖心人

面对社会化管理进程中，对于习惯了以单位为纽带的退休职工来说，在与企业分离的过程中存在情感缺失，认为企业内部人员相互熟悉，从感情上与企业难于分舍，对与街道和社区劳动保障机构的“陌生人”打交道存有畏难情绪，从而心存疑虑，甚至产生抵触情绪；加之对目前社会化管理工作存在诸多疑虑，很多老同志担心社会化管理之后，待遇会降低，以后出现困难和问题时，没人管、管不好。为此，中心的工作人员持续加强政策宣讲的同时，以集团公司老干部局及石化公司中心工作为主线，深入开展“增添正能量、共筑中国梦”活动，根据每年突出的一个主题原则，先后开展了“我看改革开放新成就”“我看新中国成立70周年新成就”“我看脱贫攻坚新成就”“我看建党百年伟大成就”“建言二十大”等系列调研活动，引导广大老同志唱响共产党好、社会主义好、改革开放好、伟大祖国好的时代主旋律。让老同志在参与活动、分享心得的同时，

充分发挥他们独特的政治优势、经验优势、威望优势，既给老同志搭建抒发情感的平台，也有力助推集团公司及石化公司高质量稳健发展，使退休人员社会化管理后，离退休管理工作始终做老同志的“暖心人”。

二、始终做老同志的“贴心人”

中心坚持用心用情、精准服务，结合贯彻落实党的二十大关于推进健康中国建设、做好老龄工作方面的部署，根据公司重点工作安排，注重做好退休干部中年龄较大、有各种实际困难的老同志关怀帮扶工作。通过加强信息化建设推动离退休工作提质增效，建好、用好信息化服务平台，用信息化手段为老同志提供更优质、便利的精准服务，注重从精神上多关怀、多关心、多慰藉老同志，以“想得更细一些、做得更实一些”，真正做到细致入微、无微不至。

为使走访慰问离退休老党员老同志活动成为凝心聚力的暖心工程，达到“慰问一人，温暖一户，带动一片”的效果。离退休管理中心根据年度重点工作安排，严格按照“从高龄到低龄、从困难到一般”的慰问原则，精心组织工作人员开展走访慰问工作。

三、始终做老同志的“热心人”

为了做好离退休职工信息化管理工作，中心通过年度认证工作，全面核对认证人员的身份证号码、本人电话及现家庭居住地址，并进行配偶或子女的姓名、电话号码登记，重点登记在本公司上班或退休的亲属，进一步完善离退休人员的基础资料，确保离退休职工基础信息的真实性和准确性。

为了保证认证工作的顺利完成，中心工作人员认真分析认证工作存在的难点问题，以认证人员填写认证登记表作为主要认证依据，将入户慰问、医院探视、微信视频、电话拜访作为辅助认证方式，重点加强高龄、独居及存在生活困难的离退休人员的认证，对于这部分人员，中心以“具体人员具体对待”的方式，由工作人员入户完成，尽可能让离退休人员用更为便捷的方式来完成认证，避免给老同志带来麻烦。

中心以“用心用情服务于老同志”为工作宗旨，在认真落实离退休职工待遇保障、服务管理和发挥作用等方面，不断提高离退休工作制度化、规范化水平。同时，坚持把精准化理念贯穿于离退休工作全过程，广泛开展精准服务，对于老同志提出的诉求，中心快速反应，主动担当，做到靠前服务、暖心服务，真正使离退休管理工作与老同志对上话、合上拍，在日常工作中找理念、找思路、找方法、找举措，确保离退休管理工作方向正确、行动有力、取得实效，为公司中心工作提供有力的后勤保障。

四、始终做为老服务的“有心人”

离退休老同志思想观念更加多元，利益诉求更加多样，居住地更加分散，流动性显著增强，加之人口老龄化趋势加快，退休人员数量大幅增加，离退休工作面临许多新情况、新挑战。中心全体工作人员始终坚持离退休工作与公司中心任务“同向同行、同频共振”的工作宗旨，始终带着敬重、带着感悟、带着责任关心爱护老同志，设身处地为老同志着想，真心实意为老同志服务，不断提高他们的获得感、幸福感、安全感。全体员工始终怀着“吃水不忘挖井人”的感恩之心、“家有一老如有一宝”的礼敬之心、“老吾老以及人之老”的仁爱之心、敬老之心，善谋为老之策，多做助老之事，以更加优质的服务让他们安享幸福晚年。对待离退休干部，一定要有等不起、慢不得、坐不住的紧迫感，落实好离休干部“三个机制”和各项待遇等政策措施，健全完善“一人一策”制度机制，想方设法解决日常照料、医疗护理、紧急救助等问题。同时，针对退休人员中年龄较大、有各种实际困难的老同志，要多做一些走访慰问、嘘寒问暖的工作，多做一些听取意见建议、交流交心的工作，以更有温度、更富人情味的服务暖老同志之心，切实防止“见物不见人”的现象。

做老同志的“暖心人”“贴心人”“热心人”“有心人”，从事离退休工作的全体人员，都将在集团公司老干部局和企业领导的关怀与支持下，在离退休人员的理解下，主动对标管理，自我加压，树牢“用心用情为老同志服务”的工作理念，在持续用心用情做好服务工作的同时，不断提升离退休管理工作的质量，确保各项管理服务工作取得扎实的成效，让离退休管理工作持续发挥桥梁纽带作用，既为企业发展解决后顾之忧，又为老同志安心养老、获得更多的幸福感提供有力保障。

新形势下如何强化企业与离退休老同志的感情纽带联系

大庆炼化　赵玉梅

推进国有企业退休人员实行社会化管理是党中央、国务院深化国有企业改革的一项重要决策部署，是减轻国有企业负担的重要途径，是保障国有企业退休人员晚年生活的主要手段。退休人员虽已移交，但是老同志们为企业奉献青春、艰苦奋斗的过去不能抹去，企业的相关业务还继续保留，所以不论从业务还是从情感上，退休人员与企业还是有着千丝万缕的割不断的联系。企业所承担的服务水平和标准不能降低，退休人员和企业的感情纽带不能断裂。“人走茶不凉，服务更贴心”，是新形势下企业应该对待老同志们的情感与态度。以下是笔者对企业离退休人员社会化移交后，如何强化企业与退休老同志感情纽带联系的几点看法。

一、大庆炼化公司离退休管理服务工作现状

从企业退休人员移交社区后的情况看，总体效果比较好，企业节省了费用，减轻了负担，社区保持了稳定的局面，退休人员已逐渐适应新的社区管理模式，在社区的管理下过上了“老有所为、老有所养、老有所乐、老有所依”的幸福晚年生活。

二、社会化移交后存在的问题

社会化移交后，由于退休群体人员多、情况复杂，企业与社区间还需要磨合，离退休管理服务工作暴露出一些问题。只有找到问题，解决问题，才能让老同志放心，让老同志满意。通过积极调研，有针对性地对各种情况的老同志

进行积极沟通、谈心谈话、了解情况，总结出了以下现在主要存在的问题。

一是部分退休人员分不清哪些业务找社区、哪些情况找企业，按照习惯还是喜欢有事找企业。还有一些对企业有历史情结、依赖性较高的老同志，思想一时难以转变，对从“单位人”变成“社会人”很难接受，移交社区后有一种失落感。

二是党员移交目前还存在一些问题，例如，离退休职工中异地党员较多，一些异地党员因为户口所在地和居住地不一致或者长期居住在国外，导致社区不接收；还有个别退休人员中的党员不愿意转、不提供居住地址和接收支部，致使这些党员还无法参加当地党组织活动，过党组织生活；一些被社区接收的党员找不到党组织，企业、社区和党员之间的转接环节有时存在漏洞。

三是退休人员还存在一些担忧和顾虑，例如，随着退休人员逐渐增加，社区活动场馆面向社会，活动场所是否还会像在企业时充足、活动室服务人员是否会存在人手不够、服务不到位的情况。

三、加强与退休老同志感情纽带的具体措施

企业离退休管理中心在新形势下不断创新举措，下大力气研究解决老同志移交后存在的突出问题，更好地加强与老同志之间的感情纽带，更好地让老同志共享改革发展成果，更好地提高老同志的归属感、获得感、幸福感。

（一）不断提高自身管理和服务水平，是加强与老同志感情纽带联系的坚固基石

要坚持不折不扣地执行国家和集团公司有关离退休干部的福利待遇规定，落实各项政治待遇和生活待遇，让退休老同志吃下三颗“定心丸”，即待遇不降低、街道服务水平有保障、企业和退休人员感情纽带不断。要提高自身的管理服务水平，得到老同志的认可，这是增强感情的重要基石。提升管理服务水平，要从提高领导班子的合力、员工自身素质和能力抓起。领导班子要做到与时俱进，树立必胜信心做好统筹协调，以更高的站位和更宽的视野思考和处理问题，跟进新时代发展的要求、集团公司改革的要求、退休人员社会化管理的要求，创新思维模式，大胆开展工作。从事离退休工作的工作人员要毫不懈怠地加强学习、不断地提升自己，在学习服务老同志中了解老同志、熟悉老干部工作，

不断积累经验，深化认识，提高本领。

提高员工素质和能力，以加大对员工的培训力度为抓手。一是理论培训。理论学习要贯穿始终，牢牢把握正确方向，认清形势是做好离退休工作的前提条件和必要条件。二是政策培训。离退休工作者对离退休政策的理解和把握是做好工作的根本要素，每一个工作人员都应该对老同志的“两项待遇”了如指掌，对每一个离退休人员的咨询都能正确解答，只有掌握离退休老同志的相关待遇政策，才能更好地为老同志们提供优质的管理和服务。三是业务培训。业务培训侧重两个方面，一方面是计算机网络应用方面的培训。新时代计算机的应用、网络的普及已经改变了人们的生活方式以及办公模式，未来更好地应用、利用网络平台是大势所趋，加大办公软件的培训，重点是离退休职工办公平台、党建 APP 运用、办公软件的熟练掌握、公众号、微信群的建立和使用管理等的培训。另一方面是安全、应急方面的培训。离退休工作面对的多是老年人群体，工作人员要提高安全意识，对前来办理业务的老同志多关心关注，对防滑防摔、身体疾病发作等不安全因素要提前预判。企业应培训工作人员紧急反应速度和协调水平，对小问题掌握简单的处理方式，对大问题熟练启动应急措施，及时通知中心应急小组和医疗救护人员。四是其他培训。注重培养工作人员掌握一定的医疗保健、心理疏导等技能，有条件的可以学习一点文史、艺术等方面知识，和老同志培养共同语言，拉近感情距离。

（二）不断加强与社区的沟通联系，共同提供高质量服务，是加强与老同志感情纽带联系的关键之举

努力和社区相关单位和部门建立良好合作关系，保持热线联系，互通有无，形成工作合力。对于退休老同志来说，企业是“娘家”，社区是“婆家”，“娘家”“婆家”和谐融洽，才能创造更幸福的“家”。在常态化移交模式形成后，不断加强和社区的联系，平时注重政策、方针的共同学习以及软件应用、办事程序的探讨沟通，社区联系不到的退休人员竭尽全力帮助联系，社区需要了解的情况全力提供，遇到特殊人员特殊事件共同研究解决对策，共同为退休人员排忧解难。

离退休职工中的党员党组织关系移交后，出现了一些党员找不到党组织的情况。经过调研，发现一方面可能是党员本身提供社区名称不准确，导致转接

到错误的社区党支部，一方面是社区没有及时联系本人，造成本人不知道自己的组织关系是否转接完成。针对这一问题，对前来询问的党员耐心解释，仔细核实党员提供的街道社区是否正确，然后和社区进行沟通联系，核实党组织关系是否正常转入，了解其中哪里出现的问题，和社区一起积极介入，迅速解决，让退休老同志找到党组织，早日参加组织生活，行使党员权利和党员应尽义务。

本着共同的全心全意为退休人员服务的宗旨，企业与社区密切配合，共建共用，共同做好企业退休人员的社会化管理服务工作，让老同志更满意、更放心，让感情的纽带更加牢固。

（三）继续关心关爱，做好走访慰问工作，是加强与老同志感情纽带联系的必要举措

社会化移交后，一如既往地坚持在政治上尊重、思想上关心、生活上照顾、精神上关怀退休老同志。坚持走访慰问，采取多种方式使退休人员了解企业改革发展情况，提出意见，发挥余热。一是坚持重病住院探望、慰问制度，坚持元旦、春节期间开展送温暖活动，坚持开展对单亲特困、工伤致残的职工家庭进行扶贫解困救助活动，坚持开展金秋助学活动。二是电话跟踪走访。对特殊情况和需要时间解决的问题，绝不能不闻不问，等着老同志来找，主动电话联系，时刻关注、关爱、关心老同志。在疫情期间，给多名退休人员打电话，询问身体状况与存在的困难，为老同志提供力所能及的帮助。三是组织老同志代表召开座谈会，面对面与他们沟通，了解他们的思想动态，对移交后不适应的老同志做好一人一事思想工作，转变他们的心理和心态。对离退休人员提出的意见和建议逐一研究，采纳合理化建议，不能解决的做好解释工作。四是对老同志存在的担忧和顾虑进行充分调研，根据问题导向，深入调查研究，制定解决方案，进而消除老同志后顾之忧。

（四）对老同志用心用情，精准服务，是加强与老同志感情纽带联系的根本所在

用心用情既是情感需要，也是工作的重要方法。用心用情做好退休工作，就是要保持“敬重之心”，发自内心地尊重老同志，倾注“关爱之情”，像对待自己亲人一样，关爱老同志，服务老同志；多行“务实之举”，坚持从一件件具体事情做起，从老同志最关心、最期盼的事情做起，真正把利老便老、优老惠

老的政策落实到位。精准服务老同志，就是信息管理要精准，及时、准确维护离退休职工管理办公平台，为各项工作提供精准数据；待遇落实要精准，确保执行过程不走样，让老同志安心、放心；服务措施要精准，针对老同志不同的身体状况、家庭问题、特殊情况提供精准服务。用心用情，精准服务，最终的方法是服务工作要做实，工作要做细，最终的目的是要让老同志满意，增强和退休老同志的感情纽带联系。

退休人员社会化管理移交工作启动以来，离退休管理中心在集团公司、炼化公司的正确领导下，领导班子和工作人员统一思想、提高认识，在移交工作中勇于担当，善于作为，真抓实干，扎实有序推进国有企业退休人员社会化管理工作。在新形势下要充分发挥企业党委、离退休党支部的党组织战斗堡垒作用和党员先锋模范作用，注重政策宣传和舆论引导，解决退休人员实际困难，真正做到了用足用活政策、用心用情工作，在新形势下不断强化企业与退休老同志的感情纽带联系，不断推动离退休服务管理业务高质量发展。

浅谈新形势下如何强化组织建设，提升企业离退休管理服务水平

哈尔滨石化 冯 伟 王兆开 彭立忠

由于企业离退休管理服务工作具有极强的政策属性，工作中出现的问题一旦处理不好，就会演变为严重的社会问题，会对社会秩序的和谐构建与稳步发展起到破坏作用。因此，笔者在自身工作经验基础上，对当前企业离退休人员管理服务工作现状进行了分析，并针对离退休管理服务水平的提升提出了几点建议。

一、当前企业离退休人员管理服务现状分析

国企离退休人员服务管理虽取得了一定成效，但仍存在着各种各样的问题和不足，制约着国企离退休人员服务管理水平的提升。目前，国企离退休人员服务管理存在的问题和不足集中体现在以下几个方面。

（一）硬件设施不完善

现阶段，社会结构呈现出老龄化发展的趋势，退休人员数量持续增长。然而离退休人员服务的硬件设施建设并不完善，远远满足不了当前退人员数量增长情况下的服务需求。部分企业并未建立专门的活动场所或服务设施并不完善，活动器材及设备较为陈旧，限制了离退休人员管理服务效果的提升。

（二）离退休人员较为分散，管理服务难度大

近年来，城市改革及建设发展不断推进，商品房建设数量不断增加，部分离退休人员搬至其他区域生活，或远离工作单位而到子女所在城市居住。由于跨区域或跨城市服务与管理难度较高，因此企业针对这些离退休人员的管理服务工作难以正常开展，管理服务效果受到了影响。

（三）身体状况不佳，就医条件需要改善

企业离退休人员年龄多为六七十岁，其中不乏超过八十岁的高龄老人，因此离退休人员的整体身体状况不佳，存在着各种疾病问题，部分离退休人员因疾病等原因而未能过上憧憬的晚年生活。同时，企业医疗机构针对离退休人员所设置的专用病房建设标准并不高，不仅数量较小且面积狭小，且医疗室的硬件设施并不完善，医疗设备更新速度慢，致使部分医疗救助需求难以得到及时满足。

（四）空巢老人数量增加，亲情关爱不足

现阶段，部分离退休人员中存在一定数量的独生子女家庭，且子女大多与离退休老人分开居住，或是子女在外地发展无暇照顾老人，致使部分离退休人员因行动不便等原因而降低了与外界的沟通，致使其倍感孤独，进而逐步出现心理自闭的情况，尤其是空巢老人极度渴望得到子女或他人的陪伴与关爱。

二、企业离退休人员服务管理高效开展的建议

企业应做好以下几个方面的工作，以切实提高自身的离退休管理服务水平。

（一）加强管理服务机构的建立，提高管理服务人员的专业性

企业离退休人员在岗位上兢兢业业工作了一辈子，在企业及社会发展方面贡献了毕生的心力，贡献极大，因此，其退休后企业及社会应对其予以充分的尊重，为其提供优质的关爱及服务。企业应建立专门的离退休管理服务部门，并筛选出服务意识强、服务态度好、服务能力强且具备高效责任心的专业人员负责离退休人员的管理及服务工作。同时，企业还应加强管理服务工作机制的建立与完善，对所有工作人员的职责及义务进行明确，进而确保上级制定的政策及发布的指令可得到有效的贯彻与落实，确保离退休人员享受到应有的待遇，获得充分的尊重，感受到来自企业的关爱。

（二）加强离退休活动场地建设、完善医疗设施

企业应投入充足的资金确保老年活动中心的建设，结合当前离退休人员的实际需求合理进行活动场所的规划设计，完善基础设施，配备充足的设备，为离退休人员开展各类文化娱乐活动创造条件，比如举办绘画班、书法班、刺绣班等，使离退休人员退休后的文化生活更加丰富。同时，企业应对医疗环境进

行优化，完善医疗设施，及时进行先进医疗设备的引进，提高病房建设标准，进而使离退休人员的疾病可得到及时有效的救治。

（三）定期开展离退休人员关爱活动

离退休管理服务人员应重视此项工作的开展，深刻认识到此工作对企业发展所起到的作用，进而不断进行管理服务品质的优化，以此为和谐社会的构建与发展奠定基础。企业离退休管理服务机构要定期组织对离退休人员的关爱活动，特别是那些子女不在身边、身体状况不佳、年龄偏大的人员，要多给予他们关爱和照顾，使他们享受到如同子女般的陪伴和呵护，感受到企业带来的关爱，找到当初在岗时的美好回忆。例如，在重要节假日，企业领导组织离退休人员服务管理机构工作人员到离退休人员家中慰问，送上慰问品或慰问金，带去企业的祝福和组织的关爱，使他们的孤独感和失落感淡化，享受退休生活的美好。此外，定期组织离退休人员健康体检，离退休人员年岁较高，最关心的是自己的健康，企业每年组织健康体检，是福利的延续，更是关爱的延续。

（四）为老同志价值的继续发挥搭建平台

离退休干部虽然离开了工作岗位，但其对企业的发展仍较为关注，且部分离退休人员是企业曾经的技术骨干及管理者，掌握专业的技术及管理经验，因此企业在制定长远战略规划或调整市场战略等重大决策时，可以邀请离退休老同志参加讨论，让他们提出自己的意见和建议。也可以定期向离退休人员通报企业的经营状况，使他们始终“参与”企业的发展中，时刻与企业同呼吸共命运，继续发挥余热。

浅谈离退休人员服务中的温情服务

华北石化　李　平

随着我国国有企业改革的不断深入，退休人员社会化移交工作快速推进，离退休人员队伍随之出现了新情况、新问题。企业离退休管理中心应进一步了解离退休干部的所思所想，为他们排忧解难，特别是关注困难离退休干部，开展有针对性的工作，对离退休干部做到生活上关心、精神上关怀、思想上关爱。

一、加强组织建设，提升服务水平

离退休干部工作涉及职工、组织、企业三个层面，加强组织建设，必须加强离退休干部党支部的领导。

加强思想政治引领，引导离退休干部不断增强“四个意识”、坚定“四个自信”、做到“两个维护”，牢记初心使命，切实发挥好党组织和党员在思想上政治上行动上的表率作用，努力建设一支政治强、业务精、作风正的离退休老干部党组织，团结带领广大离退休干部为改革发展稳定作出新的更大贡献。

二、营造温馨氛围，实现身心关怀

为离退休干部营造温馨的生活氛围，有助于他们保持健康心态。几十年的工作生涯中，老同志更多的是适应同事关系，退休后则更多的是适应家庭生活，不需要按时上下班，也不再有繁复的工作。离退休服务人员要制定简便可行的服务措施，像家人一样经常与他们沟通交流，第一时间了解他们的思想动态、生活和身体情况以及离退休人员在新的视角下对社会、对企业的意见和建议，有针对性地做好心理疏导。

对离退休干部反映的问题，要及时做好备案，追根溯源，按时反馈。对离退休干部提出的合理要求，要尽力帮助解决。把离退休干部的问题当作自己的问题，把离退休干部的诉求当作自己的诉求，增进与离退休干部之间的感情和友谊，让他们感受到企业的关怀和温暖。

三、发挥正能量，积极开展活动

近年来，离退休干部队伍整体素质不断提高，社会影响日益扩大，这就要求离退休管理服务工作要主动适应形势变化，积极探索创新工作方法和手段。离退休服务工作人员要认真贯彻落实中央、地方、企业精神，时刻把老同志的冷暖放在心上，把对老同志的感情融入日常工作中。

具体来说，要围绕中心工作和重点工作，组织离退休干部开展一些有利于增强凝聚力、创造力、战斗力的活动。注重政治引领，组织离退休党员干部接受党性教育；利用春节等节日，组织开展丰富多彩的主题活动，通过亲情化的服务，使离退休干部始终感受到党和政府及企业的关心和关爱；利用“企业开放日”，组织退休老领导回到熟悉的厂区、车间，感受时间赋予企业的生命力，感受时代的变迁。通过这些活动的开展，充分调动离退休干部参与企业建设的积极性和主动性，使他们更好地发挥自身作用，在企业改革发展中继续发挥正能量。

四、加强思想引领，凝聚工作合力

要想做好老干部工作，必须加强思想引领。只有对老干部思想有充分的了解，才能将党和国家的精神和各项政策宣传、落实到位。

一是要结合主题教育活动，加强对老干部的理想信念、政治觉悟、党性修养和宗旨意识教育。二是要重点开展离退休干部思想状况调研工作，深入了解老干部群体的思想动态，切实掌握离退休干部的所思、所想和所盼，并及时向组织部门反映并协助解决。三是要坚持重大节日慰问制度，让老同志在享受到组织温暖和关怀的同时，进一步增强责任感和使命感。四是要做好离退休干部宣传工作，及时向企业领导汇报离退休干部工作情况和老干部们在生产生活中遇到的实际问题，争取社会关注、企业重视和老同志理解支持。五是要定期举办离退休干部座谈会、情况通报会、上门走访等活动。

五、加大投入力度，落实保障措施

做好对离退休干部的管理服务工作，不仅是企业关心关爱离退休干部的重要举措，也是弘扬中华民族尊老、爱老、助老优良传统的重要体现。根据实际情况，将离退休干部工作经费列入年度预算，确保离退休服务工作正常开展。同时，要建立健全离退休干部活动经费保障机制，对活动经费、组织机构、活动场所、设施设备等方面的支出保障落实到位。还要加强对离退休干部工作人员的培训教育，不断提高他们的政治素质和业务能力，确保各项工作高质量开展。

做好离退休服务工作，是贯彻落实党的二十大精神、加强老干部工作的重要内容，是企业义不容辞的责任。要充分认识离退休服务工作的重要意义，进一步加强领导，精心组织实施，在思想上高度重视离退休服务工作，在工作中采取有力措施，认真落实关于老干部工作的方针政策和上级有关要求。要认真研究新形势下国有企业离退休干部工作面临的新情况、新问题，不断完善有关管理制度，加强对离退休干部的关心、服务和保障。大力弘扬中华民族尊老、敬老、爱老、助老优良传统，努力为老干部提供更多、更好、更便捷的服务。

如何充分发挥离退休老同志在开展关心下一代工作中的优势和作用

东北销售 吕 丹 陈晶璐

离退休老同志是党和国家的宝贵财富，是推进新时代中国特色社会主义伟大事业的重要力量。要强化激励关怀，做好服务工作，充分发挥离退休老同志的政治优势、经验优势、威望优势，组织引导离退休老同志开展好关心下一代工作，为党和国家事业作出新贡献。

以立德树人为根本任务，以培育和践行社会主义核心价值观为主线，以理想信念、思想道德、传统文化和法治教育为重点，充分用好属地红色资源，对发挥好离退休老同志在关爱、教育、培养、保护青年员工的作用，切实推动公司关心下一代工作高质量发展具有重要意义。

一、离退休老同志关心下一代的独特优势

在推进离退休老同志开展关心下一代工作中，要坚持用习近平新时代中国特色社会主义思想铸魂育人，充分发挥离退休老同志政治、经验、威望和亲情等优势，发挥离退休老同志在培养教育青年员工工作中的显著优势和不可替代的重要作用。要认真贯彻落实习近平总书记对关心下一代工作和老干部工作的重要指示精神，坚持服务青年员工的正确方向，组织动员离退休老同志积极投身关心下一代工作。紧紧依靠党组织，充分发挥老党员的模范带头作用和老干部的独特优势，为推动公司高质量发展作出积极贡献。

一是坚持发挥离退休老同志的引导作用。离退休老同志具有坚定的政治信念和崇高的理想，在他们身上，爱国是具体的、可感的，是奋发的、实践的，是闪光的、生动的，落在他们担当的言行中，贯穿于他们以身许国的人生历程。

他们口中讲述的故事、切身的感受和人生的经历，就是爱国、爱企教育的“活教材”。由离退休老同志做青年员工的思想政治工作，有较强的说服力，能够让下一代在忆往昔中看今朝，听故事中树远志，激发他们的爱国、爱企热情。

二是坚持发挥离退休老同志的凝聚作用。在给青年员工讲述他们在践行企业理念、推进企业发展道路上的事迹时，他们的一言一行对青年员工都会起到潜移默化的影响和春雨润物细无声的凝聚作用。

三是坚持发挥离退休老同志的关爱作用。离退休老同志对青年员工具有长辈对晚辈的挚爱之情，他们愿意同青年员工做忘年交的朋友，与青年员工同心，与时代同步。

二、离退休老同志关心下一代工作的方法和途径

要紧紧围绕“建设世界一流综合性国际能源公司”的企业目标，健全关心下一代工作体系，发挥整体优势，协同配合，注重实效，实现活动联办、资源联用、协调发展，开创关心下一代工作新局面，助力中国石油高质量发展。

（一）政治优势引领人，教育后代，贡献力量

思想政治工作是石油企业健康发展不可或缺的政治基础和政治力量。要把对青年职工的思想政治教育作为根本任务来抓，贯彻到工作的全过程。

1. 荣军育人，话古昔

开展以“重温历史，关爱荣军”为主题的主题党日活动，听老荣军讲解抗日战争、解放战争、抗美援朝的革命战斗故事，曲折的战斗故事，复杂的战斗情节，诉说了革命前辈的英勇事迹，让青年员工感悟到革命前辈的英雄风范。回首现在，坚持不懈用习近平新时代中国特色社会主义思想凝心铸魂，用新时代的新理念、新思想、新战略武装广大青年头脑，进一步增强“四个意识”，坚定“四个自信”，做到“两个维护”，团结带领广大青年职工坚定不移听党话、跟党走。

2. 优质资源，融血脉

高效利用铁人先锋、中油 E 学等优质资源，突出党史学习教育常态化、长效化，弘扬以伟大建党精神为源头的中国共产党人精神谱系，深入开展社会主义核心价值观教育，深化爱国主义、集体主义、社会主义教育，传承红色基因。

传承石油企业文化精神，发动老职工、老党员、老模范等挖掘整理企业创业发展史等红色资源，讲好党艰苦奋斗的光荣传统和企业艰苦创业的红色故事，引导广大青年职工树立正确的世界观、人生观和价值观，树立通过奋斗实现自身价值、创造美好生活的信念。组织开展“育才强企·银发生辉”活动，在企业精神教育基地邀请厂史专家宣讲公司“一块胶”“一滴油”精神，学厂史感党恩，进一步增进青年员工对党的光辉历史和科学理论的政治认同、思想认同和情感认同。同时，也注重把解决思想问题和解决实际困难结合起来，积极主动为青年职工提供职业规划和成长指导，帮助他们找准人生和职业发展的时代坐标和实现路径，增强对企业的归属感、荣誉感和责任感。

3. 成果显现，增骨气

通过组织宣讲团、专业线一对一、分公司网站、文艺段子演绎等多种形式，紧密联系青年职工的学习工作、思想情感、家庭生活。进行广泛宣传，帮助青年职工扣好人生的“第一粒扣子”，引导青年职工听党话、跟党走。学思想见行动，敢担当善作为，以“功成不必在我”的精神境界和“功成必定有我”的历史担当，把全部心思和精力投入到干事创业中，不见进展不松劲，不出成果不放手，不达目标不罢休，努力开创工作新局面。教育引导青年职工自觉将理论学习转化为奋进新征程、建功新时代的信心和力量，使广大青年职工对习近平总书记核心地位的拥护更加坚定，对习近平新时代中国特色社会主义思想的学习更加自觉，关心下一代工作大宣传格局初步形成。加强理论宣传普及和阐释解读，深入宣传党和国家重大战略部署和政策举措，让党的创新理论走进青年职工、引领青年职工，增强青年职工做中国人的志气、骨气、底气，引导其积极投身于石油企业建设的火热实践中。

（二）经验优势引导人，建言献策，助力发展

离退休老同志的经验是宝贵的，是经过一代一代石油人实践并证实的。石油企业退休的老工人、老工匠、老工程师和老劳模，他们心系企业，以不同方式关心和支持企业发展。

1. 听石油先辈讲传统，真受益

常态化开展“石油先辈讲传统”活动，邀请老前辈们亲情讲述中国石油的传统故事，细数新中国第一批劳动模范的爱企情怀。用一个个真实的故事，向

分公司干部员工讲述老一辈石油人艰苦奋斗的创业精神，让广大干部员工感悟石油企业优良传统和创业先辈的开创精神，唤起学习前辈精神的热情，不断增强干部员工的志气、骨气、底气。在青老对话、今昔对比中忆历史、讲传统，让青年职工深刻感悟老一辈石油人浓厚的家国情怀、坚韧的创业精神，将艰苦奋斗精神永续传承下去，为公司高质量发展、业绩提升贡献力量。

2. 听“过来人”讲爱岗敬业，快提高

邀请离退休老同志讲经验、说门道。离退休老同志为青年员工从工作流程、上下游衔接、管理技巧等方面上了一堂生动的实践课程，与青年员工面对面座谈，聆听那个年代艰苦奋斗的创业故事，诠释石油销售人所塑造的优秀品质、锤炼的优良作风，勉励青年员工铭记历史、坚守信念、不忘初心、牢记使命，将创业精神传下去，引导青年员工要深刻理解企业发展和职工自身的关系、安全生产与企业发展的关系，要珍惜今天，爱岗敬业，努力为企业发展作贡献。鼓励青年职工要传承石油精神，立足本职岗位，不断提升自身综合素养，要坚定“有条件要上，没有条件创造条件也要上”的必胜信念，要善于创造性地解决和处理工作中遇到的各种问题，鼓足“闯”劲，大胆探索，在全面发力产销服务主赛道、主动融入市场营销新赛道上奋勇争先、跑出加速度，抓牢抓实“十个聚焦”，努力打造“十个一流”。以更饱满的热情、更昂扬的斗志、更务实的作风，奋力完成各项业绩目标任务，为推动公司高质量发展、转型发展贡献力量。

3. 听业务骨干讲传承，入心间

听系统内厂史宣讲团骨干人员通过结合自己在石油战线的工作实践和切身经历，为青年员工讲述石油精神、大庆精神铁人精神产生的历史根源、发展的历史过程及其背后更深层次的理论逻辑、实践逻辑。活动中，用大量鲜活、翔实、生动的案例，阐述了石油精神在中国石油的具体体现，以及中国石油企业文化中蕴藏的“建设基业长青世界一流综合性国际能源公司”企业愿景、“绿色发展，奉献能源，为客户成长增动力，为人民幸福赋新能”的企业价值追求、“创新、资源、市场、国际化、绿色低碳”的企业发展战略等丰富内涵，勉励青年职工传承石油精神，弘扬石油文化，接好石油事业发展的历史接力棒，走好属于自己这一代人的长征路，以优异的成绩向历史、向企业交上一份满意的答卷，不负青春，不负韶华。同时，结合企业生产经营管理、人力资源开发、企业精神培育、企业文化建设等，在广大青年职工中大力弘扬劳模精神、劳动精神、工匠精神，助力培养有理想、守信念、懂技术、会创新、敢担当、讲奉献的青年职工队伍。主动适应企业要求，组织开展传技术、传经验、传精神的传帮带工作，带动老职工帮助更多青年职工锤炼一技之长，帮助青年职工开展技术创新，助力岗位成才，使更多的青年职工成为企业生产经营能手、技术革新骨干、创新发展尖兵，赋予劳模精神、劳动精神、工匠精神以新的时代内涵。

（三）威望优势感染人，弘扬精神，促进和谐

离退休老同志威望优势是极其宝贵的重要资源，是其他社会力量不可替代的特殊优势。

1. 活动凝聚人

离退休老同志是企业建设和发展的见证人和亲历者，由他们向青年职工进行宣传、教育，更具有感染力、说服力和亲和力。组织开展党支部“银发速连”活动，充分发挥老同志在培养教育青年员工工作中具有显著的特殊优势和不可替代的重要作用。把老同志广泛地组织起来，深入企业等青年集中的地方，充分利用节假日等时间，开展各种青年职工喜闻乐见的活动。这样，就把一老一少有效地关联起来，让老同志“传承、关爱、教育、保护”青年职工，青年职工“尊敬、学习、继承、弘扬”老同志，充分发挥一老一少两个积极性，增进代际和谐、社会和谐，促进老少“双受益、双提高、双发展”。

2. 服务感化人

离退休老同志是公司的宝贵财富，是保障党的事业不断发展的坚强后盾，这就要求企业要积极开展对离退休老同志的关心关爱活动，为老同志搭建平台，对老同志来讲这也是实现老有所学、老有所教、老有所为的一个很好的平台。深入推进传承红色基因工程，组织宣讲进企业，宣讲企业发展史、个人工作奋斗史，引导青年职工弘扬以伟大建党精神为源头的中国共产党人精神谱系。

3. 平台成就人

搭建“听老师傅说”活动，高效利用离退休老同志的宝贵管理经验，深入开展法治宣传教育活动，以习近平法治思想为引领，联合司法机关“银发讲师团”进企业开展法治专题讲座，进一步强化青年职工尊法、学法、守法、用法

意识，保护青年职工合法权益。深入实施离退休老同志关爱工程，紧紧围绕“我为离退休老同志办实事”活动，搭建载体平台，努力为他们做好事、办实事。深入开展“弘扬好家教好家风”主题活动、讲好红色家风故事活动、“孝老敬贤月”活动，弘扬中华民族孝老敬贤传统美德，助力培育良好家风、淳朴民风。要深刻认识离退休老同志关心下一代工作重要意义，充分发挥好石油企业离退休老同志的作用，协同配合，汇聚合力，为集团公司建设基业长青的世界一流综合性国际能源公司作出积极贡献。

浅析新形势下如何做好离退休职工的管理与服务工作

东北销售　孙乐乐

在企业离退休职工社会化管理新形势下，企业离退休职工管理工作既关乎在职人员思想的稳定，又关乎离退休职工的晚年生活，所以企业在具体工作中要立足实际，明确管理重点，为其提供优质的服务，使离退休职工能安心享受退休后的生活。

一、离退休职工社会化管理的重大意义

离退休人员实行社会化管理，对弘扬养老文化，减轻企业和子女的养老负担，完善社会保障制度，都有很强的现实意义。

（一）弘扬养老文化

养老问题是人类社会古往今来一个永恒的课题，尊老敬老是我国的传统美德，“孝道”是由来已久的优秀文化。孔子的大同之世是指“故人不独亲其亲，不独子其子，使老有所终，壮有所用，幼有所长，鳏寡孤独废疾者皆有所养”，孟子的“老吾老，以及人之老”和《弟子规》中的“事诸父，如事父”指的都是在赡养孝敬自己的长辈的同时，也要照顾与自己没有亲缘关系的老人。对老人的“奉养”“侍疾”“善终”是后代子孙义不容辞的义务，是他们应尽的义务。养老文化也完美地诠释了“友善”这一社会主义核心价值。离退休职工是国家的功臣，受到党和人民的密切关注，政府有责任实施稳健、有效的养老制度，不断提高离退休职工的生活保障能力，提高退休人员的生活质量，使他们老有所为，安享晚年。

（二）减轻企业负担

在没有实行社保前，职工的退休金是由企业发放的。实行社会主义市场经济以来，我国的产业结构在不断地演化中得到了调整，企业的经营制度也在不断地发展中得到了完善。以往企业的社会功能对企业的可持续发展是不利的。养老保险制度实施后，养老保险制度的运行成本仍在逐年上升，给企业造成了很大的经济压力。离退休职工实行社会化管理后，企业只需要按时向社会保障部门缴纳费用就可以了，减轻了企业的负担，有利于企业集中精力进行生产经营和改革发展。

（三）减轻家庭负担

长期以来，我国的养老方式主要是居家养老，子女所承担的家庭养老负担不可小觑，他们既要工作，又要牵挂家中的老人，这必然会对自己的工作和学习造成不利影响。离退休职工实行社会化管理之后，在社区的组织下，老人的日常生活可以得到妥善的安排，减轻了家庭的负担，让子女能够全神贯注地投入到工作之中。

（四）促进社会保障体系的完善

我国已经进入了全面小康社会，社会管理体制也在高质量发展的过程中不断地创新改革，离退休职工管理向地方移交能够有效地促进社会保障体系的优化。社会保障部门和社会保障制度保障了离退休职工的基本生活，社区为老年人提供了高质量的日常服务，使老年人权益得以维护，生活需求得以满足，生活质量得以提高。

二、企业离退休职工社会化管理移交工作中的难点问题

（一）政策口径的统一

企业离退休人员社会化管理工作涉及企业及户籍所在地的街道、社区、乡政府。一个企业要对应很多社区或村镇，而一个社区或村镇也会对应很多企业。因此，必须以国家政策为基础，以法律为准绳，以政策口径为统一。企业不能把对这些老同志的管理责任完全推给社区和街道，还要承担起相应的责任。企业不能只是简单地统计和管理养老金的发放与医疗费的报销等事宜，要配合地方做好对离退休人员的管理工作，使他们在进入属地管理后，可以享受到更加

便利的各种服务。

（二）工作步骤的衔接

在步骤衔接上，不可能一蹴而就，因此，要有足够的耐心和包容心，加强对公司管理的退休人员基本信息的统计摸底工作，核清底数，在工作步骤上做好与地方政府有秩序地衔接。

（三）时间节点的要求

企业在做工作时习惯于按时间节点要求完成任务，而当地的街坊邻居们，他们更看重的是社会的稳定，对时间没有太多的概念。或许地方上的接收单位也有他们自己的工作时限，企业无法将自己的时限强加给对方。另外，退休人员居住的地方比较分散，有些社区还没有建立退休人员的管理制度，很难做到时间节点上的同步。因此，移交工作不能追求速度，要尽可能在各个时间节点上高效推进工作，直至社会化管理移交的工作任务圆满完成。

（四）服务标准的协调

离退休人员社会化管理涉及服务质量差异的问题。企业对离退休人员进行了长期的管理，有其自身的管理方法和服务标准。虽然各地社区等基层单位在建设与发展过程中表现出了极大的不平衡性和不平衡性，但是在离退休人员的管理方面却存在着一些普遍存在的现实问题：一是服务意识不足，二是管理经验不足，三是专业人员队伍不足，四是资金保障不足。如何突破这一“瓶颈”，需要国企相关部门和地方政府密切合作，加强沟通，取长补短。不管怎样，实行离退休人员社会化管理，绝不能降低对老同志的服务水平，而是要想方设法提高服务水平，让离退休人员精神上有更多依靠，物质上有更多支持。

三、做好离退休职工的管理工作的方法和途径

企业干部职工的离退休是历史发展的必然趋势，对于那些曾经为企业作出过重大贡献的“中流砥柱”，要以感激的态度来对待他们，要让在岗的员工感受到党对他们的关心、企业对他们的关心。笔者认为，要在政治上、真情上、传承上、创新上、实效上，做好离退休职工管理工作。

（一）讲政治

大多数离退休职工都是在党里受过多年教育的老干部、老工人，他们中的

大多数人都经历过从计划经济体制到市场经济体制的转型期，是国企改革开放的参与者，也是中国特色社会主义的建设者。在离退休人员中，有不少人具有较高的政治觉悟和理论水平、较强的政治原则和法律意识及对问题的洞察力，他们关心中国特色社会主义的发展，关心党的路线方针政策，关心国家的政治、文化、经济发展。坚持实事求是、理论与实际相结合、一切从实际出发的原则，必须从讲政治的高度来进行管理工作。要把自己摆在正确的位置上，要谦虚，要多向人请教，要讲民主。要高度重视离退休职工的政治需要，坚持思想政治工作的原则，开展深入细致的调查研究，了解并掌握每一个工作对象的思想动态，针对具体人、具体事、具体问题，不断探索并创新离退休职工管理工作的方法，为离退休职工解决各类问题。

（二）讲真情

情感是人类心灵交流的桥梁。做好离退休职工的管理工作，就要把老同志当成自己的家人一样，尊重他们，感恩他们，关心他们，与他们交朋友，建立起相互信任的和谐关系，用真情给离退休人员带来温暖。

（三）讲传承

离退休的老同志们是企业宝贵的财富，他们创造了社会主义企业精神，践行了企业核心价值，弘扬了企业文化，为企业的发展和改革作出了巨大贡献。现代青年不但要继承他们的优良传统，还要继承企业几十年来管理离退休职工的好办法、好经验。即使离退休职工管理实现了社会化，企业也必须对其给予足够的关注，加强领导、完善制度、明确责任、落实措施，确保社会化移交顺利完成。

（四）讲创新

对离退休职工管理工作的运作机制、形式载体、活动内容、方式方法等进行全方位的创新。增强老同志参加学习教育活动的吸引力、感染力，让他们容易被接纳，并愿意参加。为老年人开展文化体育活动创造条件，解决资金、教材、活动场地、健身器材的问题。从事老同志管理工作的人员，要不断地学习，不断地提高自己，不断地更新自己的观念，拓宽自己的思路，扎实地做好工作，要有一种紧迫感和危机感，这样才能保证离退休职工社会化管理工作的顺利完成。

（五）讲实效

企业离退休职工在福利待遇方面格外敏感。近几年来，部分单位离退休职工群体上访事件频发，其原因是历史遗留问题、待遇问题等。所以，离退休职工管理要跟单位改革和发展的实际情况密切结合，要跟老同志的工作、生活和思想实际相结合，要充分保护老同志的合法权益，把解决思想问题与保护老同志的物质利益相结合，把重点放在解决他们的实际困难上，多为他们办好事、做实事，充分发挥离退休人员在推动企业改革与发展中的积极作用。企业的离退休管理者要善于做好老同志的思想政治工作，充分地了解他们的思想动态和心理需求，要耐心地进行劝导，消除他们的思想疙瘩，消除他们的纠结情绪，维护企业和社会的和谐稳定。突出管理的针对性，提高为老同志服务的实效，切实落实党和国家各项离退休政策。

四、优化离退休人员管理社会化的思考

不管是企业化还是社会化，离退休职工管理都应该把人放在第一位，把“一切为了老同志、一切依靠老同志、一切服务老同志”作为自己的原则，努力做到老有所养、老有所医、老有所学、老有所乐、老有所为。

（一）健全社会化管理服务体系

随着离退休职工的管理由企业向社会化转变，街道社区应围绕离退休职工的医疗保健和物质文化生活需求展开工作，完善社会化管理的组织体系、宣传体系和服务体系，工作人员应对其进行上门走访，收集并完善相关的信息资料，为管理打下良好的基础。营造精细优质的社区服务环境．对于行动不便的老人，要为他们提供代办业务和上门服务等优质服务，解决他们的日常生活、住院护理等问题，全面提高社会化管理水平。

（二）厘清企业和社会化管理责任

企业要明确自己的责任，要对离退休职工居住的地方有充分的了解，加强与离退休人员的信息交流和通信联络，要与离退休人员居住地的街道和社区保持密切的联系和互动，全面了解并监督当地的社会化管理情况、服务活动情况，确保离退休人员的养老金和福利待遇能够按时、足额发放。

（三）关心离退休人员的政治学习

企业离退休职工长期接受党的教育，最基本的政治要求就是关注时事政治、关注国家经济发展。管理单位要重视离退休职工的政治学习，满足离退休职工的政治需要。对老同志学习教育的组织方式以及方法进行探讨，为老同志们搭建了一个学习交流的平台，例如，建立老年大学、老年政治时事论坛、老年网络交流平台、电子阅读讲课平台等，将静态教育转变为动态教育，将机械灌输转变为启发引导，为他们创造一个学习交流甚至是辩论的场所。利用电子信息平台、报栏、板报、手机微信等渠道，定期向他们提供广泛的信息和服务，包括党的方针政策、国内外时事政治、国民经济发展动态、改革政策、企业生产经营现状等内容。

如何充分发挥离退休老同志在开展关心下一代工作中的优势和作用

东北销售 王百新

近年来，随着离退休职工人数的不断增加，关心下一代工作面临着新形势、新任务。为此，分公司结合工作实际，深入基层，广泛开展了专题调查研究，不断探索离退休职工发挥作用的新方法、新途径，积极为老同志发挥作用搭建平台，倡导老有所学和老有所为，调动老同志参与关心下一代工作积极性和主动性，充分发挥老同志在关心教育下一代中的优势和作用，为促进青年员工健康成长做出有益探索。

一、离退休老同志在关心下一代工作中发挥的作用

（一）健全基层组织，完善工作机制

按照公司关于离退休职工管理的工作要求，不断健全完善分公司组织机构和工作机制，优化关心下一代工作队伍。明确工作人员具体职责，健全责任目标体系，做到活动有计划、有安排、有记录、有总结，有力推动了离退休干部规范化发挥作用。同时把关心下一代工作作为充分发挥离退休老同志为公司事业增添正能量的重要渠道和发挥老同志作用的重要方面，广泛动员老同志参与关心下一代工作。

（二）大力开展关心下一代活动

根据老同志实际情况和青年的所需所求，分公司注重抓好工作载体，以工作载体为突破口，发挥老同志的作用，大力开展关心下一代活动。一是积极引导和鼓励离退休老同志人员争当发挥余热、奉献社会的关爱下一代辅导员、助人为乐帮扶员、建言献策参谋员、养生保健宣传员、传统文化推广员。二是广

泛组织离退休老同志开展法制宣传教育活动。几年来，在离退休干部关心下一代工作实践中，深切感受到，要使青年员工健康成长，不仅要有良好的社会教育，还要有良好的家庭教育和法治教育，不仅要学习和掌握文化知识，还要培育他们的法治观念，让他们能辨别是非、知荣辱，这是预防犯罪的基础和根本。三是组织离退休老同志全面开展红色传承教育，多形式地开展以爱国主义教育、革命传统教育、理想信念教育等为内容的主题活动，引导青年员工学习了解红色基因的孕育发展、深刻内涵和时代价值。

（三）充分发挥老同志的榜样示范作用

榜样的力量是无穷的。广泛开展向离退休老同志学习活动，充分发挥先进典型教育人、鼓舞人、引领人的重要作用，动员老同志在关心下一代的广阔舞台上老有所为、发光发热。深入阐述好“最美老同志”的动人故事，宣传“最美老同志”，大力弘扬石油精神、大庆精神和铁人精神，以及甘于吃苦、乐于奉献、不求回报的无私奉献精神。老同志要联系实际，从推进关心下一代工作创新发展的各项工作中找准学习的结合点，引导青年员工从先进典型身上汲取奋进的力量，在学习宣传贯彻习近平新时代中国特色社会主义思想中当好传播者、践行者，在围绕中心服务大局、参与推进社会治理现代化中勇担当、育新人。

二、离退休老同志在关心下一代工作中发挥作用面临的困境

（一）认识上有偏差，支持力度不够

有的老同志对关心下一代工作认识模糊，认为干部退休了就和单位脱离关系了，就应该安度晚年，没必要参加这些工作；还有的老同志对离退休干部的独特作用认识不够、体会不深，口头上重视，但实际支持不多。

（二）思想上有顾虑，缺乏发挥作用的主动性

在老同志中，有的受思想观念约束，缺乏发挥作用的主动性，认为自己忙碌了大半辈子，现在上了年纪，身体和精力都已不行了，退下来应该好好休息，保持身体健康、精神愉快是退休后的主要任务，不想参与关心下一代工作；有的老同志因子女原因长居外地，或者帮助子女照顾孩子，没有办法、没有精力参与关心下一代工作；还有部分老同志家庭生活比较困难，也制约了他们参加关心下一代工作的积极主动性。

（三）工作方法创新难，发挥作用质量有待提高

由于现代互联网的发展，当今的时代是信息爆炸的时代，不少青年员工已习惯用智能手机，通过短视频、微信、微博等方式接受外界信息，而老同志们主要擅长通过作报告、办专栏、点对点谈心开导等传统方式开展工作，对使用电脑、网络等现代传媒手段却不是很熟悉，无法很好地适应互联网条件下的青年员工教育工作。

三、离退休老同志参与关心下一代工作的思考

关心下一代工作是一项社会工作、动态工作、系统工作。要在开展关心下一代活动中不断总结新情况，调整工作思路，才能保证离退休老同志参与工作的积极性和主动性得到充分发挥。

（一）动员广大离退休老同志广泛参与，是保证关心下一代工作顺利开展和推进，并取得成效的关键

一是领导要高度重视。积极为老同志发挥作用营造有利的外部条件，不断加大工作力度，落实离退休老同志待遇，为老同志积极参与关心下一代工作搭建平台，提高老同志参与这项工作的决心和信心。二是要建立保障机制。为老同志开展活动提供必要的条件，关心他们的学习、生活和工作，使更多的老同志乐于关心下一代工作，耐心细致地做好老同志的服务与保障工作，做到在思想上尊重、生活上关心、工作上支持，使广大老同志感受到组织的温暖，使他们在关心下一代事业中发挥更好的作用。三是根据老同志工作经历、专业特长、技能水平、身体状况等情况建立老同志人才库。根据其具体情况，组成工作团队，整合资源，形成合力，积极调动老同志发挥作用的热情，坚持自愿和量力而行的原则，引导老同志因人而异地发挥作用。

（二）引导老同志积极地参与和支持是工作开展的保证

给予广大老同志极大关心支持，是推进关心下一代工作健康发展并取得成效的有力保证。要进一步组织和发动老同志参加关心下一代工作。一是指导做好动员和组织老同志参加各种形式的关心下一代活动工作，工作做到年初有计划、平时有台账、年终有总结；二是在关心他们身体与生活的同时，要保护老同志在关心下一代工作中表现出的积极性；三是进一步引导老同志加强青年员

工的理想信念和思想道德教育，围绕大局、围绕中心，深入开展社会主义核心价值观教育，深化爱国主义、集体主义、社会主义教育，传承红色基因，弘扬石油精神、大庆精神铁人精神，传承企业文化、企业精神，讲好党艰苦奋斗的光荣传统和企业艰苦创业的红色故事，引导广大青年员工树立正确的世界观、人生观和价值观，创造美好生活的信念。把解决思想问题和解决实际困难结合起来，积极主动为青年员工提供职业规划和成长指导，帮助解决住房、就医、婚恋、心理健康、子女教育等实际困难，帮助他们找准人生和职业发展的时代坐标和实现路径，增强对企业的归属感、荣誉感和责任感。

（三）发挥老同志的作用是工作推进的基础

发挥广大老同志优势，立足基层，是关心下一代工作顺利推进并取得成效的基础。关心下一代的重点在基层，基础在基层，成败关键也在基层。为了有效发挥老同志在关心下一代活动中的主动性和积极性，将关心下一代活动与其他部门开展的一些活动结合起来，如基层党建活动、“创先争优”活动、“感恩教育”活动、“法在心中”活动等一系列活动有机地结合起来，始终以社会主义核心价值观教育为主线，以青年员工思想道德建设为中心，做到活动载体丰富，活动开展生动活泼，目标清晰，既突出中心工作，又带动创建活动，使关心下一代工作持续健康发展。

（四）以党建为引领，充分发挥“党建带关建”作用

“党建带关建”是做好关心下一代工作的根本保证。强化“带”的功能，发挥“带”的作用。一是在政治统领上带，把握正确方向。要紧紧依靠公司党委，把关心下一代工作纳入党建目标责任体系，做到与党委相关工作统一规划部署，贯穿到关心下一代工作的全过程。二是在运行机制上带，加强统筹协调。要完善工作机制，认真贯彻落实上级公司离退休职工管理的工作要求，准确把握工作目标，制定完善工作职责。三是从支撑保障上带，创造良好条件。切实做到对从事关心下一代工作的老同志在政治上关心、工作上多支持、生活上多照顾，对作出突出贡献的老同志按规定给予表彰奖励、对从事关心下一代工作的老同志给予关怀帮助。

加强企业与离退休职工感情纽带联系管理服务工作的浅析

东北销售　李　慕

随着社会的发展，离退休群体越来越成为我们关注的焦点。他们是我们国家建设和发展的见证者和奋斗者，也是我们党的忠诚支持者和贡献者。然而，由于年龄、身体等原因，离退休职工在生活中面临着种种困难和问题，需要我们给予更多的关怀和支持。因此，加强企业与离退休职工感情纽带联系的管理服务工作显得尤为重要。

一、离退休职工的现状和问题

离退休职工曾经为社会和企业作出过巨大贡献，但现在却面临着许多问题和挑战。首先，一部分人在经济上确实存在着困难。由于退休后收入的减少，很多离退休同志无法满足日常生活的基本需求，还需要支付重病医疗、养老陪护等其他费用，这给他们的生活带来了很大的不便和压力。其次，离退休同志或多或少在身体上也存在着各种各样的问题。随着年龄的增长，他们的身体机能逐渐下降，容易出现各种疾病和健康问题，需要得到更多的关注和护理。此外，退休后由于社会地位的变化，离退休同志在精神上也面临着一定的挑战，他们可能感到孤独、无助、失落，需要我们给予更多的关爱和支持。

离退休职工是我国党和国家的宝贵财富，他们具有丰富的阅历、丰富的经验和不可替代的智慧，对于我国的发展和建设具有重要的指导意义。因此，离退休同志更需要得到国家和社会的关注和保障。

二、加强企业与离退休职工感情纽带联系管理服务工作的必要性

离退休职工是我们国家建设和发展的见证者和奋斗者，他们对于我们的党和国家有着深厚的感情和忠诚度。首先，加强离退休职工感情纽带联系管理服务工作有利于增强他们的归属感和认同感。通过加强离退休职工感情纽带联系管理服务工作，可以让他们更加感受到组织和社会的关怀和支持，增强他们的归属感和认同感。其次，加强离退休职工感情纽带联系有利于促进他们的身心健康。通过加强离退休职工感情纽带联系管理服务工作，可以为他们提供更多的体育、文艺、健康等方面的活动，促进他们的身心健康。最后，加强离退休职工感情纽带联系管理服务工作有利于提高他们的幸福感和生活质量。离退休职工的快乐和幸福也是我们的责任和义务，通过加强离退休职工感情纽带联系管理服务工作，可以为他们提供更多的关爱和支持，让广大离退休职工拥有更多的组织归属感、生活获得感和精神幸福感。

三、加强离退休职工感情纽带联系管理服务工作的具体措施

一是不断完善、更新离退休信息管理系统。离退休管理信息系统包含离退休同志员工及家属信息、在职荣誉、回访信息记录、走访慰问申请等多个模块。翔实地记录相关信息，便于我们了解离退休人员的情况，对开展离退休工作，有着十分重要的意义。通过建立完善的离退休职工信息管理系统，可以更好地掌握他们的基本情况和需求，为后续的服务提供有力的支持和保障。

二是加强离退休同志的精神慰问和关爱。通过开展各种形式的活动，为他们提供了更多的文化、娱乐和健康服务，丰富离退休同志的生活，可以让离退休同志感受到组织和社会的关爱和支持，增强他们的幸福感和生活质量。为了更好地服务离退休职工，一定要注意发挥党员联系群众的桥梁纽带作用，比如在党支部中明确一名在职党员为“联络员”，对年老体弱、行动不便的老同志，经常性沟通、了解离退休职工的思想状况、实际困难、意见建议，做好服务，进一步拉紧老同志与企业之间的感情纽带。

三是加强离退休职工的健康管理和护理。通过开展体育锻炼、健康检查、补充医疗咨询等活动，为离退休职工提供更多的健康管理和护理服务，促进他

们的身心健康。同时号召更多的志愿者，力所能及地帮助老同志们做些家务，了解老人的身体状况和日常生活，也能为他们送去欢声笑语和丝丝关怀。恰逢重阳佳节的时候，为进一步弘扬中华民族尊老、敬老、爱老、助老的传统美德，党支部成员可持续推进“我为群众办实事”，将实践活动走深走实。

四是加强离退休职工组织管理。离退休职工党组织是老同志接受思想政治教育的重要平台。离退休党员干部，为保持思想上的先进性，要始终做到政治坚定、思想常新、理想永存，终身学习是使命，不能因为离退休而放松。同时，也需要有组织引领，常态化开展活动，丰富党组织生活，让老同志学习不断线，思想不松懈，引导他们主动为党委、社会传播好声音，传递正能量。将离退休职工党组织作为服务离退休干部、引导离退休职工发挥作用的重要桥梁和纽带，既有助于加强对离退休党员干部的教育管理，也有利于增强基层党组织的凝聚力和战斗力，保证各项工作的顺利推进。

五是定期开展学习教育活动，提高离退休职工参与党和国家事业发展的积极性。积极探索新时代新型学习方式，利用“党建+互联网”的模式，把老党员学习教育内容，充分利用信息化手段、互联网手段进行运作，让老同志、老党员足不出户就能接受老年教育。组织离退休职工工作群，定期在群里通报工作情况、学习资料，采取送教上门的方式，把国家最新的方针政策、会议精神传达到位，从而教育引导离退休干部充分发挥他们的优势和特长，积极投身到推进工作发展、保持社会安定、加强党的建设等具体工作中来。

六是定期开展座谈，及时了解离退休干部的思想动态。关心离退休干部的晚年生活，发挥他们的余热，促进社会的和谐发展，一方面让离退休干部及时了解退休单位的发展状况，另一方面给大家提供一个相互交流的平台，定期组织座谈会，及时了解离退休干部的思想动态并积极宣传鼓励老同志参加老年社团等交流活动，更好地发挥老同志余热，对青少年一代给予充分地关心和爱护，努力营造良好的成长成才的环境，培养社会建设者和接班人。

七是定期开展走访慰问，解决离退休干部实际困难。部分离退休干部行动不便、听力有障碍，他们迫切需要的是精神慰藉、生活照料和医疗服务。我们要定期走访离退休干部，详细了解离退休干部的生活情况及思想状况，在春节、元旦、重阳等节假日期间对离退休干部开展慰问活动，送温暖、送关怀。开展离退休干部“一人一策”精准服务工作机制，对离退休老干部及离退休遗孀等建立档案卡，结合老同志的爱好和特点，定期推送养生保健和健康知识，倡导健康生活方式，引导离退休干部树立正确的健康理念。真正做到对离退休同志思想上关心、生活上照顾和精神上关怀。

新形势下离退休管理工作的实践与思考

东北销售　贺　莉

随着时间发展，离退休人员队伍逐渐壮大，这些退休的老同志们虽然已离开了工作岗位，但为公司的发展作出了几十年的贡献，离退休人员的服务管理等工作的落实情况，一定程度上影响着公司目前在职人员队伍的稳定与和谐。

一、离退休人员服务和管理存在的问题

（一）离退休工作服务意识薄弱

离退休工作人员对离退休人员服务管理工作缺乏主动性，工作仅限于落实政策要求，例如在重要节日开展对离退休人员的走访慰问中，只落实了慰问品、慰问金的发放，而忽视了与离退休人员的沟通交流，不能及时掌握他们的身体、心理和生活状况，不能帮助他们解决生活上的困难。有时为了避免麻烦，消极应对离退休人员的服务管理工作，工作开展不到位，忽视了对离退休人员的关怀。此外，分公司没有专职的离退休人员服务管理人员，受兼职服务管理人员的精力限制，相关服务管理工作和活动开展有限，影响了工作质量。

（二）离退休工作信息管理失效

随着离退休人员数量的逐年增加，且离退休人员多是老人，他们处在一个特殊的时期，不论是年龄还是发病量，都处于递增的态势中，因此掌握他们的生活状况，及时发现问题、解决问题，成为离退休管理工作的重点。但退休的人多了，管理退休工作的岗位人员资源却是有限的，于是为离退休工作增加了很多的工作量，造成对离退休人员的思想、生活、身体状况掌握不够，特别是对分公司这种居住分散、流动性大的离退休人员的思想、健康状况缺乏了解，信息交流以及管理服务工作无法做到及时有效，造成离退休信息管理工作薄弱，

产生很多无法兼顾的隐患。

（三）离退休人员思想政治工作不到位

老员工在退休之后，受到工作岗位、身体条件、居住城市等影响，很少参加线下集中的思想教育和政治活动，造成了部分退休员工存在政治觉悟下降、思想落后的问题。分公司仅仅按照上级要求，组织落实离退休人员思想教育工作，其他活动组织较少，造成了部分离退休人员思想意识落后、对国家政策和制度理解不足、缺乏组织观念和大局观，对离退休人员的政治生活造成了严重的影响，影响了他们联系群众作用的发挥，阻碍了精神文明社会的建设。

（四）离退休管理工作岗位人员不充足

在新形势下，国家和各级地方政府逐渐提高对离退休人员的服务和管理工作的重视，需要从思想、政治、身体、心理、生活等多个方面加强对离退休人员的关注，这在无形中增加了岗位人员的工作量，同时也要求岗位人员具有丰富的管理经验和政治素养。这就要求企业加强对岗位人员的培养，以培训为抓手，坚持在干中学、学中干的原则，从而使岗位人员满足服务管理需求，更好地开展离退休各项管理工作。

二、做好离退休管理工作的实践与思考

（一）提高离退休管理工作的认识

离退休老同志是企业曾经的建设者，他们告别了激情奋斗、无私奉献的辉煌岁月，憧憬着“夕阳无限好”的美丽生活。作为后来人，应该让这些前辈们充分享受退休后的生活，提高对此项工作的认识，带着感情做好离退休人员管理，像对待自己的家人一样尊重、感恩、关心老同志，与他们加强沟通交流，建立起互相信任的融洽关系，用真情为离退休人员带去温暖。

（二）加强离退休管理工作的领导性

离退休管理工作涉及很多具体事情，是一项具有服务性、事务性和管理性的工作，其政策性与操作性都很强。因此，加强离退休管理工作的领导就显得十分必要。而要做到这点，就要把实际工作中的各项具体工作，包括未来规划，都要融入日常工作日程，时时刻刻进行考虑和推敲，同时，还要及时有效地对工作中出现的新问题进行解决，日常工作中更要考虑到很多问题发生的可能性，

并做到防患于未然，这样才能避免很多不良事件的发生，并在状况出现时不至于手忙脚乱。

（三）严格落实离退休管理政策要求

要认真、积极和迅速地落实各项离退休人员的待遇政策，积极开展和加强对他们的慰问工作。很多离退休职工的生活会因各种原因产生困难，如家庭出现变故或身体发生疾病等，这些将极大地影响他们的生活，使他们的晚年生活难以得到保障。这是离退休管理中的一项重要工作，要尽力为其解决。同时，要做好对离退休人员的慰问工作，尤其是对于一些存在困难，或经历了重大变故的离退休人员，针对异地居住的情况，要创新慰问方式，对于本地居住的退休员工，要经常深入到家庭和群体中去，加强沟通交流，了解他们的精神状况，并根据实际情况进行相应的安慰、开导等工作，使他们感受到企业和领导的关心。

（四）增强离退休管理工作的创新性

过去，由于离退休人员数量不多，离退休管理工作实行“重集中、轻分散，重直接管理、轻间接”管理。但随着分公司离退休人员的逐年增多，离退休人员居住分散、流动性大，以及管理工作人员相对不足等问题日益突出。因此，企业积极探索分公司离退休人员创新管理服务的新模式，充分发挥离退休人员在社会公益活动和自我管理服务中的积极作用，实行动态管理，利用微信群等互联网平台，打破时间和空间的限制，将流动分散的离退休人员整合起来，加强联系和管理，确保每一位离退休人员无论走到哪里，都能“聚”在一起。

（五）提升离退休岗位人员业务水平

要做好新形势下的离退休管理工作，必须注重提高管理人员的思想和工作水平，加强管理工作者的素质建设，不断学习，根据新形势下的新要求，创新做好离退休管理工作，转变思维方式和工作方法，要坚持四项基本原则，拥护党的路线方针政策，在思想上、政治上同党中央保持一致，热爱离退休工作，增强责任心，灵活解决问题，积极参加培训学习，不断提升工作本领。

对接社会化养老服务资源的策略分析

东北销售　李　佳

随着我国人口老龄化程度的不断加深，养老服务成为社会关注的焦点。离退休老同志是我国养老服务的重要群体，他们为国家和社会做出了长期的辛勤努力，对于他们的养老服务需求，社会应给予充分的关注和尊重。然而，目前我国社会化养老服务资源的利用与离退休老同志的需求之间存在一定的脱节和不足。一方面，社会化养老服务资源的分散和不完善导致离退休老同志在选择和使用养老服务时面临困难。另一方面，服务质量和服务内容的不均衡也限制了离退休老同志享受到更优质、更多样的养老服务。中国石油作为国有企业，在社会责任与企业发展的角度，应积极参与和推动社会化养老服务资源的对接与利用，为离退休老同志提供更多样、优质、便利的服务。

一、社会化养老服务的现状分析

在发展社会化养老服务的背景下，我国政府积极推动养老服务体系的建设，提出了一系列相关政策和措施，鼓励社会资本参与养老服务的供给。同时，社会对养老服务的需求也不断增加，老年人对个性化、专业化和高质量的养老服务的期待日益提高。

这些因素共同推动了社会化养老服务的快速发展，但仍然存在着一些问题。首先，资源分布不均，社会化养老服务资源在地区和城乡之间存在不均衡的分布，一些地区缺乏养老服务设施和人力资源，导致服务供给不足；其次，技术应用不足，虽然技术应用在社会化养老服务中具有潜力，但在实际推广过程中面临技术标准、安全性、老年人接受度等方面的挑战；再次，人才短缺，社会化养老服务领域缺乏专业化、高素质的养老服务人才，影响了服务的专业水平和提供能力；最后，养老服务需求多样化，随着老年人群体的多样化需求，养老服务也需要不断创新和更新，以适应老年人的个体化需求，这对养老服务资源的开发和整合提出了更高要求。

二、中国石油参与社会化养老服务的分析

作为一家国有企业，中国石油积极参与并推动社会化养老服务资源的对接与利用，可以彰显其社会责任意识和企业形象，为离退休老同志提供温馨关怀，增强企业与离退休老同志的互动与联结。企业可以通过以下几种方式参与社会化养老服务。首先，提供全方位服务。公司致力于构建综合性、多样化的养老服务体系，覆盖离退休老同志的各个方面需求，在场地、资金和人力给予大量支持，包括居家养老服务、医疗健康管理、社交互动等，通过引进先进的管理经验和技术手段，确保离退休老同志享受到优质、安全、可靠的养老服务。其次，关注特殊群体，公司重视关怀特殊群体的离退休老同志，如残疾人员、困难家庭等，通过专项政策和服务措施，满足他们的特殊需求，传递关爱与温暖。最后，创新科技应用，公司致力于推动数字化和智能化技术在养老服务中的应用，提高服务的便利性和质量，包括移动应用程序开发、数据管理与信息安全保障等。

三、对接社会化养老服务资源的策略与实践

（一）建立综合性社会养老服务平台

为了对接社会化养老服务资源，建立综合性社会养老服务平台需要进行以下三方面规划与功能设计。首先，创建多样化服务平台，通过调研和用户反馈，深入了解离退休老同志的养老需求，根据需求分析结果进行平台功能设计，包括居家养老服务、医疗健康管理、社交互动、文化娱乐等，以满足离退休老同志的多样化需求。其次，招募合作伙伴与资源整合，建立综合性社会养老服务平台需要与各类合作伙伴进行合作，并整合各方资源，提供更多样、更优质的养老服务。通过与医院、诊所等建立合作关系，提供健康咨询、健康管理、医疗等服务；与社区服务中心、社会福利机构等建立合作关系，整合社区资源，提供康复护理、心理支持等服务；与养老院、居家养老服务机构等建立合作关系，提供老年人日间照料、康复护理、休闲娱乐、居家养老、安全监测、护理

等服务。最后，强化技术支持和平台建设，根据平台需求，选择合适的技术方案，进行平台开发，包括前端设计与开发、后端数据库设计与开发、系统集成等；建立健全的数据管理系统，采用加密技术、权限控制、备份与恢复机制等，确保用户数据的安全与隐私保护；注重用户体验，设计简洁、友好的界面，提供便捷的操作流程，确保用户能够轻松使用平台的各项功能。

（二）加强社区服务中心建设与管理

社区服务中心在对接社会化养老服务资源中扮演重要角色，不仅能为离退休老同志提供养老服务的咨询和指导，帮助他们了解和选择适合的养老服务项目，还能组织社区活动、兴趣小组等，促进离退休老同志之间的交流和社交，提供情感支持和帮助。首先，社区服务中心应积极与社会化养老服务资源进行对接，协调社区内外的服务机构和志愿者资源，提供离退休老同志所需的服务。其次，与养老院、医疗机构、志愿者组织等建立合作关系，共享资源，互相支持，形成服务联盟，提高服务的覆盖范围和质量。最后，提供丰富多样的服务项目和活动，满足离退休老同志的兴趣与需求，通过开展健康讲座、体检服务、健身活动等，提供养生保健指导和服务；组织社交聚会、文化娱乐活动、志愿者服务等，促进离退休老同志之间的交流和互动；设立心理咨询服务，为离退休老同志提供心理支持和咨询，帮助他们调适心态和解决心理问题。

（三）创新数字化技术应用

数字化技术在养老服务中具有广阔的应用前景和诸多优势，其开发的老年人生活产品具有很好的推广性。首先通过远程医疗平台和健康监测设备，实现医生与离退休老同志的远程诊疗和健康监护，监测离退休老同志的生活状态和安全情况，提供及时的援助和紧急救援，提高医疗服务的便利性和效率。其次通过在线社交与互动平台，使离退休老同志能够随时随地与他人交流、分享经验和建立社交网络，还能方便离退休老同志预约养老服务，提供养老知识、健康管理指导等功能，帮助离退休老同志获取养老信息和指导。

（四）培育养老志愿者队伍

志愿者参与养老服务具有很强的专业能力以及综合素质，通过加强养老服务队伍的培育与建设力度，能够有效缓解人力资源不足的困境。志愿者能为离退休老同志提供社交支持和陪伴，减轻他们的孤独感和焦虑感，协助离退休老同志与养老服务资源进行衔接，帮助他们解决养老服务中的问题和困难。首先，开展志愿者招募活动，培训志愿者的养老知识和服务技能，提高志愿者的专业素养，通过建立激励与奖励机制，鼓励志愿者积极参与养老服务，提高他们的工作积极性和满意度。其次，建立志愿者交流平台，定期组织交流会议和培训，听取志愿者的意见和建议，及时解决问题。最后，建立合作机制与社会化养老服务机构建立合作关系，共同制定服务计划，确保志愿者的服务与资源的有效对接，通过协作和互助，提供更全面、综合的养老服务。

（五）创新政策与企业参与

中国石油高度重视离退休老同志的养老服务，将其视为公司文化与价值观的重要体现。长期以来，中国石油积极参与养老服务政策的研究与制定，与政府部门、学术机构和专家进行合作，深入了解离退休老同志的需求和社会化养老服务资源的现状，为制定相关政策提供科学依据。首先，积极与企事业单位合作，鼓励其参与养老服务资源的开发与利用，通过建立合作机制，促进企事业单位在离退休老同志养老服务领域的投入和创新，共同提供多样化、优质化的养老服务。其次，与养老服务产业链上的各个环节进行合作，包括养老设施建设、医疗保健、健康管理、智能科技等，推动养老服务产业的发展与合作，通过整合资源、共享信息和合作创新，提供一体化、综合化的养老服务解决方案。最后，积极拓展与其他行业的合作与创新，如金融、信息技术、物流等，借助各行业的专业能力和创新成果，为离退休老同志提供更便利、更多样的养老服务。通过跨界合作和共享资源，推动社会化养老服务的创新发展。

提升服务水平，系牢离退休老干部感情纽带

东北销售　栗　春

一、社会化管理后离退休干部思想状况

退休人员社会化管理，是指职工办理退休手续后，采取管理服务工作与原企业分离，养老金实行社会化发放，人员移交居住所在地社区实行属地管理，由社区提供相应的管理服务。退休人员社会化管理，是完善社会保障体系的重要内容，既有利于进一步保障企业退休人员晚年生活，又有利于减轻企业负担，使企业安心生产经营。当前社会化管理工作已经基本走入正轨。

在近三年离退休工作调研中发现，离退休人员对社会化管理工作认识不足，从情感上与企业难舍难分，同时担心医疗、保险等待遇落实打折扣，进而单方面认为进入社区管理是企业对他们的抛弃，从而产生抵触情绪。尤其离退休干部在退休进入社会化管理后，社会地位、健康状况、教育引领等一系列的不同变化，导致该群体的思想也出现不同波动。特别刚退休不久的干部，脱离了熟悉的群体，失去了固有的人际环境，对于他们来讲，退休前有较高的社会地位和社会关系，生活重心是企业工作，退休后生活重心变成家庭琐事，广泛的社会活动骤然减少，心理落差较大。还有一些干部退休后感到无所适从，从而产生失落感，严重会诱发心理疾病影响身心健康，如果不及时给予思想建设和疏导，会导致该群体不稳定性、难控性增加，甚至影响企业正常的生产经营。

二、提高服务意识，精准做好新时代离退休干部管理工作

广大离退休老干部在不同的历史阶段，为企业的发展都作出了贡献，并有着难以割舍的情感，他们热爱企业，时刻关注企业的兴衰，十分渴望发挥余热，

也有着积极为企业献言建策的一颗火热的心。在老有所养、老有所依、老有所乐的同时，确实有着老有所为的能力，因此在为管理离退休干部服务时更应该更新观念，对离退休工作要有新的认识、新的升华，以适应新时代发展要求，用真心换取离退休老干部的信任和支持。

（一）强化组织领导，保障退休人员社会化衔接工作有序开展

离退休社会化管理是一项严肃的政治任务，它的复杂性决定了离退休工作的机动性。社会化管理后，离退休干部、职工中党员的党组织关系也随之转出。由于部分社区党组织建设工作开展薄弱，一些受党教育多年、政治素质高、组织纪律观念强、道德人格修养高的老同志，怀着对党忠诚的信念十分向往在企业的组织学习生活。针对这类需求，要坚持政治上尊重、思想上关心、精神上关怀老干部，通过退前谈话、荣退仪式、工作转交、交流座谈、重温誓词等形式，进一步强化政治引领，传递组织温暖、体现党内关怀。持续开展“送学上门”等活动，有效解决离退休党员年龄大、学习信息不同步等问题，确保退休党员干部学习“不掉队”、思想“不滑坡”、初心“不断档”。定期组织收看“报告会”，强化对党的方针、政策和实事、国情的宣传教育，以真情实感增强退休干部光荣感、信任感、责任感和对美好生活向往的新动力，从行动上构筑关心关爱的纽带。

（二）抓住关键环节，从点滴入手保障社会化后各项待遇不打折扣

离退休工作千头万绪，每走一步都要有政策和制度作指导。古语云：“不患寡、患不均、不患贫、患不公”，在信息开放的大环境下，待遇落实不及时，关系到企业的稳定和发展。离退休管理人员要从讲政治的高度全面系统地学好制度、用好政策，做制度“活字典”、政策“百事通”，做离退休老干部利益的维护者，做好企业的护航员。从小事入手，从点滴着手，想老同志所想，急老同志所急，让离退休老干部真切感受到企业的真情实意，增加老干部的归属感。每逢重大节日，坚持走访慰问，切实带去组织的温暖和问候；定期电话寻访，重点为老干部解读各类待遇的报销政策，为老同志排忧解惑；每年开展健康体检，建立健康档案，为老干部健康保驾护航；对患有重大疾病老干部，进行重大疾病帮扶，增加战胜疾病的信念；进行临终关怀，对符合标准遗属落实待遇。各种个性化的关怀和抚慰，使社会化管理后的离退休老干部感到自己没有被企

业遗忘，组织上还会关注他们，进而增加了老干部生活获得感和精神幸福感，从情感上打上关心关爱的纽带。

（三）加强属地协调，搭建社会化管理平台增强离退休老干部满意度

加强属地联系，做好档案等资料的移交，在移交过程中做好信息登记工作，做到移交不漏一人、资料一字不错、档案一件不少。加强对离退休管理系统的应用，对离退休人员个人信息数据及时进行静态和动态调整，主要包括退休前职务职级、养老金待遇、家庭住址及联系方式等，方便老同志查阅个人资料，使离退休老干部电子档案管理规范化，为离退休社会化管理提供有力支撑。党员党组织关系的移交，关系着党员社会化管理的成效。对纳入社区管理的退休干部、职工中的党员，应当将其党员组织关系移交到社区所在街道党支部，并将其纳入所居住的社区党组织进行管理。为避免离退休党员在交接过程中流失，与社区党组织提前沟通，做到人员与信函同报到、同反馈，形成无缝对接，以负责的态度体现出对离退休党员的关心关爱永远在路上。

三、紧盯长远目标，带着感情和责任落实关心关爱联络机制

离退休管理人员在思想上要与时俱进，树立大局观念，去除应付思想，强化服务意识；破除官僚主义，去除依赖意识，推动各项工作扎实开展。要在思想上尊重老同志，树立为老干部服务的观点，对老干部要有深厚的革命感情；要在生活上贴近老同志，拉近与离退休老同志的距离，了解和掌握老同志的身体健康、家庭生活等基本情况。

做好离退休社会化对接是当前工作的目标，为老干部办实事、解难事，牢固树立“老干部工作无小事”的理念，不拖、不等、不误，要抓得具体、细致、扎实；要雷厉风行，为老干部服务更要有一种“等不起”“慢不得”“坐不住”的责任感、紧迫感，切实提高执行力，认真对待工作中的每一件事和老干部的每一项需求。提高自身素质，大力弘扬“大庆精神”“铁人精神”，发扬踏实肯干、任劳任怨、甘于奉献的优良传统作风，让离退休老干部感受到石油大家庭的温暖。

浅谈新形势下如何做好离退休职工管理服务工作

东北销售　臧传明

在退休人员社会化管理新形势下，如何进一步强化企业与离退休老同志的感情纽带联系，为离退休职工提供更多样、更优质、更便利的服务是指导离退休管理工作的重点。哈尔滨分公司离退休的管理工作涉及面较广，政策性相对较强，离退休职工管理服务工作的好坏，是政策和有关法律法规贯彻实施基本依据，也关系着离退休职工的老年生活是否幸福。“老有所依、老有所乐、老有所学”不是一句口号，更是离退休服务的宗旨。

一、离退休职工管理工作现状

公司始终与政府社会化移交相关部门保持密切协作关系，移交退休人员档案及组织关系落户，推进管理制度的科学化。国有企业长期管理这些人员，有着自己的管理办法和服务标准。做好服务是离退休管理工作的初心，也是服务工作的目标。

目前，离退休职工数量较大，公司设立了片区组长负责制，健全完善这些群体的联络方式，并始终保持联络顺畅，确保相关沟通信息及时准确地传递到老同志们的手中。新增、减员离退休职工信息录入由相关部门专人管理系统。

按照政府及集团公司相关文件精神，公司为离退休职工做好关乎切身利益的各项工作，包括医疗改革、社会化移交等各项政策的解读工作，为离退休职工把好政策关。

二、离退休职工服务工作现状

（一）强化责任认识，用心打造以服务为主的浓烈氛围

离退休工作人员要树立离退休职工上访无小事的观念，要熟悉老年人对新事物不易接受、爱发牢骚的心理特征。只有理解、关心、尊重老同志，爱护、宽容、谅解他们，才能在实际工作中提高服务质量。认真倾听来访相关诉求，解读相关政策。疫情期间开展贴心体检服务，科学规划体检人员，分区分片跟踪陪检。对退休人员进行保险报销手续解读，因网上报销额度受限及大部分退休老人无法自行网上理赔，退休管理工作员工上门办理或集中收取邮寄报销。对本地与长短期外地居住的离退休职工进行调查工作，以实际行动帮助老同志解决实际困难。

（二）克服压力困难，做好政策解读

哈尔滨分公司贯彻落实集团公司对退休职工社会化管理工作部署，积极与市、区政府（包括外地区相关部门）沟通，开展信息采集等相关材料移交工作，但移交工作仍面临诸多问题。虽然职能部门持续性解读相关政策，仍出现少数人员微信串联、言辞激烈、拒绝签字确认等行为。移交过程中，公司主要采取了以下几种工作方式。一是利用一个月的时间，进入离退休职工所在家属区，现场办公逐个通知签字，对行动不便人员上门信息采集，并现场答疑解惑；二是积极争取地方政府支持，寻求相关文件政策和官方解答；三是针对在接转组织关系中的特殊党员，通过历史资料查阅，工作人员陪同当事人走访调查，理顺党组织关系。

（三）针对特点，增强企业文化宣传

离退休职工在工作和生活的过程中已经形成了一定的思想价值观念，这些思想价值观念也是许多老年人的精神支柱，掌握退休职工思想动态，做好思想政治工作，保持离退休队伍的稳定性，关键是要掌握动态，紧跟形势做好思想政治工作。离退休职工是企业发展中的宝贵财富，具有一定的特殊性，为了更深入地贯彻与落实国家政策方针，各组长通过多种渠道组织观看、分享“离退休干部网上专题会”相应学习材料，组织引导离退休老同志广泛参与，真正做到让离退休职工提升学习效果，确保会议精神入脑、入心。宣传学习场景重点

集中于线上进行，同时，针对各家属区人员沟通相对方便的特点，由组长以小组学习的方式，进行了重点讨论座谈，以点带面，增强了学习效果。

（四）建立公司与老同志沟通桥梁

一是提供特色文化活动。哈尔滨分公司为离退休职工提供了健身娱乐场所，建立老年活动中心，丰富了退休职工文化生活。二是积极沟通，保障退休职工的身心健康。离退休管理专业线在进行管理的过程中，深入挖掘和分析离退休职工的特点和爱好兴趣，结合实际情况和爱好提供他们所喜欢的活动，能够很好地达到预期的效果。三是把开展思想政治工作同离退休人员的切身利益结合起来，在做好老同志思想政治工作的同时，做好离退休职工的服务工作，增强思想政治工作的及时性和有效性，开展离退休职工走访慰问，宣传企业文化，交流思想。

三、与时俱进努力创新服务方式

（一）创新宣传教育策略

工作人员通过 QQ、微信等多渠道，定期为他们提供广泛的信息咨询服务，包括党的方针政策、国民经济发展动态、改革政策、企业生产经营现状等。在学习内容上尽量做到少而精，使老同志消化得了；在组织策略上要活，因人而异。

（二）创新沟通联系方式

变节日集中看望为经常性的登门探访，变老同志提出事项为主动询问老同志需要解决的事项，在经常性的沟通联系中构建起老同志与公司沟通的桥梁与纽带，对丧偶、生活不能自理的老同志，经常关心慰问，情感交流，提供精神上的服务。

新形势下离退休人员管理工作的问题与对策

新疆销售 周 艳

人口老龄化是现代经济社会发展的客观趋势，是世界发达经济体和部分发展中国家普遍面临的社会现状，也是我国推进现代化建设不得不面对和解决的重大课题。作为老龄人群体中的特殊一分子，离退休人员是党和国家及全社会共同的宝贵财富，他们曾为我国科研事业作出巨大贡献，并拥有较高的知识层次、文化水平和专业技能，能够为加强科技创新、建设科技强国持续贡献力量。因此，做好离退休人员管理工作是各级党政机关、相关职能部门及社会各界的共同责任。

一、公司离退休人员管理工作存在的问题

（一）管理制度有待完善

制度的建设过程伴随着制度的动态性和稳定性的协调统一，公司的离退休人员管理工作主要是依据党中央的相关政策文件来开展的，需要执行的政策零散地分布在多个文件中，在充分理解上级文件、研读上级文件的基础上，在符合国家政策要求的前提下，根据集团公司实际情况制定系统的离退休人员管理办法。在新时代背景下，有新问题产生时，解决这些新问题的制度缺少前瞻性，工作人员要么采用老办法解决新问题，要么凭经验或个人情感处理新问题，使得问题解决的效果不是最佳。

（二）工作人员培训教育欠缺

经统计，近几年来，公司离退休工作人员未接受过离退休人员管理方面的专业培训，仍沿用原来的工作习惯、工作方法开展工作，这与离退休工作面临越来越多新问题、新挑战的现实情况极不匹配，导致工作人员吃不透上级文件，

把握不准政策要求和政策尺度，难以及时、有效解决老同志提出的问题，或者给出的解决方法难以被老同志接受。同时，这也限制了离退休工作人员个人的成长，因为长期缺少培训学习，导致知识面越来越窄，只能履行常规工作，成长动力不足，难以进行业务拓展或业务提升，阻碍准确高效地完成新时代背景下的离退休服务工作。

（三）未提供完善的文化养老硬件环境

目前，随着生活水平不断提高，公司的离退休人员的物质生活已经得到较好的保障，在离退休后，属于个人的时间增多，离退休人员对文化养老的需求越来越高，希望能有充足的活动场所、多样化的活动内容以满足日益增长的美好生活需要。但现实状况是，学习活动场所建设不足，许多活动场地基础设施建设力度不够，这些活动场地设施陈旧、损坏，设施维护维修不及时，场所环境较差，场地狭小。虽然有时也会举办书画、棋牌等比赛，但活动内容单一，无法满足老同志不同的活动需求，单一的学习，难以激发多数老同志的学习热情和兴趣。

（四）社会化管理后未同步相关服务工作

公司离退休人员有事情仍然是回来找企业、找领导，对社区归属意识和参与意识不强，没有明确社区在退管工作中的基础性地位，没有发挥社区资源整合、解决社会问题的融合功能。而这恰恰是当前公司离退休人员社会管理后的一个重点工作，只有在社区内形成守望互助的归属意识，才能在城市社区的疏远隔离的人际关系中找到恰当的切入点，提高社会化管理服务工作的社会认可度。

二、加强离退休人员管理的对策建议

（一）改进离退休人员服务管理机制

做好党和国家对离退休人员管理工作相关政策规定在公司的落实，制定实操性较强的实施办法或细则，配合离退休党支部做好离退休党员的思想政治工作，关心公司离退休党支部的建设，给予一定的经费支持离退休党支部开展相关活动；根据上级工作安排，推举离退休人员代表参加上级举办的活动；组织离退休人员开展集中学习；关注离退休人员的身体健康状况，关心他们的生活情况，视情况进行探望、家访或慰问；做好生病住院的离休人员的探视及病危期间的服务工作；做好易地安置离退休人员的医药费、住院费等相关费用报销工作；组织离退休人员参加定期体检；在党的生日、春节、重阳节等重大节日期间，组织开展庆祝、慰问活动；协助相关部门采集、宣传离退休人员的先进事迹和历史功绩；做好异地离退休人员的看望慰问工作，做好离退休人员活动场馆的管理、更新和维护，开展适宜离退休人员参加、对离退休人员身心健康有益的各种文体及娱乐活动；鼓励离退休人员充分发挥他们的政治优势、专业技术优势和科研管理经验，积极为单位改革发展、重大决策咨询、培养青年科研骨干发挥作用；做好遗属抚恤工作，协助家属处理离退休人员丧事；跟进了解各部门落实节日慰问、生病住院慰问情况，组织召开离退休人员交流会；按单位下达的经费指标，合理安排并按规定审批使用；加强离退休管理服务队伍建设，使工作人员政治素质和业务水平能够不断提高，规范离退休人员管理，强化离退休人员服务；完成单位领导交办的其他离退休管理方面的工作。

（二）加强队伍建设，提升离退休工作人员能力

在知识经济时代，组织的竞争力在于人才，而人才的竞争力在于比其他人学的更快更好的能力。培训是成年人学习新知识的重要途径，通过培训组织可以助力员工的工作技能的提高、员工的潜力的挖掘、员工凝聚力的增强等。近年来，公司离退休工作人员参加培训的机会极少，这与离退休工作的高政策性及新时代对离退休工作人员的要求极不匹配，因此，公司应加强对离退休工作人员的学习与培训。一是要加强理论知识学习，如离退休管理相关政策文件及党中央对加强新时代老龄工作的指导意见，提高政治领悟力和政策执行力。二是要加强对业务知识的培训，有计划、分层次地对离退休管理服务人员进行培训，使离退休管理服务人员能够有效化解能力危机、消除本领恐慌，为离退休工作人员精准服务老同志及做好日常工作提供知识养料。三是要激发离退休工作人员的学习热情，鼓励离退休工作人员通过外出参加专业培训学习和个人自学等方式，不断提高专业能力和服务水平，打造学习型、知识型、服务型离退休管理服务部门。

（三）提升社会认同感

一是加强信息公开，注重政策宣传。在推进社会化管理服务的过程中，要认真做好企业离退休人员的政策宣传。各级政府要制定宣传计划，通过派发宣

传资料，在报刊、电台、电视台等新闻媒体，以及微博、微信、手机报等新兴媒介推广介绍，广泛宣传社会化管理工作的背景目的和意义、法律法规政策措施、公司落实这项工作的情况。宣传工作特别要贴近企业和企业离退休人员，组织专家答疑解惑，打消企业和企业离退休人员存在的各种疑虑。有关部门和街道、社区要通过电视、广播、报纸、手机等多种形式广泛宣传离退休人员实行社会化管理服务的有关政策措施，创造良好的社会舆论环境，把解决思想问题与解决实际困难结合起来，增强思想政治工作的实效，不断提高管理服务水平，消除离退休人员的顾虑，争取得到社会各方面的充分理解和广泛支持。大力协助相关企业对老同志开展宣传发动工作，举办政策讲座、登门走访、书面宣传、组织观摩等多种形式，生动有效地做好企业离退休人员的思想工作，为社会化管理工作营造良好的氛围。

二是推进企业离退休人员社会化管理服务参与度。社区因地制宜，积极拓宽适老参与项目，搭建老有所为的广阔舞台，充分发挥企业离退休人员的优势，引导他们为社会发挥余热。企业离退休人员积极地参与其中，通过社区与企业宣传，使离退休人员树立强烈的社区意识，促使他们广泛参与社区建设活动。企业离退休工作人员要大力挖掘、整合、利用社区资源，特别是社区丰富的人力资源，通过参与活动，使社区企业离退休人员管理服务各项工作能更全面、顺利、稳健地向前推进，并形成社会管理服务离退休人员的良好氛围，调动社区的一切积极因素，共创社会化建设美好的明天。在公司离退休人员的积极参与中，广大社会化管理服务机构及其工作人员会更加有激情地去推进离退休人员社会化服务工作。

如何进一步强化企业与离退休职工的感情纽带联系

新疆销售　郭东梅

加强企业与离退休职工纽带联系，做好离退休职工服务工作是老龄化趋势加快和离退休人员社会化管理新形势下的现实需要和迫切要求，对于促进企业发展具有重大的现实意义。

一、重视离退休职工的参与和贡献

为离退休职工提供参与企业活动的机会，让他们感受到自己的重要性和价值。鼓励离退休职工分享自己的经验和智慧，可以通过举办讲座、培训等形式，让他们与在职员工进行交流和互动。

企业鼓励年轻员工与离退休老同志建立起师徒关系，每个新员工都会有一位离退休老同志作为自己的导师，他们会一起工作、学习和交流。这种师徒关系不仅能够传承知识和技能，更能够建立起一种深厚的情感纽带，让年轻员工们在工作中感受到离退休老同志们的关心和支持。随着时间的推移，这种特殊的联系在“和谐企业”中逐渐深化。离退休职工不再只是过去的员工，而是企业大家庭中不可或缺的一部分。他们的智慧和经验为企业带来了无尽的启发和动力，而企业的关怀和尊重也让他们在离退休生活中感到无比的幸福和满足。

二、建立有效的沟通渠道，注重企业文化传承

设立专门的离退休老同志联系人，负责与他们保持密切联系，及时了解他们的需求和关切问题。企业退休人员社会化管理后，大部分离退休职工的组织关系和人事档案都交由地方管理，这无疑减少了企业与离退休职工的联系，但

是企业仍继续保持对离退休职工的关心。如利用现代化的通信工具，如微信等社交媒体，与离退休老同志保持定期沟通，分享企业的最新动态和发展。企业建立离退休工作交流群，不定时地发送企业相关宣传信息、企业动态等。

要注重企业文化的建设，将离退休老同志们的故事和经历融入企业的价值观和使命中。每个员工都会在入职培训中听到这些故事，了解到离退休老同志们为企业付出的辛勤努力和无私奉献。这样一来，年轻员工们对离退休老同志们的尊敬和感激之情就会深深扎根于心。

三、提供福利和关怀

企业每年定期开展扶贫帮困慰问工作，其中给离退休困难老同志、生大病老同志给予经济上的帮助，一定程度上减轻了他们经济负担。

组织定期的健康体检和康复活动，关心他们的身体健康和生活品质。企业每年为离退休老同志安排健康体检，可以上门服务，也可以根据个人需求在当地开展体检项目。

企业应为离退休老同志提供各种关怀和帮助。这个项目包括定期组织老同志们进行文化活动、健康讲座和旅游等，让他们感受到企业的关心和温暖。同时，他们也可以通过这个项目与年轻员工进行交流和分享，传承自己的经验和智慧。

四、建立离退休老同志交流平台

创建一个专门的在线社区或论坛，供离退休老同志之间交流和分享经验。定期组织离退休老同志聚会，加强他们之间的联系和友谊。建立离退休人员数据库，运用计算机网络技术，实现离退休人员管理服务信息化，提高服务质量和便捷程度。通过以上措施，形成以离退休管理部门为主、离退休人员自主管理为辅、专兼结合、相互补充的离退休管理网络，做到不遗漏、全覆盖，做到平时有人访、惑时有人解、难时有人帮、病时有人探。

退休人员社会化管理过程中出现新问题的解决途径探索

东方物探　杨月华　王　健

为进一步做好退休人员社会化后的企业延续服务管理工作，确保离退休老同志队伍稳定和谐，保持与企业的感情纽带，企业应构建退休人员社会化移交后与社区管理的良好衔接，保障企业社会化改革顺利进行。在新形势下做好国有企业退休人员社会化管理工作的后续服务，需要我们在以往长期工作经验的基础上进行探索与思考。

一、离退休人员社会化移交后运行情况

在开展退休人员社会化工作过程中，我们为保障退休人员的各项待遇与利益，与接收社区保持及时联系与信息跟进，了解掌握相关动态，及时进行配合互助。现仍承担的退休人员后续管理工作主要包括以下几个方面。

（一）离退休管理工作

1. 协助街道部门办理医保相关报销手续、收集、整理报销票据。

2. 负责异地居住人员医药费报销、人员信息变更和采集、医保、社保政策宣传、医保社保服务与社区衔接。

3. 与街道党建共建，活动联办。协助社区开展文体活动的组织、安排、通知、奖品发放。协助社区党建活动组织安排、党员党费收缴。

4. 困难家庭慰问、困难群体帮扶、生病住院人员慰问、大病救助、老领导及劳模慰问。

5. 退休人员后事处理、协助丧葬费办理。

6. 企业统筹外费用管理和发放、企业补助发放管理。

7. 处理办理退休手续前社会保险、待遇方面存在异议问题。处理历史遗留问题，与社区共同做好稳定工作。

8. 保持与退休人员感情纽带联系，组织座谈，走访慰问离退休人员。与退休人员保持联系沟通，让他们了解企业发展改革情况，提出意见，发挥余热。

（二）出台的新政策及与待遇相关的办理与宣传工作

1. 不便使用新信息媒体或智能设备的退休人员，其每年新增福利待遇及优惠政策的办理、解释与宣传。

2. 重疾险的宣传普及与办理协助工作。

3. 移交后因历史遗留问题或特殊个人情况造成人员诉求的处理，配合做好院区整体稳定工作。

二、离退休人员社会化移交后新产生问题探讨

（一）对原企业的依赖思想

由于石油企业的特殊性质，退休人员常年在企业接受管理与服务，对企业有固定的依赖思想。虽现单位已完成社会化移交工作，但退休人员依然有事就找原单位，个别人员对接收社区管理有抵触思想，享受社会化服务的意识较难在短时间内形成。

（二）社会化推进的地方政策支持不足

虽然中央已定下退休人员社会化的总基调，但地方政府及社区管理机构由于资金、人手不足等客观原因，对移交后各项管理职能的推进相关政策有些滞后。很多只是名义上的移交，具体管理服务依然由原单位承担，甚至个别地区出现企业新退休人员人事档案以容积不足理由拒收等情况，因此退休人员社会化管理工作依然需要地方政府全力推进政策支持。

三、下一步工作思考

（一）与政府、社区保持良好沟通联系

加强与当地政府、社区的联系沟通，借助大港油田一体化协调组平台的优势，保持退休社会化后续工作的同步进行。涉及相关问题，统一反映处理，保持与各驻地社区组织良好联系，配合做好党建、文体活动的组织宣传，在政策支

持范围内，互通有无，互相补充，保证退休职工移交后各项待遇得到落实。在严格执行政策的前提下，为相关社区提供适当奖品，组织活动时提供人力帮助与支持。协助组织一些公益宣传活动，加强联系，互通有无，感情交流，政策同步。

（二）始终把维护稳定工作放在退休人员社会化管理工作的重中之重

切实从维护稳定大局出发，力求把好事办好，坚持做到耐心细致。着眼退休同志的根本利益，认真负责地做好工作，既尊重历史，承认现实，又面对未来，兼顾各方。积极维护退休老同志的知情权、参与权。对原来长期建立的联系方式，我们要仍然保持沟通渠道畅通，注重对退休老同志的心理疏解，让他们切身感受到企业的关心关爱不会因管理职能的移交而减弱。在条件许可的情况下，不定时召开老同志代表座谈会，宣传国家与企业相关政策，解答老同志的疑虑与问题，听取他们的意见建议。加强思想引导，强化正面宣传，认清、讲清这项工作，从长远上看是有利于维护退休人员根本利益的，给退休同志吃好“定心丸”。坚持加强源头治理，加强统筹协调，兼顾企业与所在地方的稳定风险情况，妥善处理好改革、发展、稳定的关系。

（三）继续保持与退休老同志的联系与沟通，传递企业温暖与正向信息

保持原有福利待遇的延续，让老同志吃上“定心丸”。在条件许可的情况下，依然开展相关文体活动。围绕上级的相关调研、座谈会、讲座等开展组织学习与宣传工作。将中石油东方公司工作信息及时传递给老同志，让他们继续关心企业、心系企业。例如，把公司取得的相关业绩传达给他们，尤其是公司遭受洪灾、重大险情情况下，积极应对，精确指挥，快速恢复，并在涿州抢救过程中积极发挥石油企业的担当，为社会提供援助力量，在当地建立了良好的声誉和口碑。老同志们听了都非常振奋和激动，纷纷表示物探石油先锋的旗号是打得出、过得硬的，为石油工人争了气。

（四）关注养老体系的建立与发展

在企业改革快速发展的进程下，剥离企业办社会职能是社会改革的必然趋势，虽然我单位已顺利完成了退休人员社会化移交工作，但对于老同志优质养老的需求意愿，仍然是我们要与社会共同配合好来解决的工作。在下一步的工作进程中，我们认为要关注的有几个方面。

1. 了解养老机构与医疗机构的位置与服务情况

按照方便就近、互惠互利的原则，咨询养老机构与周边社区卫生服务机构的相关情况，为原单位退休人员提供基本公共卫生服务、基本医疗、养老机构与医疗机构的建议。

2. 保持与相关街道、社区及时沟通联系

利用好社区的“吹哨报到”机制，探索为居家老年人特别是为失能、特困老年人提供综合、连续的一站式居家医疗和养老服务的路径。

3. 积极倡导社区卫生服务机构为高龄、失能老年人提供上门巡诊、家庭病床、居家康复护理等服务

建立非公医疗机构、私人机构为居家失能老年人提供家庭病床、巡诊等上门医疗服务通讯录，为老年人提供方便。

4. 以社区为中心，通过线上线下连接起各服务机构的养老模式

了解养老服务难点问题，在社区主导下共同聆听老同志真实声音，汲取各地先进经验，以需求为核心，以问题为导向，共同探索养老服务高质量发展的方案路径。

5. 到周边养老机构广泛调研

了解具体服务情况，与相关老人和家属进行咨询，掌握养老机构的情况与信息。积极向老同志提供建议信息，配合做好有需要去机构养老的老人信息传递工作。

如何充分发挥离退休老同志在开展关心下一代工作中的优势和作用

中油测井　祃　越　周永婷　施锦心

而离退休老同志作为社会中宝贵的资源，他们积累了丰富的知识和经验，动员离退休老干部、老技师、老专家、老教师、老模范等“五老”发挥专业技术特长，积极参与关心下一代工作，同样是推动经济社会持续健康发展之宝，是实现国家长治久安、夯实我们党长期执政基础之宝，在开展关系下一代工作中具有独特的优势和作用。本文将从几个方面探讨如何充分发挥离退休老同志在此项工作中的价值。

一、离退休老同志积极参与关心下一代工作的现实意义

（一）实现中华民族伟大复兴的需要

离退休老同志是社会宝贵的人力资源，他们拥有丰富的生活经验和职业经验，对社会有着深刻的认识和理解，这些经验和智慧可以为下一代提供有价值的建议和指导，为社会的发展和进步作出更大的贡献。

（二）社会稳定和企业发展的需要

随着离退休人员数量不断增加，如何稳定离退休职工队伍，关系着企业的稳定和发展，关系着能否构建和谐企业。

现如今退休人员的衣食住行、生老病养等需要企业管理和服务，随着时间累计问题和矛盾逐渐凸显，处理不当就会引起他们子女和亲属的特别关注，严重时可能会影响在岗的企业退休人员子女和亲属员工队伍稳定。甚至有些退休人员因长时间脱离组织，放松了学习，产生了不健康的思想，将子女的不孝、家庭的不和睦转移到对组织的不满，成为社会不稳定的因素。

（三）离退休老同志实现自身价值的需要

离退休人员曾经是企事业单位的核心人物和重要骨干，他们将自己的大好青春年华都贡献给了国家，用自身的专业素质和奉献精神为社会稳定、经济发展、国家繁荣取得了丰功伟绩。随着经济水平的不断提高，在充分享受退休生活的同时，老同志也需要满足精神层面的要求，内心仍然希望可以实现自身的价值。

二、离退休老同志参与关心下一代工作的主要方法

（一）发挥政治优势，积极倡导社会主义核心价值观

新时代是创新的时代、奋斗的时代，必须大力弘扬科学家精神，激发全社会创新创造的活力，激励广大科技工作者勇攀科学高峰。退休人员组成了一支庞大的离退休队伍，拥有巨大的政治力量，这支队伍中有党员、曾经获得过荣誉称号的先进模范人物，以及企业曾经的领导及管理人员。这样的政治优势是得天独厚的，同时也是令人赞叹的。

（二）发挥经验优势，主动做企业优秀文化的传承者

企业老员工拥有丰富的经验优势包含了成功的经验也包括了失败的教训，这两个方向的经验对于企业来说都是不可缺少的宝贵财富。企业能够有今天都是老一辈企业领导、职工不断探索创造出来的，他们为企业未来的发展奠定了基础，也指明了方向。

（三）发挥威望优势，让关心下一代工作更具感染力

离退休老同志是企业的建设者和亲历者，是国家和企业的宝贵财富。长庆分公司的离退休老同志是奠基人、开拓者和建设者，他们为长庆油田的发展作出了突出的贡献。他们具有政治、经验、威望、时空和亲情等优势，是企业建设和发展的见证人和亲历者，由他们向青年员工宣传、教育，更具有感染力、说服力和亲和力，在教育青年员工工作中具有显著的优势和不可替代的作用。

（四）发挥不畏艰险的品德优势，参与关心下一代工作助力文化养老

广大离退休人员经历了长期艰苦奋斗的磨炼，在油田企业建设和改革中作出了重要贡献。充分发挥离退休人员在弘扬党的优良传统中示范作用，用鲜活的典型教育年轻一代。鼓励和引导他们在践行社会主义荣辱观上发挥示范作用，

为加强社会主义精神文明建设作出积极贡献。组织老战士、老党员、老石油深入基层、广泛开展革命传统、理想信念和大庆精神等教育活动。积极开展适合青年和老年都喜爱的读书活动、书法比赛活动等，总之，在新形势下，要切实加强调查研究，积极探索离退休人员思想政治建设的新方法、新途径，更好地引导离退休人员树立正确的世界观、人生观、价值观，始终坚定共产主义理想信念，使他们能“老有所学、老有所乐、老有所为”，继续保持党的优良传统和作风，努力为党的事业贡献自己的一份力量。

综上所述，离退休老同志在开展关心下一代工作中具有不可替代的优势和作用。他们丰富多样的人生阅历、稳定充裕的时间资源以及良好信誉度等特点，使得他们能够在这项工作中发挥重要价值。因此，在社会各界共同努力下，应该充分利用离退休老同志这一宝贵资源，建立起跨代交流与合作平台，共同为关系下一代的成长和发展贡献力量。

新形势下如何进一步强化企业与离退休老同志的感情纽带联系

中油测井　宋　梅

离退休人员已完成社会化管理整体移交，企业离退休人员管理事务发生了显著变化。在离退休职工移交属地管理后，公司离退休的基础核心业务继续保留，改变以前“大而全”的集中管理模式，逐步向“小而精”的特色服务模式进行转变。企业应紧密围绕“企业待遇落实者、移交业务协调者、留存业务承担者、感情纽带联系者”的工作定位，认真落实好给老同志的“三个定心丸”，践行“诚心、热心、细心、耐心、尽心”的“五心”服务，精准做实离退休管理工作。坚持社会化管理方向，依规补位做好退休人员服务管理，组织老同志、团结老同志、凝聚老同志，引导他们永远感党恩、听党话、跟党走。

一、坚持务求实效工作原则，科学开展思想政治工作

移交关系但不移交感情，持续开展形式多样的学习教育、相关座谈会等活动，使老同志的获得感、幸福感、安全感不断提升。依据实事求是基本原则，对离退休人员展开面对面地沟通与交流，及时了解离退休人员的思想状况，能够对离退休人员所提出的一些问题展开科学性的分析，最终有效寻找出解决路径。在进行离退休人员问题解决时，不管大事小事，都要帮助离退休人员进行解决，确保工作的时效性，切实提升服务效率和质量。通过离退休职工微信群、电话等渠道，加强宣传引导。运用微信的便捷网络效能，为老同志提供多样化、个性化服务，为老同志解答他们关心的问题，使日常工作更加快捷方便，搭建“连心桥”，促进情感沟通交流。

二、积极开展关心关爱活动，保障相关福利待遇

持续完善各类群体基础信息，精准掌握离休、高龄、孤寡、重病、特困等各类群体的基本情况。以“救贫济困，情系困难职工，关爱弱势群体”为宗旨，切实依据相关制度准确申报困难帮扶、大病医疗帮扶、大病救助、遗属困难补助等，解决生活待遇、生活困难等问题。对独居、空巢、患病等特殊群体老同志进行慰问，“五一”“七一”“国庆”等节日走访慰问退休老党员及生活困难家庭，慰问住院退休职工等，为他们送去企业的关怀。组织开展文体活动，丰富退休人员文化生活。及时开展每年度养老保险待遇资格认证工作，及时为离退休人员申请离退休职工生活补贴、节日慰问金、独生子女父母补助金、疗养费、降温费、抚恤金等各项费用，并足额发放，切实保障他们的各项福利待遇。关爱离退休职工的健康，积极为他们办理相关医疗保障、组织好体检等。虽然退休人员已经移交属地进行管理，但让他们感受到企业依然关心着他们，积极为他们提供温暖服务及各项保障。

三、主动沟通，促平稳

主动做好与地方政府及相关街道、社区的工作衔接，帮助老同志更好地融入社区生活，做到与老同志“感情不减，联系不断”，让退休职工感受到“人走茶不凉，服务更贴心”。继续研究退休人员社会化管理新形势下企地合作共建的新模式，即和街道社区建立“共建共管共享”的管理服务新模式，形成“互通互融互助”的工作新格局，从而实现共同关爱，感情纽带不断。同时，切实系牢与老同志感情纽带，不断加强管理服务能力，确保老同志安心、放心、暖心地享受退休生活。保障离退休人员的身心健康以及切身利益，有利于维持社会的长期稳定发展。

四、依据离退休人员的特长和优势，发挥余热

充分发挥“银发资源”优势，定期向老同志通报企业改革发展情况，激发老职工爱企热情，鼓励他们继续为企业发展献智出力。如吸引退休老专家加入公司培训资源师资库，倡导老领导老专家给新员工授课，讲专业，讲经验，弘

扬“工匠精神”，聘请老专家、老领导为企业提供一些重大项目的管理咨询建议等。还可以鼓励离退休老同志宣传、参加社会公益活动等，切实发挥余热。

综上所述，随着国家人口老龄化进程加速，企业离退休人员数量也快速增长，企业要主动适应退休人员社会化管理后的新形势、新要求，深入学习贯彻习近平总书记关于老龄工作的重要指示精神，坚持以党的政治建设为统领，牢记初心使命，强化责任担当，牢牢把握为党和人民事业增添正能量的价值取向，创新关心关爱工作方式，筑牢与老同志的感情纽带，让老同志共享社会发展成果，维护企业和社会和谐稳定。

如何进一步强化企业与离退休老同志的感情纽带联系

管道局　曹　静　冯　超　曹　瑾

离退休老同志是企业的重要财富和资源，他们在长期的工作中积累了宝贵的经验和知识，对企业的发展和管理具有重要的影响力。但是，在实际工作中，由于各种原因，他们与企业的联系在某种程度上会呈现薄弱化的趋势，这对企业和离退休老同志都是一种损失。因此，如何进一步强化企业与离退休老同志之间的联系，是当前亟待探讨和解决的问题。

一、离退休老同志的作用和重要性

（一）离退休老同志的优势作用

离退休老同志是企业中的宝贵资源，他们具有丰富的工作经验和知识，可以为企业提供非常宝贵的帮助。有的离退休老同志仍然坚守在企业内部，担任咨询师或顾问等职位，有的离退休老同志被邀请参与管道局“三会”等重大会议，向公司提供专业的建议和支持。不仅如此，离退休老同志也是企业的精神导师，他们对企业的文化和价值观都有着深刻的理解和经验，有助于帮助企业更好地传承企业文化。

（二）离退休老同志的重要性

离退休老同志在企业中具有非常重要的地位。首先，他们是企业的资深员工，具有丰富的工作经验和知识。他们不仅了解公司的历史和发展，还知道企业文化的核心价值，这使得他们可以为企业提供非常有价值的建议和支持，帮助企业更好地发展。其次，离退休老同志对于提高企业的凝聚力和团队精神也非常重要。由于他们是企业的元老级别员工，他们在企业内部担任过重要的角色，可以为其他员工树立良好的榜样，促进企业内部的稳定和谐。最后，离退休老同志也是企业形象的重要代表，他们的言行举止代表着企业的形象和信誉。

二、离退休老同志现阶段管理工作存在的问题

离退休老同志是企业的重要财富和资源，他们在长期的工作中积累了宝贵的经验和知识，对企业的发展和管理具有重要的影响力。在实际工作中，由于各种原因，老同志与企业的联系在某种程度上会呈现薄弱化的趋势，这对企业和离退休老同志都是一种损失，主要体现以下几个方面。

（一）重视程度不够

随着国有企业退休人员社会化管理政策的实施，很多单位普遍认为退休人员的管理服务工作已与企业分离，由街道和社区实行属地管理，单位只要负责办理退休手续即可。大部分二级单位没有设立专门的离退休管理部门，存在工作人员少、年龄偏大、业务能力差等问题，无法为离退休老同志提供全方位的服务和管理。

（二）管理服务局限性

企业退休人员管理工作已形成体系，许多老同志已经适应。社会化移交后，退休人员管理工作存在一定的局限性，许多单位负责人存在着“只重经营不重服务”的思想，认为退休业务不重要，工作人员也只停留在日常管理层面，服务的方式和方法也较为单一，缺乏创新性和个性化。

（三）经费保障不到位

离退休老同志的管理和服务需要一定的经费保障。当前，我国正处于经济社会发展错综复杂的时代，离退休人员管理与服务工作呈现出经费保障方面投入不足和经费使用受限的问题，势必会影响到离退休业务的开展和服务质量的提升。

三、加强离退休老同志与企业之间的联系的策略

为了有效地利用离退休老同志的经验和知识，建立和加强感情纽带联系是至关重要的。下面分别从企业和离退休老同志两个角度探讨建立和加强感情纽带联系的方法和途径。

（一）企业的方法和途径

1. 加大统筹指导力度，着力提升服务管理

集团公司应充分发挥战略规划引领作用，一是深入各单位开展调研和座谈工作，了解各单位社会化移交工作后的管理情况，及离退休业务所面临的困难和难点，提升各单位领导对离退休业务的重视。二是制定相关指导性政策文件，有利于离退休业务更具有全局性和统筹性，使基层单位在工作开展过程中有据可依，更好地促进企业与离退休老同志之间的良好关系。三是建立离退休特殊技能人才库，发挥“师带徒”传统，为他们提供适合的工作环境。他们丰富的经验和技能可以为企业的决策提供宝贵的建议和支持，也可以为企业培养出更多的优秀人才。同时，还要将他们纳入企业的发展规划中来，对其投入更多的精力，以充分发挥他们的作用，为企业的未来发展创造更多价值。

2. 建立有效沟通渠道，实现企业持续发展

企业应该建立和完善与离退休老同志之间的交流和沟通渠道，不定期邀请他们参加企业的座谈会、培训、咨询等活动，让他们了解企业的发展现状，听取他们的意见和建议。同时，企业应该根据离退休老同志的实际需求，提供多元化的服务和支持。例如，可以为离退休老同志提供医疗、法律咨询、心理咨询等服务。这样不仅促进他们的身心健康和社交活动，而且让离退休老同志保持学习和思考的习惯，吸收新知识，进一步提高自己的素质和能力。

3. 传承弘扬企业文化，推动精神文明建设

企业文化是一种反映企业价值观的共同体验，而老同志则是企业文化活生生的代表。管道局员工中有许多人都是“油二代”“油三代”，他们是“企业传承人”，因此，加强企业文化建设，邀请老同志“常回家”，让离退休老同志感受到他们在企业中的价值和地位，可以有效地增强企业与离退休老同志之间的联系。特别是在重要的节日或公司庆典上，邀请离退休老同志回来共度时光，让他们重新感受到家庭般的温暖，从而增强归属感。今年，管道局迎来了建局50周年，企业邀请了部分离退休老同志代表参加了管道局成立50周年庆祝大会和管道局成立50周年晚会观看活动，及管道博物馆的参观活动；矿区服务公司（离退处）开展了《“八三”精神读本》的意见征集工作和书画作品征集等系列活动，让老同志真正参与到企业活动中，增进了与离退休老同志之间的感

情联系，增强彼此之间的认同感和荣誉感。

4. 用心用情为老服务，关心关爱弱势群体

加强对特困职工、残疾人员、孤寡老人等弱势群体的管理，用心用情为老同志服务。一是深入排摸“底数清”。各单位要对重点对象进行“拉网式”排查摸底，全面摸清特殊困难人群生活现状，逐一进行登记造册，做到困难对象情况清、底数明、问题准、措施实。二是倾情帮扶“暖人心”。针对孤寡老人、日常生活无人照料等困境，建立日常联络机制，在帮扶工作中，以老人的迫切需求为工作出发点，从切合实际的服务项目入手，通过为老人入户进行养老认证、理发、打扫户内卫生等，让弱势群体感受到浓浓温情，广大党员干部用行动践行着初心和使命，面对面、实打实、心贴心地为老同志服务，切实增强老同志的幸福感、获得感和满足感。三是加强宣传“筑防线”。加强安全知识宣传普及，利用广播、微信和入户走访形式，广泛开展防火、防电、防骗和疫情防控等安全知识宣传教育，向老同志传达最新惠民政策和中央会议精神，引导广大老同志，尤其是老年人增强防范意识，提升应对灾害的自救互救能力。

（二）离退休老同志的方法和途径

1. 增强主人翁意识

离退休老同志要树立“老有所为”的理念，充分发挥自己的优势和特长，积极参与企业的发展和建设。可以通过组织开展各种形式的座谈会、经验交流会等活动，让他们为企业的发展出谋划策，提供更多的思路和建议。同时，可以鼓励他们积极参与到企业的各项社会公益活动中，增强他们的责任感和使命感。

2. 加强与企业的沟通与交流

离退休老同志要主动加强与企业的沟通与交流，了解企业的最新发展动态和战略规划。可以通过参加企业组织的各种活动、参观企业、听取企业领导汇报等方式，更好地了解企业的发展情况，为企业的未来发展出谋划策。同时，要加强与其他离退休老同志之间的联系，共同探讨企业发展问题，形成共识，为企业的发展提供更加宝贵的建议。

3. 发挥余热，积极投身公益事业

离退休老同志要充分发挥自己的余热，积极投身到公益事业中。可以参与企业的各项社会公益活动，如扶贫济困、捐资助学、环保宣传等，为社会作出更多的贡献。同时，也可以通过成立各种社会团体组织，推动公益事业的发展，为企业赢得更多的社会声誉和好感。

关于企业退休人员社会化管理服务工作的几点思考

管道局　马晓伟

企业退休人员社会化管理服务内容包括企业员工在完成退休相应程序后，企业将不再对其的管理服务直接负责，而是由街道或者社区等集中管理服务。企业退休人员社会化管理服务的内容关乎着员工生活的多个方面，其中包括社会福利待遇、员工档案的转移、党组织的移交等服务。随着我国社会经济制度的不断改革，人们对于不同于企事业单位之外的社会保障体系的需求也不断增加，国有企业离退休人员的服务管理工作直接影响整个退休人员群体及其家庭。老同志们一生致力于国家建设和为人民服务，政府必须充分保证其离退休后生活的稳定。同时，中华民族具有敬老爱老的传统美德，对于这些离退休人员，全社会更应该发挥这种传统精神，提高离退休人员的生活水平，充分保障他们的衣食住行和晚年幸福，这也是促进社会和谐的重要途径。

一、企业退休人员现状及服务管理工作的重要性

企业退休人员是企业曾经的骨干，也是我国社会发展的根本动力，这些人将自己的青春奉献给企业发展，在退休之后应该有一个良好的生活环境，保障生活质量。但是就目前社区化管理服务基本情况而言，仍然存在很多问题，直接影响了退休人员生活质量。因此开展企业退休人员社会化，加强国有企业离退休人员服务管理工作，是维护社会稳定的重要途径，需要得到高度重视。尤其国有企业退休人员管理服务存在很多历史遗留问题和现实问题，急切需要建立符合国有企业发展的服务管理体系，同时也需要尽早划分政府和企业职责和

权利，并在此基础上构建社会保险体系，最大限度保障退休人员利益。国有企业离退休人员现状多项调查显示，我国目前国有企业离退休人员基本情况呈现“五偏”现象，分别是人数偏多、年龄偏大、病人数量偏多、住所偏分散、离退休人员服务管理工作人员偏少。

针对这些存在的问题，解决办法的重中之重是增加管理服务人员，提高服务质量，每个社区对该片区的离退休人员设专人管理，并充分发挥离退休人员的作用，成立志愿者委员会，以离退休党员和志愿者为骨干，协助退休职工管理服务部门做好离退休职工的思想政治工作、分析离退休职工思想动态、化解矛盾、上门走访、互帮互助。离退休人员志愿者委员会可以在开展活动和维护稳定方面发挥积极作用，是做好离退休服务工作的一支不可替代的力量，是维护企业稳定的第一道防线。所以，应重视这支力量的建设，在给他们任务的同时，做到政治上多关怀、思想上多交流、工作上多支持、待遇上有保证，注重保护他们的积极性，充分发挥其服务、管理离退休职工的作用。

二、新时代退休人员管理服务工作的建议

（一）要引领广大退休职工认清自身所具有的优势

必须不断提高对全面做好退休工作的重要性的认识，真情关爱离退休老同志，让老同志们真正享有“老有所养、老有所为、老有所乐”的幸福生活，因此我们要为老同志发挥余热提供机会、搭建平台，为企业发展凝聚更多成熟智慧。老年人要在企业建设中有所作为是完全可能的，因为他们有许多优势。

一是威望优势。离退休老同志，在家里是核心，在社区是主力，在企业是参谋，其地位显赫，受人尊重，说话分量重，有人听。老人们只要尽心竭力，就一定会在家庭、社区、企业的和谐建设中起到显著作用。

二是经验优势。老年人阅历深、见识广，他们深知企业建设是关系国计民生的大事，弥足珍贵，因此，在做和谐企业建设宣传工作方面有理有据，说服力强，效果好。

三是时间优势。老人们与家人和邻居朝夕相处，彼此了解，又每天生活在社区，能及时发现各种矛盾和纠纷，也有时间和精力深入了解情况，耐心地做说服调解工作。上述这些都是老年人参与和谐建设的有利形势，只要大家切实

认清并充分利用好这些优势，增强信心，下定决心，老同志们在家庭、社区、企业的和谐建设中，必将大有作为。

（二）更新观念重新认识退休管理服务工作

首先，要切实转变服务态度。态度往往决定工作效果。改变过去那种认为离退休管理服务工作“没出息”“低人一等”“没地位”的错误认识，有人认为，离退休管理服务工作只是每年组织开展几次活动，有困难就尽力帮助解决或者完成上级主管布置的任务就行了。如今看来这远远不够。随着我国社会主义物质文明和精神文明建设的发展，老年人的需求观念也有了相应改变，离退休管理服务工作要根据老年人心理的需求，针对性地做好工作，并结合实际有所创新。

其次，要服务当头而不是“管”。从过去那种“我就是管你们的”，转变到“我是为你们服务的”。由于离退休职工管理服务工作纷繁复杂、头绪多，有些管理服务人员工作者存在不耐烦、不细致甚至不作为的工作作风，工作中怕吃苦、缺乏创新意识和精神，因此必须转变工作作风，走群众路线、摒弃和抵制“老同志是负担，是累赘”等错误思想，通过多种手段和方式，把政治上尊重、思想上关心、生活上照顾落实到实际工作中，从内心到行动，真正把服务理念树立起来，拓展服务方式和服务内容，大胆创新，做好“五个老有”服务工作。

（三）采取“三多三少”方式，做好管理退休服务工作

一是多引导，少说教。退休人员中有的在原单位长期担任领导职务，有的是工作骨干。他们退休后，心理上暂时有一种失落感，不能马上适应退休的环境，特别需要继续得到社会和他人的尊重。要做好他们的教育管理，只能多加引导，不能简单说教。为使他们正确认识和对待改革中出现的一些社会问题，我们通过形势报告会、举办改革开放成就展等灵活多样的方法，引导老同志结合切身经历，谈生活变化，看社会进步，想发展前景，使老同志们开阔了视野和胸怀，理顺了思想情绪。

二是多理解，少苛求。在接待退休人员过程中，要学会排解和淡化烦恼和不快，把快乐传递给离退休人员。我们在新时期做离退休工作应在细节上下功夫，在努力创新、提高服务上，时刻以“十点”服务为宗旨，即“微笑露一点、态度好一点、说话巧一点、工作勤一点、干事快一点、服务精一点、牢骚少一

点、脾气小一点、理解多一点、效率高一点”，为老同志创造优良的环境、优质的服务。

三是多行动，少形式。要真心实意地为退休人员排忧解难，真帮真干，而不是对他们的问题敷衍、推脱了事，更不能产生排斥心理。除每年节日的常规走访慰问工作外，还要组织员工深入家属区“现场办公”，访贫问苦，调查研究，与离退休职工交朋友，掌握他们的思想动态，体会离退休职工的甘苦，了解他们的情况，及时掌握他们的物质需求和精神需求，并及时提供服务，做他们的贴心人，体现人文关怀。

关于新时期离退休人员及遗属困难帮扶工作的思考

济柴动力 孙大勇

为进一步做好离退休人员及遗属的困难帮扶工作，使企业的帮扶资金切实用在那些符合规定的离退人员及遗属身上，使他们都能够享受到企业政策帮扶的关怀，行政事务中心离退办（以下简称离退办）将始终把困难离退休人员及遗属的帮扶工作作为重点来抓。

一、采取的帮扶措施及效果

通过离退办对困难离退人员及遗属的补助，对于大部分接受困难补助的人员来说是起到了有效作用的，但对于那些岁数偏大、疾病缠身，且配偶没有工作，子女又有疾病的困难人员来说，只起到了一定的象征作用，无法用困难补助来解决根本的实际问题，虽年年进行补助，其生活状况依然困苦。

二、帮扶困难离退休人员及遗属工作存在进一步完善的空间

（一）存在的问题

一是补助不能解决一些严重、长期困难离退人员及遗属的根本问题，补助款额有限。二是医药费有很多属于规定报销以外的费用，如护理费、检查费、部分药费等。三是有些困难人员居住在农村，离指定的医院很远，有病在身的他们往返一次很困难，大多数时候都是就近就医，所以，很多日常住院治疗的费用按相关规定不能给予报销，增加了他们的负担。四是有些困难人员出于个人隐私等顾虑而不愿提出困难补助申请，造成其不能及时得到帮扶。

（二）应对措施及策略

一是除企业按照规定能够给予困难离退休人员及遗属一定的补助外，可以由地方牵头组织起“一日捐”“互助基金”等多种形式的帮扶体系，进行多渠道、多方面的救助。二是对困难离退人员及遗属给予补贴，以抵消按正常规定情况下不能报销的护理、治疗等费用。三是由离退办工作人员进一步与其本人、周边等联系、了解，做好保密工作，消除其顾虑，帮助其得到应有的资金帮扶。

随着离退休人员的增多、离退休人员群体日趋高龄化，他们的身体健康、家庭生活非常需要帮助和照顾。对于困难离退人员和遗属，离退办工作人员将一如既往地给予关怀和资金帮扶，为他们解决实际困难和合理需求，为进一步保障离退休人员及遗属的健康水平和生活质量，维护社会和企业的和谐稳定作出应有的贡献。

浅析维系退休人员感情纽带的探索与实践

勘探开发研究院　宋秀娟

退休人员移交社会化管理以来，勘探院离退休业务部门以党的二十大精神为引领，深入贯彻落实上级党委及部门工作部署，不断在工作实践中总结思考，结合新时期离退休业务发展需要，创新工作方式方法，采取可行性办法和举措，以基层组织的身份，科学研判如何做好退休人员社会化管理过渡期及后续相关工作，有效化解退休群体各类矛盾和利益问题，解决业务开展过程中的痛点和难点，取得了阶段性工作成效，得到了退休群体的普遍认可。本文以勘探院离退休职工管理处（公共事业部）（以下简称离退处）为例，阐述退休人员感情纽带维系过程中的相关论述和具体事例。

一、退休人员感情纽带维系过程中的问题

（一）退休人员在意识形态方面的表现

一是退休人员经历的时代背景不同、岗位层级不同，对移交社会化管理的理解程度各有差异。移交之初，虽做了大量的政策宣贯，签订了统筹外待遇承诺书，但仍有部分退休人员对移交社会化管理缺乏认同感，没能站在党和国家发展大局的高度，理解退休人员移交社会化管理工作，片面认为企业在“甩包袱”。

二是勘探院老年大学注销、疫情等原因，活动场地无法全面开放、街道社区管理服务和硬件条件等方面承载力不足，导致部分退休人员文娱活动短暂性缺失，在与企业对比落差中产生利益诉求，对未来养老心存疑虑，有时将不满情绪转嫁给工作人员。

三是部分退休人员政企概念模糊，感性并惯性向企业反映自身诉求，如何把握管理服务的“度”，需要企业离退休业务管理者审时度势，精准施策。

（二）跨区域或跨省市居住人员服务难度高

近年来，城市建设发展不断推进，商品房数量不断增加，退休人员也随之搬至距企业所在地较远的区域生活，或到子女所在城市居住，整体上点多、线长、面广。企业如何把握好退休人员动态，维系好与企业的感情纽带联系，靠仅有的数名在职离退休业务人员，需要付出巨大的努力。

（三）关爱联队队伍建设有待加强

多年来，离退处始终以党群融合的管理服务模式开展业务工作，设立离退休党支部（关爱联队）、党小组和关爱小组，并配有由退休人员担任的党支部书记、关爱队长、党小组长、关爱小组长和在职联络员，但队伍建设仍有待加强。

（四）需重点关注人群不断增加

随着老龄化社会的加速，“人老万事难”的现象更为突出。勘探院退休人员主要体现在子女忙于工作，或定居国外，或是顾小舍老，老同志空巢或独居常态化，加之高龄体弱，出现行动不便、买菜做饭难的情况，重病或不能自理人员需要照顾，或遇大额自费医药费，经济负担重。

（五）信息化与传统工作方法相冲击

随着信息时代的发展，传统的离退休业务工作方式方法无法满足现代化离退休业务发展需要，如各类二维码扫描注册、看病预约等成为高龄群体的新挑战，跨区域或跨省市退休人员的关爱联系需要信息化手段助力。

二、企业与退休人员感情纽带维系的探索与举措

（一）针对退休人员意识形态表现采取的措施

1. 严细落实统筹外待遇，注重发挥走访慰问的政治功能，持续补位退休人员政治待遇

切实将退休人员过渡期服务质量不减少、待遇不降低落到实处。将走访慰问活动同意识形态和正向舆论引领结合起来，在思想引导和感情交流中宣贯移交政策，及时发现倾向性、苗头性问题，及时正向引导，有效化解不稳定因素，对重点人群、敏感环节给予重点关注，做到事前研判、规避和降低风险。继续

订阅《离退休干部党支部学习参考》《金秋周刊》《中国石油报》，通过石油金秋公众号、内部微信群和传统小报等多种媒介，宣传党的精神和习近平新时代中国特色社会主义思想，以及企业发展近况，引领老同志积极发挥正能量，为石油事业发展发挥余热。

2. 政企融合，资源共享，多渠道补位退休人员文娱活动和精神文化需求

通过微信群组通知、鼓励已移交的存量退休人员学习集团公司老年大学录播课程，在有限名额范围内申请参加线下课。在新增常态化移交退休人员办理报到时，介绍退休后相关业务情况，就近划分加入所属关爱联队，推送社区合唱团报名联系方式和集团公司老年大学录播课网址，连接职工退休后自我展示和自我价值实现的平台。举办各类文娱活动，邀请退休人员听取汇报并参加文艺演出，了解企业近况，分享发展成果。

3. 建立街道社区服务保障沟通协调机制，业务衔接顺畅有序

在明确工作界面、确定角色定位的基础上，与勘探院退休人员相对集中的社区建立不定期联络机制，将退休人员惯性要求企业服务管理的诉求，向所属街道或社区联络反馈，做好老同志的“娘家人”。向社区提供空巢孤寡、高龄失能等重点关注人员名单，在信息共享的同时，请所属社区给予重点关照。不定期召开关爱队长座谈会，邀请社区、物业领导参加，共同听取退休人员意见建议，协商解决退休人员提出的期望诉求。

（二）织密、织细关爱服务管理网，破解异地人员管理服务难

1. 以离退休关爱联队为载体，持续发挥关爱联队网格化管理作用

不断把老同志群众组织凝聚起来，将全体离退休人员纳入关爱服务网，形成关怀全覆盖、服务无死角的工作格局。采取互联网上有关注、慰问困补进家门等形式，坚持有形覆盖与有效覆盖相统一，重点人群在哪里，关爱服务到哪里。

2. 针对异地居住退休人员，建立离京半年以上汇报制度

在异地人员相对集中区域设立关爱小组长，动态了解异地退休人员是否重病失能或空巢独居，向关爱队长对接相关管理服务工作。以退休报到时的数据和集团公司离退休职工管理办公平台数据为信息来源，确认家属联系方式，询问其要好同事，要求异地退休人员与离退休业务工作人员及关爱队长建立微信，

并加入所属关爱联队微信群，以随时了解企业离退休业务动态及涉及切身利益的通知要求，与关爱队长或工作人员随时保持沟通联络。

（三）完善关爱联队队伍建设，以点带面强化关爱引领

选优配齐关爱队长，将原党小组长变更为关爱小组长，继续发挥党员先锋模范带头作用。充分利用关爱联队骨干政治站位高、与退休人员感情深、情况熟等特点和优势，在退休群体中广泛凝聚共识，继续旗帜鲜明支持改革，坚定不移维护大局稳定。充分利用关爱联队微信群，线上线下持续关注退休人员思想动态和疑惑诉求，不定期与关爱联队骨干进行交流，了解退休人员近况和困难需求，及时排忧解难，确保关爱落实落地。

（四）针对需重点关注人群不断增加采取的办法

1.利用家属区物业管家优势，联合社区开展服务互助

根据退休人员大部分集中居住在石油大院社区等特点，离退休处整合内部资源，以宝石花物业为平台，开办了老年食堂，为勘探院有需求的离退休职工提供送餐、买菜送菜等服务；将社区为老人提供上门理发等服务项目推送给勘探院退休人员，共享便捷的居家养老服务，得到了老同志们的高度赞誉。

2.设定退休群体重点关爱人员范畴，扎实开展慰问帮扶，筑牢感情纽带根基

在持续联合关爱联队做好重大节日走访慰问和帮扶关爱工作基础上，动态开展重病、失能、空巢、孤寡、高龄、体弱等重点人群摸底调研工作，将离休干部“一人一策”的关爱制度延伸至退休群体的重点人群中，经常性寻访，动态性关注，不遗余力地帮助退休人员解决急难愁盼问题，同街道社区共同为退休人员提供更好的保障和服务。特别对有需求的退休人员做到困难有人帮、遇事有人管，雪中送炭，解危济困。

企业继续做好离退休人员服务工作的探索

经研院　付　星

随着社会的进步和时代的发展，企业与离退休人员的感情纽带逐渐成了企业发展的重要组成部分。离退休人员是企业发展的见证者和参与者，老同志为企业作出了巨大的贡献，在企业中占据着重要的地位。因此，进一步强化企业与离退休人员的感情纽带，对于企业的可持续发展具有重要意义。更好地为离退休人员服务，企业义不容辞。虽然社会化管理工作移交到地方街道，但是企业的服务不能减，关心不能减，和老同志的感情纽带不能断。我们可以从以下几个方面入手，做好离退休管理与服务工作。

一、建立完善的沟通机制

企业可以建立定期联系机制，如定期举行座谈会、电话访问、上门探访等，以便及时了解离退休人员的生活和身体状况，以及离退休人员的需求和意见。同时，企业可以通过各种渠道向离退休人员传递企业的关心和问候，如定期寄送企业刊物、活动邀请函等。

二、组织丰富多彩的活动

企业可以定期组织各类活动，如庆祝节日、旅游、联欢等，以增进离退休人员之间的感情。这些活动可以让老同志感到企业的关心和重视，同时也可以促进离退休人员之间的交流和互动。此外，企业还可以根据离退休人员的兴趣爱好和特长，组织一些专业的活动，如书画比赛、舞蹈比赛等。

三、为离退休人员提供参与企业活动的机会

企业可以邀请离退休人员参与一些公益活动，如担任顾问、指导新人等，让离退休人员在退休后依然能够发挥自己的经验和智慧，为企业和社会作出贡献。此外，企业还可以为离退休人员提供一些兼职机会或者返聘他们担任一些力所能及的工作，以帮助老同志继续保持工作状态和社交圈子。

四、保持感情纽带联系

企业可以通过多种方式建立和保持与离退休人员的情感纽带联系，如关注离退休人员的家庭情况、健康状况、兴趣爱好等，以及为离退休人员提供必要的帮助和支持。这些举动可以让老同志感到企业的关心和温暖，同时也可以促进企业与老同志之间的互动和交流。此外，企业还可以通过一些社交媒体平台或者企业内部媒体，向离退休人员传递企业的文化和发展动态等信息。

五、做好宣传工作

企业可以通过各种渠道宣传企业的文化和对离退休人员的关心和重视，以营造良好的企业形象和文化氛围。同时，也可以通过宣传离退休人员的先进事迹和贡献等，激发其他员工的学习和敬仰之情。

上述措施，可以进一步增强企业与离退休人员之间的情感纽带联系，让离退休人员感受到企业的关心和重视。同时，这些措施还可以激发离退休人员的积极性和创造力，让他们为企业和社会作出更多的贡献。

浅谈如何为国有企业退休人员铺设社会化养老服务的桥梁

运输公司 万 琳

企业退休人员社会化管理服务是指职工办理退休手续后，其管理服务工作与原企业相分离，养老金实行社会化发放，人员移交城市街道和社区实行属地管理，由社区服务组织提供相应的管理服务。

推进退休人员社会化管理服务，可以更好地实现退休人员的老有所养、老有所医、老有所教、老有所学、老有所为、老有所乐。对于国有企业而言，可以从以下几个方面入手，为退休人员铺设社会化养老服务的桥梁。

一、完善制度保障，让养老服务更有分量

退休人员社会化管理这场改革可以说是国企的一场大考，需要制定可行的操作方案，投入大量的精力，耐心细致地开展工作，避免激化矛盾造成不稳定局面。国有企业要统筹协调所属企业开展工作，加强组织、落实责任，将退休人员社会化管理工作完成情况纳入对所属企业的考核，确保退休人员按期实现社会化管理。

国有企业要积极主动与地方党委和政府及有关部门沟通衔接，制定本单位推进退休人员社会化管理工作方案，研究制定国有企业退休人员社会化管理工作实施方案，将国有企业退休人员管理关系、党员组织关系、退休人员活动等相关事项的移交工作进行任务分解，夯实街道、社区的接收和管理服务责任，明确职能部门及工作人员，细化职责，有序推进国有企业退休人员社会化服务管理工作。加强政策宣传和思想政治工作，充分发挥退休人员基层党组织战斗堡垒作用和党员先锋模范作用，营造良好舆论氛围，确保退休人员社会化管理

工作平稳有序推进。

企地对接成功后，要继续关心关爱退休人员，做好走访慰问等工作，采取多种方式让退休人员了解企业改革发展情况，提出意见，发挥余热。将社会化养老服务引入社区，把方便、便捷、优惠的社会化养老服务延伸到老同志家门口，既让居家养老的老同志深感“养老不离家、垂暮不离亲”，又让集中养老的老同志得到了更专业的照料和更温馨的服务，实现了“老有所居、老有所养、老有所医”，切实增强老同志们的获得感、幸福感、安全感。

二、导入“智慧”元素，让养老服务更有容量

“智慧化”特色养老服务的加入，为进一步放开养老服务市场，推进养老机构转型升级，引导社会力量参与养老行业，提供了更多可能。

（一）实现养老服务数据平台统一的数据采集与共享

社区养老服务数据平台统筹政府、社会、市场、家庭各行动主体的为老服务功能，整合各部门和街道的为老服务资源，实现企业、街道、社区等级信息互通、数据共享，以统一平台精准对接为老服务的供需双方，为老人提供全方位、多层次、专业化和精准化的服务。

数据平台共享接入民政、卫生、人力社保、公安等部门关于老年人户籍、医疗、社会保障等基本信息。同时，接入采集养老服务机构和养老服务社会组织基本情况、服务范围、服务项目、服务标准、日常经营情况等服务数据。

基于人口信息、机构信息及服务信息，整合分散孤立的为老服务与管理的数据资源，设计社区养老服务数据平台的功能结构与软硬件系统，为基层养老服务工作者、政府养老服务管理者提供养老服务信息的查询、统计、评估、监管、报表生成、挖掘分析等功能。“整合式”社区养老服务体系的作用不仅限于为社区老年人提供养老服务，更在于对老年人个人、家庭与社区之间关系的协调，对社区内的福利、医疗、卫生、保健、养老等社会资源的协调，对政府、市场、非营利社会组织等之间关系的协调。

（二）建立老年人就诊绿色通道，优化互联网就医流程

社会信息化为就医带来便利，但许多老人却因无法熟练使用智能手机，难以跨越“数字鸿沟”，老年人“看病难”问题亟需破解。

可以建立高层级医院和社区医院通过互联网沟通机制，通过互联网远程诊断，解决一部分老人不方便去医院挂号问题，发挥数字社会的优势。同时，落实分级诊疗制度，有条件的医院建立老年人就诊“绿色通道”，并为有基础病需要常态化、定量化用药的老年人建立便捷取药机制。医疗机构应完善电话、网络、现场预约等多种预约挂号方式，畅通老年人的家人、亲友、家庭医生等代为老年人预约挂号的渠道。开设为老年人提供挂号、就医等便利服务的绿色通道，配备导医、志愿者、社会工作者等人员，为老年人提供就医指导服务，并为老年人提供一定比例的现场号源。各医疗机构应充分考虑老年人使用习惯，简化网上办理就医服务流程，为老年人提供语音引导、人工咨询等服务功能，逐步实现网上就医服务与医疗机构自助挂号、取号、叫号、缴费、检验报告、取药等智能终端设备的信息联通，同时，支持现金、银行卡及线上代办支付医疗费用功能。开展“互联网＋智慧医院”线上线下相结合就医模式，实现医院内医疗服务信息互通共享，老年患者可以通过远程视频看诊，并通过做好服务引导和健康校验等方式进一步优化就医流程。

智慧养老以“用户体验”为中心，整合优化社会资源，进一步探索、打通离退休人员养老服务的“最后一公里”，基于通信技术、物联网、大数据等为支撑，整合各种社会力量和资源，为老年人提供个性化和智能化服务。养老机构、医院药店等第三方机构，可借助智能产品和网络平台，真正实现人力、物力、医养资源的充分利用和优势互补，努力为老同志提供更高效、更个性化的服务，做到让老同志满意。

三、注入人文关怀，让养老服务更有质量

对于已经退休、企业毫无约束能力的群体来说，除了多做解释说明，多做思想工作，避免激化矛盾造成不稳定之外，还要做好与政府相关部门的沟通联系，争取政策支持和资源投入来共同解决问题。同时要加强与社区的协作配合，在移交过程中多注意方式方法，提高退休人员对社区服务的满意度，减少抵触情绪和心理落差，逐步完成人员移交、人事档案移交、组织关系移交等工作。

“老吾老，以及人之老。”没有人喜欢“孤独终老”，当人们步履蹒跚、睡眼

昏沉的时候，不仅需要物质上的保障，更需要情感关爱和精神慰藉。国有企业坚持把退休人员当亲人、当家人，用真情、真心、真诚服务，使老同志队伍人心不散、斗志不减、思想常新、本色永葆。将国有企业退休人员社会化管理服务工作纳入街道和社区日常工作中，充分利用社区老年活动中心、党员活动室等活动平台，在端午节、重阳节等传统节日开展座谈会，积极组织开展形式多样的社区娱乐活动，增强退休人员融入感和参与感，为退休人员提供活动、学习场所和各类管理服务资源，提高街道和社区的服务管理能力。

因此，在确保老年人“老有所养”的同时，应注重丰富老年人的精神文化生活，加强日常沟通和交流，鼓励温情的居家、社区和互助养老，让老年人“老有所依”“老有所乐”，能够幸福地安度晚年。

社会化养老服务资源深度对接与提升探索

华油集团　李　姗

为了更好地满足离退休老同志的多元化需求，深入对接和优化社会化养老服务资源势在必行。社会化养老服务的深入对接与提升不仅关乎老年人的个体福祉，更涉及整个社会的健康发展。

一、社会化养老服务资源的现状分析

一是资源分布不均。目前，社会化养老服务资源在城乡地区的分布存在差异，一些发达城市拥有更为丰富的资源，而一些农村地区则面临着资源匮乏的问题。

二是服务内容单一。现有的养老服务主要集中在基础的医疗、护理等方面，缺乏对老年人精神、文化等方面的关照。

三是服务体系不健全。社会化养老服务体系缺乏统一的标准和规范，导致服务的质量和水平参差不齐。

二、社会化养老服务资源深度对接的策略

一是建立信息共享平台，通过统一的养老服务信息共享平台，整合各类养老资源，实现信息互通共享，提高资源的配置效率和利用率。在城市和乡村建立综合性的养老服务中心，集成医疗、康复、文化娱乐等多种服务资源，为老年人提供全方位、多元化的一站式服务，满足其生活、健康和精神需求。推动社区组织参与，建立健全的社区养老服务体系，发挥社区组织的作用，为老年人提供日常照料、精神慰藉等服务，构建以社区为基础的养老服务网络。

二是加大对养老服务领域人才的培养力度。一方面建立完善的培训机制，

提高养老服务人员的专业素养和服务水平，确保他们能够提供高质量、专业化的养老服务。

三是引入科技手段提升养老服务质量。可以利用智能健康监测、远程医疗等技术，提升养老服务的科技含量，为老年人提供更加智能化、便利化的养老服务，提高其生活质量。

四是拓展养老服务内容。不仅包括日常生活照料和医疗护理，还应注重精神文化活动、体育锻炼等方面的服务，满足老年人多层次、多方面的需求，提升其身心健康和幸福感。

三、提升离退休老同志社会化养老服务的具体措施

一是开展健康管理。建立老年人健康档案，记录个体健康信息、疾病史、用药情况等重要信息，为健康管理提供数据支持。定期组织健康体检活动，包括常规体检、专科检查等，及时发现和预防慢性病、老年疾病等。提供健康咨询服务，为老人提供专业的健康指导和建议，引导他们养成良好的生活习惯和健康行为。制定个性化的健康管理方案，根据老人的健康状况、生活习惯和需求，量身定制适合他们的健康管理措施。

二是提供文化娱乐活动。组织丰富多彩的文艺表演、文化讲座、体育竞赛等活动，丰富老年人的精神文化生活，增强他们的幸福感和归属感。设置手工制作、书法绘画、舞蹈健身等兴趣小组，让老人们参与其中，发挥他们的创造力和兴趣爱好。定期举办社区集体活动，如文艺演出、康体游园等，促进老人之间的交流互动，营造融洽和谐的社区氛围。

三是建设适老化居住环境。通过改造社区公共设施、增设便利设施等方式，提高社区的无障碍性，方便老年人出行和活动。设立老年人专用活动场所，如老年活动中心、休闲广场等，为他们提供休闲娱乐的场所和设施。加强社区安全管理，通过增设监控设备、加强巡逻等措施，确保老年人居住环境的安全和舒适。

建立健全服务体系，加强资源整合和信息共享，促进社区组织和志愿者的参与，是构建更为完善的社会养老服务体系的关键。这些举措将推动我国养老服务体系不断完善。

浅谈新形势下如何强化企业与离退休老同志的感情纽带联系

共享运营公司　张中阳　张小蓉　马頔赫

共享运营公司以习近平新时代中国特色社会主义思想和党的二十大精神为指导，结合目前退休人员社会化管理新形势，以“一切为了老同志、一切服务老同志”为宗旨，深入研究探索有效措施，进一步加强企业与离退休老同志的情感纽带联系，着力引导离退休老同志弘扬和发挥正能量。

一、退休人员社会化管理的新形势

随着社会的发展和改革的深入，退休人员社会化管理趋势日益明显。这种趋势的目的是使退休人员能够更好地融入社会、提高生活质量，实现老有所依、老有所养、老有所乐。与此同时，企业管理参与程度逐渐减弱，会导致离退休老同志心理落差感明显，难以参加到相关社会活动中。

离退休老同志是石油企业的功臣，曾为我国石油工业发展作出巨大贡献，不仅是企业的宝贵财富，更是党和国家及全社会的重要宝贵财富。怀着感恩之心做好离退休干部的管理工作，一如既往关心老同志的健康状况、家庭现状、想法诉求等，同时创造条件让有能力、有热情的老干部充分发挥余热，丰富其晚年生活，提升退休生活幸福感，为党和国家的养老事业继续作出企业应尽的贡献，是下一阶段工作开展的新方向。

二、强化企业与离退休老同志感情纽带联系的举措

（一）摸清人员情况，明确管理责任

社会化管理形势下，企业要明确自身管理方向与职责。全面了解离退休老同志人员总体情况及居住地情况等。与离退休老同志居住地街道社区加强沟通

交流，了解掌握当地社会化管理情况、服务活动情况，确保离退休老同志养老金及相关福利待遇按时、足额发放。

（二）落实生活待遇，满足物质需求

提高物质生活质量，追求健康长寿是离退休老同志的基本需求。要加强对公司退休老同志生活现状调查研究，分析了解他们的物质需求，积极做好节日走访慰问工作，倾听老同志心声，也可定期组织与离退休老同志的沟通交流活动，让他们感受到企业的关心和关注。同时，企业还可以通过各种渠道，如电话、微信群等，保持与离退休老同志的联系，及时了解他们的生活情况和需求。努力解决老同志实际困难，使他们更好地生活。

（三）创造关爱氛围，满足社交需求

针对离退休老同志的不同需求，企业可以提供个性化的服务，如健康保健、文化娱乐等。这不仅可以提高他们的生活质量，还可以增强他们对企业的认同感和归属感。另外企业可以组织多样化的活动，如书法、绘画、摄影比赛、体育比赛、观影活动等，让离退休老同志在活动中感受到企业的关怀和温暖。这不仅可以增强他们的身心健康，还可以进一步加强企业与他们的感情联系。

（四）落实政治待遇，满足尊重需求

石油企业离退休老同志受党的教育多年，关心时事政治和企业的发展是最基本的政治需求。企业应关心离退休老同志的政治学习，满足他们的政治需求，可探索多种形式为老同志打造学习交流平台，为他们提供沟通交流相互学习的场所，不定期为他们提供信息咨询服务，包括改革政策、企业生产经营现状等。

（五）搭建平台，满足自我实现需求

离退休老同志拥有丰富的经验和智慧，企业可以组织他们参加一些力所能及的工作，如顾问咨询、教育培训等，这不仅可以发挥他们的余热，还可以让他们感受到自己的价值。对于那些在工作中作出突出贡献的离退休老同志，企业可以设立荣誉制度，表彰他们的贡献，让他们感受到企业的尊重和认可。这不仅可以激励他们继续发挥余热，还可以增强他们对企业的情感认同。

通过合理的服务管理模式，强化情感联系，离退休老同志安享晚年的同时，也可以获得更多的机会继续学习，不断充实自己，为社会的建设和企业发展继续贡献力量。

新时期推动离退休干部医疗保健工作高质量发展初探

离退休职工管理中心（老干部局） 洛佳坤

随着时代发展与工作转型，离退休干部医疗保健工作面临新的契机与挑战。推进离退休干部医疗保健工作高质量发展，需坚持守正创新和问题导向，打破思维定式和路径依赖。不断探索新思路、新方法，提高医疗保健服务水平，精心、尽力、周到地做好医疗保健服务工作，为离退休老同志的健康保驾护航，为离退休同志的健康晚年生活提供有力保障，让他们共享改革发展成果，安享幸福晚年。

一、守正：坚守离退休干部医疗保健工作的基本原则和优良传统

（一）政治引领

始终坚持党的领导，将政治建设摆在首位。通过组织学习党的最新理论成果，确保政治上永葆本色，为医疗保健工作的开展提供坚实的政治保障。离退休干部是国家的宝贵财富，他们为国家各项工作的发展提供了有力支撑。因此，为离退休干部做好医疗保健工作，既是职责所在，更是光荣使命。

（二）做好日常医疗保健工作

以日常门诊、上门访视、医院陪诊、健康体检等多种方式关注离退休同志健康情况。以帮扶挂号、帮助联系住院、住院出院探望等形式让离退休同志体会到组织的关心。以“一人一策”为抓手，全面掌握保健对象健康状况，提高对重病老干部的服务保障，加大陪同就医力度，积极协调业内知名专家会诊，为他们提供全过程、全方位无缝连接服务。密切关注京外离退休同志的健康状

况，按需快递常用药品，与居住地医疗机构和工作人员协调当地就医绿色通道。持续完善医疗保健服务措施，进一步提升服务保障能力。

（三）多渠道打通资源紧缺瓶颈，着力解决在京住院难题

积极与各大医院就保健业务加强合作，多渠道开辟在京住院的新通道，着力解决老干部住院难题，构建“保障就医、健康巡诊、日常服务”相结合的综合服务模式。

二、创新：探索离退休干部医疗保健工作的新路径和新模式

（一）完善“一人一策”，做好精准服务

以年度体检结果和日常就诊资料为基础，深入开展保健对象健康管理，抓好检前筹划、检中陪同和检后跟踪。以日常门诊、上门巡诊、就医联系、陪诊为重点，根据个性化需求提供精准保健服务，实施个性化精准服务。

（二）以问题为导向，解决个性化需求

针对长期旅居外地的老同志就医难的问题，离退休服务工作人员前往多地实地开展医疗机构的考察调研，与多家医院达成合作意向，解决了老同志的就医难题。

（三）依据国家新政策，落实医疗待遇提升

为老领导和离休干部办理医疗证，就医、住院有定点医院，畅通看病绿色通道，切实提高医疗保障水平。

三、打破思维定式和路径依赖

（一）拓宽思路、创新方式

切实增强离退休服务工作人员的责任感和紧迫感，不断拓宽工作思路、创新工作方式，提升履职能力，用心用情做好老干部“健康”和“快乐”两件大事，牢固维系好公司与老干部的感情纽带联系。

（二）增强服务意识

加大医疗保健工作力度，落实落细具体举措。探索适老性改造，提高老干部安全保障，切实做到在思想上关心、生活上照顾、精神上关怀老干部。

（三）掌握医疗资源

继续加强与优质医疗机构的合作，努力从利用资源向掌握资源转变，抓好“‘快’字为要、‘准’字夯基、‘实’字托底、‘美’字增效”四个重点，推进离退休工作高质量发展。

浅谈守正创新思想对离退休医疗保健工作高质量发展的重要意义

离退休职工管理中心（老干部局） 朱 棣

离退休老同志是党和国家的宝贵财富，做好离退休服务保障工作是一项意义深远、责任重大的光荣使命。离退休工作承载着对过往奋斗者的敬重与关怀，维系着社会和谐稳定与代际传承。在时代浪潮汹涌澎湃的当下，如何以守正创新的思想推进离退休医疗保健工作高质量发展值得思考。

一、当前离退休医疗保健工作的现状与问题

当前，离退休医疗保健工作取得了一定成效，但也面临一些问题。一方面，随着人口老龄化加剧，离退休医疗保健需求不断增加，对医疗资源的供给和服务质量提出了更高要求。如一些地区存在医疗资源分配不均衡，离退休人员就医难的问题。另一方面，传统的医疗保健服务模式较为单一，缺乏个性化和综合性的服务方案，难以满足离退休人员多样化的健康需求。此外，部分离退休人员对自身健康管理的意识不足，缺乏科学的养生保健知识和方法，也给医疗保健工作带来了挑战。

二、坚持守正创新，推进离退休医疗保健工作

守正创新是新时代推进各项工作的重要原则，在离退休工作中也不例外。守正，就是要坚守离退休工作的基本原则和优良传统，如始终坚持党的领导，贯彻党的方针政策，落实离退休职工的政治待遇和生活待遇等，确保工作不偏离正确方向。创新则是要适应时代发展和离退休人员的新需求，积极探索新的

工作方法和机制，为离退休工作注入新的活力。而问题导向是发现和解决离退休工作中存在问题的关键，只有以问题为导向，才能找准工作的着力点和突破口，打破思维定式和路径依赖，推动工作不断前进。

守正方面：要继续加强党的领导，充分发挥党组织在离退休医疗保健工作中的引领作用，确保各项政策和措施的落实。同时，要坚守为离退休人员服务的初心和使命，不断完善医疗保障制度，确保离退休人员能够享受到应有的医疗待遇。

创新方面：积极探索创新医疗保健服务模式，如建立离退休健康管理服务平台，利用信息化技术为离退休人员提供在线健康咨询、预约挂号、健康监测等服务。还可以引入社会力量，与专业医疗机构、健康管理机构合作，为离退休人员提供个性化的健康体检、康复护理、养生保健等服务，以问题导向，打破思维定式和路径依赖。

三、如何在离退休医疗保健工作中做到守正创新的思考

一是深入调研，找准问题。通过走访、问卷调查、座谈会等方式，深入了解离退休人员在医疗保健方面存在的问题和需求，以及现有工作中存在的不足和短板，为制定针对性的解决方案提供依据。

二是学习借鉴，拓展思路。借鉴其他地区或单位在离退休医疗保健工作中的成功经验和做法，结合实际情况，加以改进和应用，打破传统思维定式和路径依赖。例如，学习一些地方开展的医养结合模式，为离退休人员提供更加便捷、高效的医疗养老服务。

三是加强协作，形成合力。解决离退休医疗保健工作中的问题，需要多部门的协作配合。加强与卫生健康、医保、民政等部门的沟通协调，整合资源，形成工作合力，共同推进离退休医疗保健工作的高质量发展。

推进离退休工作高质量发展，是时代赋予离退休工作人员的机遇和挑战。离退休医疗工作人员作为做好离退休服务保障工作的亲历者，更要以守正为基，以创新为翼，用心用情做好医疗服务工作，用力书写离退休工作的崭新篇章，让离退休同志感受到社会的尊重与关爱，共享改革发展的成果，为实现中华民族伟大复兴的中国梦贡献独特的智慧与力量。